我爱我车

——开车讲技巧　养车DIY

《汽车与驾驶维修》杂志社　主编

人民交通出版社
China Communications Press

内 容 提 要

本书主要内容包括：安全驾驶、养车DIY、有问必答及车价表，是广大车主朋友的贴心宝典，内容实用、简单易懂。

本书适合汽车驾驶人员阅读，也可作为汽车维修人员的参考书。

图书在版编目（CIP）数据

我爱我车：开车讲技巧　养车 DIY/《汽车与驾驶维修》杂志社主编 .--北京：人民交通出版社，2012.1

ISBN 978-7-114-09222-0

Ⅰ.①我…　Ⅱ.①汽…　Ⅲ.①汽车驾驶—基本知识②汽车—车辆保养—基本知识　Ⅳ.①U471.1 ②U472

中国版本图书馆 CIP 数据核字（2011）第 121533 号

书　　名：我爱我车——开车讲技巧　养车 DIY

著 作 者：《汽车与驾驶维修》杂志社

责任编辑：谢　元

出版发行：人民交通出版社

地　　址：（100011）北京市朝阳区安定门外外馆斜街 3 号

网　　址：http://www.ccpress.com.cn

销售电话：（010）59757969，59757973

总 经 销：人民交通出版社发行部

经　　销：各地新华书店

印　　刷：北京市密东印刷有限公司

开　　本：880 × 1230　1/24

印　　张：10.75

字　　数：286 千

版　　次：2012 年 1 月　第 1 版

印　　次：2012 年 1 月　第 1 次印刷

书　　号：ISBN 978 - 7 - 114 - 09222 - 0

定　　价：25.00 元

前　　言

俗话说“买车容易养车难”。当车出现故障时，到4S店维修您可能会觉得价格不菲，到路边的维修店维修您又觉得不放心，找资深的维修师傅维修有时候可遇而不可求，这种纠结真是让人郁闷。

前几年，许多车主也曾遇到过类似的情况，他们打电话、发邮件、借助即时通信工具，甚至登门向我们资深的编辑求解。在我们专业编辑及背后庞大的专业维修技术专家团队的共同努力下，18年来为车主解答了数以万计的汽车维护、维修及检查等方面的问题。

本书编辑了近两年收录的汽车安全驾驶技巧、养车DIY经验，以及175个有关爱车的问答。本书对您养车一定会有较大帮助，如果您读了本书后还有疑问，欢迎您来电来函咨询，我们的专业编辑一定尽力为您排忧解难。

《汽车与驾驶》杂志社

2011年5月

目 录
Contents

壹 安全驾驶

贰 养 车 DIY

叁 有问必答

肆 车价表

安全驾驶

一、冬季驾车前的准备

1. 为汽车罩上防寒服

车漆与汽车车身的关系就像皮肤与人体的关系一样，“面子工程”可是来不得半点马虎。既然如此，进入冬季后，对车漆的保护就显得尤为必要。停放在室外的汽车受尘土影响较大，彻底地清洗必不可少，但是，建议在冬季减少清洗车身的次数，主要是因为受低温干燥的影响，频繁洗车会加快车漆老化。另一方面，洗车后如果不能及时清理水迹，容易造成结冰。

冬季对车漆采取更好的保护方法是进行汽车美容，以保护车身漆面免受恶劣环境的侵害。汽车美容主要针对车漆进行，可以采用抛光、封釉、镀膜等方法，有效隔绝雨雪、灰尘及有害气体。尤其在雨后，雪后，应该及时洗车，以减少车身漆面产生腐蚀性印迹。

2. 为汽车穿上保暖内衣

发动机冷却系统因锈蚀、水垢或者渗漏等原因造成发动机的散热性能下降，进而导致发动机过热，机油润滑性能变差和功率下降，严重时甚至会造成发动机零部件的严重损伤。

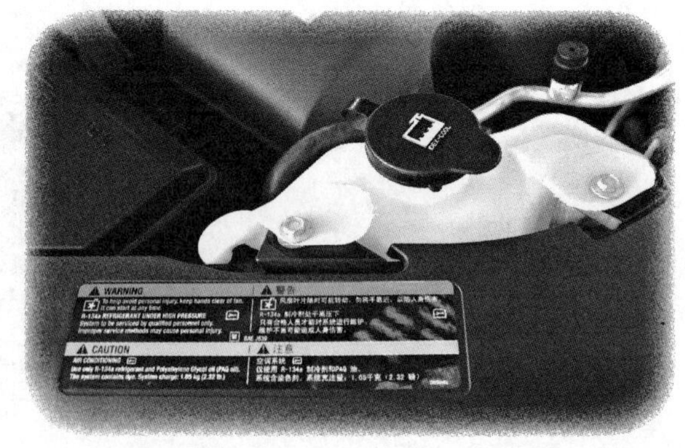

为了保证冷却系统的正常运行，减少冷却系统中的有害物质，应该定期对车辆的冷却系统进行维护。冷却系统的维护周期随防冻液的更换频率而定，一般为 2 年左右，更换防冻液的时间多在入冬时节。进入冬季后，为了确保汽车安全出行，应对汽车冷却系统进行以下 3 个方面的检查：

（1）检查冷却系统储液罐的液面高度。如果液面过低，冷却系统可能有泄漏。

（2）检查散热器。首先对散热器外部进行清洁，然后检查散热器是否有变形、松动和泄漏等现象。

（3）检查进出水管是否老化、开裂，接头固定处是否有渗漏现象。

3. 为汽车套上雪地靴

冬季路面干冷坚硬，北方天气寒冷，更是对橡胶制品的极大考验。轮胎在冬季变得比其他季节更加脆弱，低温干燥会使轮胎橡胶变硬变脆，摩擦系数随之降低，也更容易产生漏气和扎胎情况。汽车长时间在低温环境使用，建议车主选装冬季专用轮胎。

使用冬季专用轮胎，可以保证轮胎接地面积更大，抓地力更强劲，操控更自如。V 型胎面花纹设计，能确保胎面积雪积水顺畅排出，保障汽车在附着力不足的路面行驶时有更高的安全性。

冬季驾车更需要提高安全意识，在驾驶时应注意以下 3 点：

（1）为避免轮胎打滑，汽车起步时不要急踩加速踏板，汽车可以采用 2 挡缓慢起步。在严寒的北方，必要时还可以使用冬季专用轮胎和防滑链来增加轮胎的滚动摩擦力；

（2）积雪路面附着力小，行车时应降低车速，与前车保持更大的安全车距。转弯时应提前减速并缓打方向，避免汽车侧滑；

（3）雪天，制动时动作应该轻柔，不可急踩制动踏板紧急制动。

此外，要想汽车安然过冬，还应注意以下事项：

（1）0℃以下环境中，应更换防冻玻璃水，原先玻璃水储液罐里有纯净水的应全部放尽，以免冻裂储液罐；

（2）低温环境下，蓄电池的容量比常温时低很多，应提前检查蓄电池的电量，保证汽车低温起动顺畅；

（3）冬季暖风使用频繁，空调滤芯会积攒树叶、灰尘等杂质，为了保证车内空气清洁，应增加检查空调滤芯的次数。

二、冬季汽车驾驶要点

1. 冬季起步要“稳”

起步要“稳”，一方面要求驾驶人动作要稳，另一方面需要汽车在起步过程中保持姿态平稳。在冬季，驾驶人刚刚进入车内时会感到十分寒冷，低温会使手脚变得僵硬，在这种情况下驾驶动作也会变得不自然，因此起步时驾驶人操作要平稳，驾驶手动挡车型应该注意加速踏板和离合器踏板的配合，驾驶自动挡车型应当缓抬制动踏板。另外，让汽车平稳起步也是很有必要的，因为低温环境下，金属之间的撞击摩擦更加剧烈，尤其是第一次起动发动机时，汽车各种油液还没有进入最佳工作状态，对汽车部件的保护十分有限，只有当汽车起动一段时间后，各种油液工作才能逐渐正常，这也是建议车主在冬季行车前进行热车的原因。

特别提醒：

◆ 避免车窗玻璃结霜结冰

冬季露天停放的汽车经过一夜停驶后，早晨起动时会发现车窗玻璃上结霜结冰，这种情况在全国各地都会出现；在北方更为明显。主要原因是由于前一天晚上停车后车内温度较高，湿度较大，夜间降温使车窗内外产生温差，热空气遇冷会凝结成水附着在玻璃上，当温度降至冰点以下或接近冰点时，会在车窗玻璃上结霜结冰。为了避免这种现象反复出现，可以在停车前关闭空调暖风，停车后打开车门，散出车内的热空气，通风对流的时间为 2 ~ 3min。冬季，坚持停车后通风的习惯不但可以让第二天车窗不出现结霜、结冰，还可以减少车内产生的异味，对改善车内空气质量很有好处。

2. 冬季行车要“缓”

行驶在积雪路面上避免频繁变更车道，积雪较深时尽量沿前车留下的车辙行驶，这样可以增加车轮附着力。行驶时避免急加速或急减速，尤其是在雨雪覆盖的湿滑路面上更应该缓慢平稳地踩加速踏板。超车时，与被超车辆保持足够的安全距离，超车后不要立即驶回原车道，应该与被超车辆拉大距离后再返回原车道。遇到上下坡时，应当注意使车距增大一倍。上坡打滑时，可以在路面铺设沙土或垫子来增加地面摩擦力，下坡时，可以利用低挡减速使车辆安全通过。

特别提醒：

1）冬季加强对蓄电池的保护

蓄电池是汽车点火及一切车内电气系统供电的基本保证。冬季低温干燥的环境，对蓄电池的损耗有很大影响。为了保证汽车的正常使用，要检查蓄电池电量是否充足，电压是否正常，电解液液面是否正常，蓄电池外观有无破损。另外，冬季使用车辆时，如果没有特殊需要，应减少灯光、音响系统及其他用电设备在发动机不起动情况下的使用频率和工作时间，以免蓄电池过度耗电。

2）长途出行备齐车载用品

冬季长途出行时，除了随车携带必要的维修工具、常用油液、应急药品、地图、通信工具外，还应针对气候的特点带些保暖衣物、高热量食品、扫雪除冰工具和取暖装置等物品。

3. 冬季转弯要“慢”

冬季路面情况复杂多变，有些地方存在难以察觉的冰面，并且随着温度的降低，路面变得坚硬，路面摩擦力相应地随之降低。因此，在进入弯道前，应调整好车速，适当减速，避免汽车发生转向过度或转向不足，避免汽车发生剧烈的摆动，以降低打滑的概率。

特别提醒：

1）发生转向不足时如何应对

汽车在弯道中无法达到足够的转向角度，没有按照既定的行驶路线转弯，主要是因为前轮失去抓地力，此时不要继续增加转向幅度，更不要在汽车即将失控时制动，这样只会让情况更加恶化，甚至有发生严重事故的危险。正确的做法是松开加速踏板收油，轻柔地控制汽车方向，伴随车速的降低汽车重心将向前移动，保持这样的行驶姿态直至汽车驶回正常的行驶轨迹。

2）发生转向过度时如何应对

汽车在弯道中转向角度过大，是因为后轮失去了抓地力，也就是俗称的“甩尾”。此时不应采取制动减速，因为速度降低，在惯性力的作用下将加剧重心的前移，增加车尾摆动幅度。建议驾驶人遇到转向过度时不要踩加速踏板，也不要制动，在观察车身运动方向的同时，向转向的反方向修正转向盘，修正的角度一定不要过大，一边观察汽车运动趋势一边调整方向，直至汽车驶回正常行驶轨迹。

4. 冬季制动要“柔”

冬季时，制动液变得比平时更加黏稠，在一定程度上影响了制动系统的正常工作。湿滑路面的摩擦系数降低也会造成制动系统不灵敏。要想汽车安全过冬，对制动系统的维护是非常必要的。除了日常的维护和检查外，冬季驾驶同样会遇到特殊状况下制动的情形，提醒大家要提前制动，为驾驶人和制动系统留出足够的反应时间，制动时要缓踩制动踏板，并配合变速器低挡减速，防止车轮抱死。

特别提醒：

1）车内准备小装备，轻松应对冬季驾驶

在冬季，建议车主在车内准备手套，戴上手套后将不再畏惧接触冰冷的转向盘，需要注意的是应该选择面料柔软轻薄的手套，最好带有防滑设计，以免转向时转向盘脱手。车内还应当准备一副优质的太阳镜，冬季的紫外线十分强烈，驾驶人带上太阳镜可以保护眼睛不被强光直射，保证驾驶安全。

2）冬季洗车擦干积水

冬季洗车时，尽量选择热水冲洗，清洗完毕后，及时擦干车身细微处积水（钥匙孔、车门框、加油口盖、后视镜、天窗等部位），以免结冰冻住进而影响使用。

三、汽车爆胎的处置方法

如果不是发生意外情况，有多少车主曾亲身经历过车轮爆胎？为了安全驾驶，下面，我们为大家介绍遇到爆胎的处置方法，以及爆胎发生原因和如何预防爆胎方面的知识。

1. 发生爆胎的原因

1）高温导致爆胎

随着室外气温升高，轮胎温度也升高，此时橡胶容易软化；而且充气轮胎内部气体也会随着气温升高而膨胀，容易发生爆胎。由冬季慢慢转入春夏季节时，路面情况比较复杂，对于轮胎的考验更加严峻，因此在行驶前应先检查轮胎气压；夏季天气炎热，长时间行驶时，如果发现轮胎气温过高，应注意停车休息，让轮胎散热并恢复到正常温度。另外，如果汽车制动盘和制动卡钳调得过紧，会使制动系统摩擦生热，从而引起爆胎。

2）超载导致爆胎

很多超载爆胎完全是由驾驶人缺乏安全意识引起的，很多重型货车驾驶人为了获得更多利润而铤而走险，让汽车超载上路行驶，汽车轮胎有标准的载荷指数，超重后车身压迫轮胎，轮胎内部结构承受非常大的压力，严重时会使轮胎材料受压迫变形，容易发生爆胎。同样适用于家用汽车，很多驾驶人超标载人载物，导致车身受压下沉，致使轮胎存在安全隐患。

3）外伤导致爆胎

多数驾驶人都有过驾车过程中车轮剐蹭马路牙子（俗称，即路肩）的情况，往往不会引起驾驶人的高度重视。其实，按照轮胎的结构特点，与地面垂直的胎侧橡胶最薄，部分轮胎胎侧橡胶内没有金属线或织物线来增加强度，经过挤蹭后很容易造成胎侧裂纹，进而导致爆胎。类似的轮胎外伤都会成为导致爆胎的罪魁祸首，除此之外，漏气后继续行驶也容易发生爆胎。

4）疾驶导致爆胎

开快车并非是发生爆胎的直接原因，但是高速行车引起的轮胎温度上升、胎压增高，以及汽车相对速度较快等容易导致爆胎。疾驶中的汽车如果发生爆胎，驾驶人的第一反应多是采取制动减速，结果有可能引发更大的险情，比如制动抱死、转向失灵、轮胎断裂飞出等。

2. 爆胎的处置方法

汽车行驶中发生爆胎时，驾驶人千万不要惊慌，需要采取正确的处理措施：双手紧握转向盘，尽可能地控制车辆的行驶方向；对汽车进行制动时，切记不要把制动踏板踩死，正确的方法应当是有节奏地点制动，这样可以避免车轮抱死；尽量在减速的同时，保证汽车沿直线行驶，如果汽车无法按原方向行驶，千万不要使用驻车制动（即手刹）减速，这样很可能会加重车轮抱死，严重时会导致汽车原地打转或翻车。

如果在特殊情况下无法依靠制动系统使汽车减速，可以考虑在确保安全的前提下，使汽车撞向路面中央隔离带或护栏减速，但是在碰撞前要确认车上人员是否系紧安全带，同时碰撞的角度也要选择在正碰或斜向 45°，这样才能保证汽车安全气囊正常弹出。

汽车爆胎停稳后，驾驶人应在汽车后方 150 ~ 200 m 处放置警示标志，检查车辆无其他故障后可以更换备胎继续行驶。如果汽车损伤较大，人员撤离到安全地带后，拨打报警或救援电话，等待救援。

3. 注重日常维护检查

安"胎"之本不能仅靠紧急情况下的处置，更需要车主在日常使用中注重对轮胎的维护和检查。首先要随时保持轮胎气压正常。现在，很多汽车的前后轮胎和备胎气压不是一样的，所以检查胎压和补气时要核对标准压力（通常在汽车门柱上都印有轮胎的标准气压）。另外，车主需要经常检查轮胎外观，查看轮胎胎面花纹深度及轮胎边缘的磨损和划伤情况，以及轮胎上是否带有异物，如钉子、碎石等。如无法查看轮胎内侧，可以使用举行设备或千斤顶把车辆举升后再进行检查。

4. 真的有防爆轮胎吗?

现实中并没有防爆轮胎，这样的名词源于使用者的美好愿望和宣传者的噱头，厂家对所谓“防爆轮胎”的解释是缺气保用轮胎或泄气保用轮胎，如宝马 X6 使用的普利司通 RFT 轮胎。这种轮胎的主要原理是加强胎侧在轮胎漏气时对车辆的支撑作用，保证轮胎不会被路面和轮毂压坏。轮胎在完全失压的状态下，有限的支撑作用可以保证汽车以很低的速度继续行驶一段距离。

四、消除盲区

汽车发明之初，类似马车的简陋造型，使驾驶人处于汽车制高点位置，身体暴露在外，视线毫无遮挡。随着汽车技术的发展，封闭车厢包裹起车内人员，增加了安全性。但也产生一个问题，就是车厢框架在保护乘员安全的同时，阻碍了驾驶人部分视线，观察车外时，驾驶人的视线会产生盲区。因此，认识到盲区的存在并能够消除盲区，将有助于行驶安全。

许多新手在开车时多把注意力集中在怎样操纵汽车，即便是经验丰富的驾驶人也会忽略良好视线对安全驾驶的重要性。其实，驾车时需看清方向、保持清晰的视线以及消除盲区是非常必要的，甚至和行车前系紧安全带是一个道理，都是保证自身和他人安全、维护正常行车秩序的安全基础。

正常静止状态下，人眼向前的可视角度为 210° 左右，而中间只

有大约 70° 的范围是视力最为集中的区域，也就是说，人眼天生存在视力盲区。在驾车中，视力盲区带来的影响更加明显，因为人眼的集中可视区域会随着车速的增加而逐渐缩小，眼睛两侧的事物快速滑过，注意力逐渐向正前方集中，盲区的范围也变得更大。这也是开车时会体会到速度感加强的原因之一。

除了主观因素外，外界条件的影响也会在驾车时产生盲区。我们可以通过车窗看清前方的路况，但是车厢立柱会阻挡视线前进，某些部位出现视觉死角，也就是常说的盲区。为了减小盲区的影响，可以借助反光镜的折射看到尽可能多的区域。

为此，汽车上安装了 3 个反光镜，包括左、右车外反光镜和车内后视镜，作为一名合格的驾驶人，应该具备正确使用和调节反光镜的能力。

以左舵行驶习惯为例，左侧反光镜是驾驶人的主反光镜，主要用于超车时观察后方车辆，直行时观察其他正在超车的车辆，倒车时观察左后方与障碍物之间的距离。在调节左侧反光镜时，应将镜片角度调得大些，方向尽量向上，调节的标准是地平线位于镜片中下部，显示的路面面积大约占镜面总体面积的 1/3；调整左右方向时，应控制在驾驶人能看到左边外侧两条车道的角度或左侧车身所有车门拉手为宜，这样驾驶人不用转头就可以通过左反光镜看到车身后部的路面情况。

在调节右侧反光镜时，需要注意右侧是距离驾驶人较远的方位，容易出现大面积盲区，调整角度时，将地平线位于镜片中部偏上，右侧反光镜的左右角度设置与另一边的反光镜设计基本相同。车内后视镜的调节，以能清楚地看到后窗全部面积为宜。

即便是有了反光镜的帮助，我们也无法彻底解决盲区的问题。所以，需要借助其他手段扩大可视范围，增加行车的安全系数。

消除盲区的方法

（1）两侧反光镜上安装一小块曲面镜，增大视角，有效消除车身两侧的盲区，能为驾驶人超车和变换车道提供方便。

（2）在车内后视镜的基础上加装后排观察镜片，帮助驾驶人关注后排人员的乘坐情况。

（3）变换车道前，多观察反光镜，当发现后方的车辆突然从反光镜中消失，而你并没有在此过程中转弯或经过岔路口，那么很有可能后方车辆已经进入你的盲区，此时更要小心驾驶，必要时可转头观察。

（4）倒车时盲区变大，驾驶人只能看清车两侧的情况，必要时可以向右侧转身，视线通过后排座椅头枕中间观察。在无法确定车后情况时，需要下车查看或在他人的指导下完成倒车。

（5）安装倒车辅助系统，可以有效帮助驾驶人消除盲区，建议安装影像式倒车辅助系统。如果是信号反馈式倒车探头，需要增加探头的数量，保证监测的准确性和可靠性。

五、切勿疲劳驾驶

俗话说“春困、秋乏、夏打盹，睡不醒的冬三月”，可见疲劳在一年四季中时刻困扰着人们，尤其在春夏季节，更是容易产生疲惫感的时候。对于驾驶人来说，疲劳也是历来影响驾驶安全的主要隐患之一。许多沉痛的教训告诫我们，注意行车安全，切勿疲劳驾驶。

前不久，一份关于“城市居民时间利用情况调查报告”显示，目前城市中居民每天花费在和工作相关的交通时间在 70 ~ 80min，其中也包括自驾车出行方式。对于那些职业驾驶人来说，每天驾车的时间会更长，有些可以达到 8h，甚至更长时间。在长时间的驾车过程中，如果疲劳驾驶，将可能引发特大交通事故。

因此，我们应当提高对疲劳驾驶的防范意识，才能有效避免交通事故的发生。实际上，很多驾驶人对疲劳驾驶始终存有侥幸心理，认为身体短时间的疲劳不会影响正常驾驶。其实恰恰相反，举个简单的例子，汽车以 80km/h 车速行驶时，每秒前进的距离约为 23m，而当车速提高到 120km/h 时，汽车每秒前进的距离约为 34m。如果驾驶人出现疲劳的情况，哪怕是短短 1s，车辆就会在很长一段距离内处于无人操控的状态，这是相当危险的。此时一旦出现紧急情况，即便是反应慢了 1s 也可能造成严重事故。识别疲劳驾驶的信号将有助于我们了解并解决此类问题的发生。在生活中，我们都体会过疲劳的感觉，但是和驾驶汽车时产生的疲劳有着不一样的表现。疲劳驾驶主要反映为：精神不振、反应迟钝、判断迟缓、分辨不清方位，盲目变换车速，注意力无法集中、思维能力下降，驾驶动作僵硬、节奏失调，感觉头重、身体发沉，很难保持正确的驾驶姿势，视野变窄、焦点集中，目光迟

滞，频繁打哈欠，面部表情变化少等。

即便能列举出很多疲劳驾驶的信号，但是到目前为止还没有一套完整明确的判断疲劳驾驶的标准，也无法像酒后驾驶那样通过仪器进行测量。所以，对付疲劳驾驶只是对驾驶人进行指导教育，无法做到明令禁止。通常为了最小程度地避免疲劳驾驶，都会对驾驶人限定连续驾驶时间上限，其实这只是不得以而为之的下策。有些专家认为，连续驾驶时间只是衡量疲劳驾驶的重要指标，而非唯一标准，更多时候需要通过加强自身安全意识来提高对抗疲劳驾驶的能力。

1. 出现疲劳驾驶的原因

驾驶环境的特殊性是导致产生疲劳的诱因。汽车内外部的环境变化会刺激人体，像发动机噪声、车身振动、能见度低、交通拥堵、复杂路况等因素会使驾驶人的情绪紧张，长时间处在这样的驾驶环境下，让人体付出大量精力，因此容易产生疲劳。

另外，驾驶汽车不同于其他体力劳动，驾驶人在驾车过程中，往往精力比较集中，身体会调动所有感官接收车辆的行驶状况，同时驾驶人在座位上还要重复单调的驾驶动作，身体长时间处于紧张状态，容易产生疲劳。

还有一个重要的原因是根据驾驶人不同的个人素质决定的，尤其是对驾驶技术差的驾驶人或新手来讲，驾车时心理压力大，关注的事情也比较多，往往容易出现手忙脚乱的情况，驾车一段时间后很容易疲惫不堪。此外，服药、睡眠不足等也会在一定程度上影响驾驶人的疲劳程度。

其实，避免不如预防，预防疲劳驾驶是保证行车安全最有效的途径，因此所有驾驶人都应当提高安全意识，养成良好的生活习惯、合理安排行车时间、采用正确的驾驶方式，切勿疲劳驾驶。

2. 避免疲劳驾驶的方法

（1）驾车前安排好充足且有规律的睡眠时间，保证身体充分休息。如果发现体力和精神状态不佳，千万不要勉强驾驶，此时疲劳很可能趁虚而入。

（2）饮酒后驾驶不但是严重违法行为，而且酒精会麻痹中枢神经，让人意识放松，产生疲劳感。

（3）行车前不宜吃得过饱，容易引起疲劳，应选择易于消化的食物。

（4）驾车感到疲劳时，最好停车休息片刻，尤其在午后，更应该稍作休息后再上路行驶。

（5）长途驾驶应当间隔 2 ~ 3h 休息一次。

（6）停车休息时，可以走出车外适当活动身体，也可以通过用水洗脸的方法减轻疲倦感。

（7）行驶中开窗通风可以改善疲劳对人体的侵袭。

（8）驾车时，视线尽量不要只集中在行车道中线，当感到疲劳时，应当把视线焦点拉远。

（9）在车内准备一些简单的食品或药物能有效对抗疲劳，可以在犯困时涂抹风油精或咀嚼薄荷味口香糖提神。

（10）烟草、咖啡或其他功能性饮料只能起到短暂的刺激神经的作用，建议少使用这类物品。茶是很好的柔和性质的抗疲劳饮品，可以适当饮用茶水安抚神经，起到提神作用。

六、加油站安全那点事儿

或许很少有人深入地了解过加油站，在大多数车主眼中，加油站只是一种为汽车提供能源、保证其续航能力的公共设施。事实上，早在1905年，世界第一家加油站已诞生于美国，这个时间甚至早于鼎鼎大名并具有划时代意义的福特T型车。可见，加油站的发展同样经历了时代的变迁。现代化的加油站不论是规模还是形式，和最初的相比，早已不可同日而语。加油站的安全要求和相关注意事项更是事无巨细，每一个看似细小的环节，都是保证加油站正常安全运营的基本条件。汽车驾驶人和乘客更应该了解加油站安全知识，并提高安全意识，只有这样才能确保自己和他人的生命财产安全。

1. 加油站防火防静电

众所周知，加油站存放有大量易燃易爆油料，本身就是防火重地，防火是加油站安全的重中之重。

油料在长期存放过程中会自然挥发，虽然现代化加油站采取了多种有效措施控制油料蒸气的扩散，但还是会有部分蒸气散布在加油站内部和周围。一旦可燃气体与空气混合后，就变得十分不稳定，受到外界细微的干扰就会迅速燃烧。

当加油枪或加油口附近突然燃烧时，有人会下意识地把油枪从加油口中抽出来，实际上这个举动是非常危险的，甚至是致命的。因为起火燃烧的往往是加油枪油嘴外部接触空气的部位，而在油箱内部，密闭空间内空气有限，火焰反倒不容易窜入。一旦把油枪从加油口抽出，外界空气快速进入油箱内部，结果会造成更大危害，有时可能会引起强烈爆炸。

正确的处理方法是立即用灭火器扑救，也可以用湿毛巾或防火砂覆盖着火点，利用窒息的原理使火焰熄灭。切记发现火情时不要试图用水把火扑灭，因为水会使油料飞溅，扩大着火范围。

另外，静电也是影响加油站安全的一大隐患。静电产生的原因有很多，油料本身会因为运输、灌注等原因积聚静电，外界人员介入或环境影响也会带来静电。通常情况，大气温度较高、空气干燥及相对湿度较低时更容易产生静电。对于进入加油站的驾驶人和乘员来说，消除身上的静电十分必要，可以在下车后接触汽车金属表面或站内其他搭铁金属，使身上的静电得以快速释放。

2. 加油站防盗抢

据调查显示，大部分汽车盗抢事件发生在汽车停止时，比如红灯等待、堵车、路边停车等，除此之外，加油站也是发生汽车盗抢事件的高危场所，应当引起驾驶人和乘客的广泛重视。以下提出四点需要驾驶人和乘客注意的安全常识：第一，驾驶人在停车熄火后应拔出车钥匙，并随身携带，避免其他人有机会起动汽车；第二，等待汽车加油时请锁好车门，关闭所有车窗，防止其他人进入车内；第三，车内不要放置过多贵重物品，现金、手机等请随身携带，刷银行卡交费时注意回避他人，防止密码外泄；第四，在加油站中时刻保持警惕，发现可疑人敲打车窗玻璃或拉拽车门，及时向站内工作人员求助或立刻报警。

3. 加油站安全须知及注意事项

（1）加油站内严禁吸烟。汽车驶入加油站后，驾驶人和乘客不论在车内还是车外都不能抽烟，因为加油站内聚集了很多的可燃性油气，细微的火星都会引发火灾。

（2）加油站内禁止接打手机。这是被很多人忽视的问题，据相关资料显示，手机正常待机时内部电流只有 10 mA，但当接打手机时，包括射频天线、听筒话筒、背景灯等处于工作状态，此时手机内部的电流可以增大至 2.5 ~ 3 A，并可能会产生电火花，容易引起火灾。

（3）停车熄火加油。停车熄火不但可以保证加油安全，避免发生危险情况，而且发动机停止工作也可以减少污染物的排放。大部分车主都可以做到这一点，某些驾驶人可能在加油时忘记熄火，但是在工作人员的提醒下会及时纠正。

（4）禁止使用塑料容器灌装油料。去加油站灌装散装油料时，应使用铁桶盛放，因为汽油在塑料桶里流动摩擦会产生静电，而塑料桶是绝缘的，不能及时将静电排除。当静电在塑料桶内积聚到一定程度后会与油料蒸气发生反应，静电严重时会引发爆炸。

（5）不要在加油站内穿脱或拍打化纤、尼龙和针织类衣物。化纤、尼龙和针织类衣物相互摩擦极易产生静电，会点燃加油站内的油气，造成危险。

（6）摩托车进站应在工作人员引导下在指定地点加油。大部分摩托车的发动机裸露在外面，且散热时温度较高，加油过程如果油料滴落在发动机上容易引发火灾，所以摩托车在加油时要十分小心。

（7）禁止在加油站内修车。维修汽车时，发动机高温零部件或电气系统漏电会引发火灾，而且维修工具之间碰撞摩擦也容易产生静电和火花。

（8）燃油不可加得过满，否则容易造成漏油，一般满箱的加油量以加油枪自动跳枪为宜。

（9）禁止驾驶人自助加油。有时在加油站会遇到排队等候加油的情况，这时驾驶人应当等候工作人员为其加油，禁止自助加油，以免发生误操作造成危险。

（10）禁止驾车随意穿梭加油站。加油站一般建在主干道路周边，很多驾驶人在遇到路面拥堵时习惯抄近道从加油站穿过，这种做法严重影响了加油站的正常工作秩序，也给加油站带来安全隐患。

七、汽车燃烧的自救常识

2009 年 6 月 5 日“成都公交车燃烧”事件的发生再一次让我们深刻领会到汽车防火防爆安全的重要性，同时，事实也无情地为我们敲响了警钟。在危难降临时，不仅需要临危不惧，更重要的是应掌握一些必备的自救常识。

1. 前期预警

夏季时气温偏高，同时也是汽车燃烧的高发时期，因此大家在夏季应该留心观察车辆使用表现，更要注意一些汽车燃烧的前期征兆和信号，如发动机舱冒烟、线束短路打火、车内闻到烧焦味道等。这些明显信号可以让我们第一时间确认车辆处在危险状况，还能够帮助我们判断汽车的着火程度，并为接下来的逃生和撤离争取有利时机。

2. 安全逃生

突遇汽车燃烧时，被困在车内的人员在火情发生初期应当先稳定自己的情绪，不要慌乱。然后需抓住火势还没有扩大的有利时机，利用周围一切可以利用的工具、物品，想方设法迅速撤离至车外。

当遇到特殊情况车门无法从内部打开时，乘员应当及时选择由其他出口逃生。建议大家可以利用坚硬物品，如小锤、金属棒、转向盘或挡把锁、金属水壶、车载灭火器等，或是在包裹保护身体的基础上用拳头、胳膊等部位从车内击碎门窗或风窗玻璃，以便车内人员迅速逃生。

另外，目前很多汽车行李舱锁止机构都带有内部逃生功能，即连通车舱后部的行李舱设计有逃生拉手开关。在紧急情况下，人员可以从内部打开，这也是遇到危险时的逃生方法之一。相比其他几种典型的逃生方法，人员从车内进入行李舱，继而打开拉手开关逃出车外的过程时间较长，不利于在汽车燃烧时使用，建议大家遭遇汽车火情时谨慎选择适合自己的逃生方法。

3. 迅速撤离

一旦发生汽车火灾，被困人员必须明确：人的生命安全是最重要的。因此，撤离出车外过程中，不要试图抢救车内财产，这样错误的做法只会延误脱险时机，增加被困人员发生危险的概率。

不仅如此，人员撤出着火汽车后，应当撤离至安全区域。在无法实施及时救助的情况下，不要贸然返回事发区域。因为汽车燃烧的特点是火势在经过初期的快速蔓延后，很可能引起剧烈爆燃或爆炸。此时，人员如果试图返回事发区域，容易造成二次伤害。

被困人员一旦撤离至安全区域后，应当立即拨打火警电话求助。

4. 自救、互救相结合

这里介绍的自救和互救与安全、快速撤离并不矛盾。某些时候处在汽车燃烧现场的当事人所采取的扑救手段是最直接有效的救助措施，但是车主朋友们要谨记的是：自救、互救的前提是要确保人身安全。

当被困人员较多时，特别是车内有老、弱、病、残、妇女、儿童时，应当积极主动地帮助这些人先脱险，并且有秩序地进行疏散。

火灾发生时，灭火器可以帮助我们控制火势，为自救和互救争取宝贵时间。消防人员赶到现场前，我们可以使用灭火器对准汽车的着火点、发动机、油箱等部位扑火。如果在采取以上措施后仍然无法控制汽车火势的快速蔓延，我们应当撤回安全区域等待消防人员到场后处置，不要拿自己的生命安全冒险。

5. 你必须知道的：投保了汽车自燃险并非万事大吉

很多车主认为，每年为汽车投保的价值不菲的商业保险费中包含“车辆自燃险”一项，那么，汽车燃烧后就可以顺理成章地得到保险公司的赔付，车主本身不需要再为此承担其他费用。实际情况不是这样。

事实上，目前各大保险公司实行的汽车自燃险确实可以赔付因燃烧造成的车辆损失，但是保险公司承担的责任中明确规定，因车辆电器、线路、供油系统发生故障等原因导致的起火燃烧在赔偿范围之内。而一些人为因素引起的，比如人工直接供油、高温烘烤等违反车辆安全操作导致的汽车火灾，保险公司不负责赔偿。即便是保险公司承认了汽车自燃赔偿事实，在实际赔付中，根据协议条款规定，保险公司都会有20%左右的免赔率。

总之，车主们应该把关注的重点放在如何预防控制汽车自燃和采取正确的自救措施，我们在企盼类似“成都公交车燃烧”的悲剧不再重演的同时，更希望车主朋友们能养成良好的驾驶行为和用车习惯，以便最大程度地降低事故风险，保证自己和他人的生命安全。

6. 安全小常识：如何预防汽车燃烧

（1）检查汽车电气系统，防止电器线路故障或短路，可以有效预防汽车自燃。不要轻易改装车辆电路，如果一定要改装，请选择专业人员操作，线路改动后必须包好，防止漏电（图 1）。

（2）车内装饰用品尽量选择阻燃性能好的材料，这样可以在发生火情时有效控制火势曼延。

（3）汽车停驶时不要让点火开关长时间处于接通状态，避免汽车电路打火引发火灾（图 2）。

（4）随车不要携带危险易燃易爆品，如打火机、火柴、香水、空气清新剂和发胶摩丝等物品，更不要放在车内阳光直晒的地方（图 3）。

（5）不要将车辆长时间停放在受阳光暴晒的场所，更不要在靠近危险品的位置停车。

（6）尽量不要在车内吸烟，禁止在车内乱扔烟头（图 4）。

1

2

3

4

八、雨天驾车防雷击

高温天气在一定程度上影响了我们日常的用车生活，与高温炎热天气相比，夏季暴雨如注的强降雨天气同样值得我们关注。与其他季节的不同之处在于，夏季降雨常伴随狂风大作、雷电交加等气象特征出现，这种恶劣天气会对行车安全造成较大困难。下面介绍关于雨天驾车防雷击的安全知识。

1. 防雷击的必要性

雷电是一种大气的自然放电现象，存在巨大的危害作用。雷电可以造成电气设备损坏、人员伤亡、建筑物损坏、车辆损坏等，雷击严重时还会导致火灾和爆炸。因此，有必要了解雷电的破坏作用及破坏原理，以便做好预防工作。

雷电的破坏作用大致可以分为 3 种，分别为电性质破坏、热性质破坏和机械性质破坏。

电性质破坏：雷电能够产生高达数万伏甚至数十万伏的冲击电压，可毁坏发电机、变压器、断路器等电气设备的绝缘部分，一旦绝缘部分损坏便会引起短路，进而导致火灾或爆炸事故发生。

热性质破坏：当几十安甚至上千安的强大电流通过导体时，在极短的时间里导体内部将产生大量热量，巨大的热量足以在短时间内达到一般物质导体的燃点，故在雷击中产生的高温往往会直接酿成火灾。

机械性质破坏：由于雷电的热效应，能使被雷电击中的物体内部出现很大压力，致使被击物体遭受严重破坏或造成爆炸。

汽车被雷电袭击时很容易造成电气线路损坏或更严重的破坏，更重要的是车内人员不但要在突遇雷电袭击时保护车辆安全，还要特别注意保护自己的人身安全。

2. 城市行驶防雷电袭击

遇雷电天气时，为了保证车辆和人员安全，应尽量减少驾车出行。驾车途中突遇雷电时，应当放慢车速，必要时停车躲避。停车地点不要选择在大树或大型广告牌下方（图1），突如其来的雷电容易击中这些物体，导致其倾倒砸向汽车。另外，停放汽车最好选择室内场所，避免停放在高层露天停车楼。为了减小汽车被雷击中的危险，建议车主在雷电天气时收起车外天线（图2），暂时关闭汽车音响，以避免汽车被雷电击中后将电流引入车内，造成汽车电路故障。

1

2

3. 郊外行驶防雷电袭击

郊外行驶时，周围路面空旷，车辆更容易受到雷电袭击，这时更不能将汽车停放在靠近大树、山洞等危险场所。车内人员应关闭车窗，避免将身体伸出车外（图1），身体伸出车外会增加人体被雷电直接击中的可能。雷雨天气情况下尽量不要使用手机（图2），因为打雷时手机的信号磁场会发生变化，强大的雷电对地释放过程中将在周围产生很强的电磁场，很可能引发移动通信设备损坏或人员伤亡。

1

2

4. 专家建议

◆1）辨别雷电来临的信号

（1）驾车过程发现天空中乌云密布，且云团逐渐堆积，出现这种情况就有可能发生雷电，此时应远离该区域或到安全地方躲避。

（2）雨天驾车时如果正在收听收音机，当听到刺耳的杂音时，即表示附近可能会出现雷电。

（3）雨天驾车时，当车内人员的头发竖起或皮肤发生颤动，可能即将发生雷击。

（4）驾车看到闪电时，通过计算看见闪电与听到雷声的间隔时间长短，来判断所处位置与雷电中

心的距离。如果间隔时间长，表示距离雷电较远，反之则距离雷电较近。

2）常见的雷击种类

通常我们根据雷击的不同作用及原理把其分类为直击雷和感应雷两种：

（1）直击雷是雷电直接击中在被击物体上。强大的雷电经过被击物体并产生强大的热效应和机械效应，对被击物体产生破坏作用。

（2）感应雷是指当雷云来临时，地面上的一切物体，尤其是导体，由于静电感应，都聚集大量与雷电极性相反的束缚电荷。雷云放电后，雷电荷变成自由电荷，从而产生出很高的静电电压（感应电压），其电压值可达到几十万伏，这种电压往往会对导体、搭铁不良的金属物体和大型金属设备放电而引起电火花，从而引起火灾、爆炸，危及人身财产安全。

针对汽车的结构特点，一般认为汽车本身是封闭的金属体，具有屏蔽效果，在遭遇雷击时对内部人员有很好的保护作用。但并不是说汽车不会受到雷击，汽车外部被雷电击中后会成为带电体，容易发生危险。

九、为驾驶打分

杭州接连发生的两起驾车撞人事件曾引起社会的广泛关注，其实这只是众多交通事故中出现的个案。一直以来，提高安全意识、维护行车秩序是我们提倡的驾驶原则，相比很多行业的打分评定制度，又有多少驾驶人为自己的驾车过程打过分。只有发现问题才能有效改善，杜绝危险事故发生需从文明安全驾驶开始。

早在2003年，北京市交通管理局便以收集信息的形式评出了所谓的“驾驶人十大陋习”，分别是：①起步、拐弯、并线、停车不打转向灯；②不排队，强行加塞儿；③开着远光灯和雾灯行驶；④胡乱停车；⑤争道抢行；⑥在快车道上低速行驶；⑦往车窗外扔杂物，吐痰；⑧雨中行车，不考虑溅湿行人；⑨仗车欺人；⑩乱鸣笛。

尽管以上统计得出的这些“陋习”与特定地域内的交通状况有直接关系，但是不可否认的一点是，很多驾驶人和大部分行人对文明、安全驾驶有很高要求，这些要求也成为规范交通环境的基本条件。下面为大家介绍4种典型的不文明、不安全的驾驶方式，让我们对照这些行为为自己的过往的驾驶经历打打分。

1. 抢道、占道

为了规范机动车行驶秩序，更为了保护路上行人和其他非机动车的交通安全，交管和路政部门不断规划道路建设，明确划分了机动车正常行驶区域。如果驾车驶入非机动车行车道，则非常容易造成严重的交通违法后果。很多驾驶人为了节省时间，会在道路拥堵时驶入非机动车道和紧急停车道绕行，或是长期占用超车道行驶，这些抢道、占道行为是非常危险的，容易造成交通混乱并增加发生交通事故的概率。对于某些机动车和非机动车混行道路，驾驶人特别需要注意行车安全，不但要坚决按照自己的正常车道行驶，还要留心观察周围路况和行人，出现突发情况需及时避让。

2. 加塞儿

遇到“加塞儿”，新手和老手的反应截然不同。新手面对两侧车辆超越自己，迅速“加塞儿”并到自己前方，这时新手通常会突然变得紧张，甚至被“加塞儿”行为吓一跳，接着便会慌乱，驾驶动作出现变形，如果此时制动、加速踏板或离合器踏板（手动挡车型）的配合出现失误，很可能发生事故。经常被“加塞儿”的新手应当注意控制车速，千万不要为了躲避“加塞儿”车辆就随意改变方向。老手虽然行驶经验较足，但是仍不可忽视遇到“加塞儿”时的安全意识，避免因被“加塞儿”而产生斗气情绪，应当放平心态继续正常驾驶。

3. 超速

机动车在道路行驶，不得超过限速标志的最高时速。在没有限速标志的路段，应当保持安全车速。但在实际驾驶中总是有一部分驾驶人存在侥幸心里，认为超速无大碍。事实上，超速是危害道路交通安全的最大祸首，很多事故都是因为超速的直接因素或间接因素造成的。以杭州发生的撞人事件为例，超速是造成这两起严重交通事故的主要原因。

4. 胡乱并线

在车流中左冲右突、胡乱并线是一种对自己和他人安全极不负责的驾驶行为。本来合理利用道路资源、加快行驶节奏对每一位驾驶人来说无可厚非，但是经常在不打转向灯的前提下强行并线，或是未按照交通规则跨车道并线就很容易打乱其他车辆的正常行驶状态，增加发生剐蹭的概率。驾驶人应该谨记，道路是公共资源，维护良好行车秩序是保证车辆和人身安全的根本。千万不要认为自己驾驶技术出色就胡乱行驶，城市道路不是炫耀车技的赛车场。

十、从驾校走向公路

很多人都说开车是“熟练工种”，也就是说开得多了就熟练了。但是从生疏到熟练的过程对于很多人来说是段痛苦的经历，想必每个新手都经历过心惊胆战和腰酸腿疼，甚至有些人是在后车晃眼的灯光、谩骂和刺耳的喇叭声中成长起来的。说到这我不免想起一个问题，拿到了驾驶证的驾驶人真的就合格了吗？

对于上面的问题，每个驾驶人扪心自问就知道答案了。对于很多人来说只是通过驾校获得开车上路的资格，但是能否自如驾驶、安全驾驶就靠个人修行了。许多刚刚拿到“本儿”的新驾驶人恐怕都面临着这样一个问题——如何成功地从驾校驶向公路？也就是如何从新手变成合格驾驶人，这其实应该是一个见仁见智的话题，答案很可能因人而异。我认为对于新手来说，即便是在驾校认真学习了，还是需要再培训，主要包括胆量、视野、驾驶技巧和经验。这些内容可以找陪练补习，也可以自学成才。下面我们就逐一分析一下。

1. 放松、慢开、多开、走最外侧慢车道

即便你在驾校学得很认真，而且觉得自己已经很熟练了，但是当你真正独立驾车上路的时候，你就会发现实际路况与驾校练的不是一回事。可以说新手上路前最欠缺的就是胆量，想必每个人都有胆战心惊的过程。我们先来描述一下新手的特征：身体僵硬前倾，紧紧地握住转向盘，眼睛紧盯着前方，换挡的时候都不知道往哪个挡位上挂，动作协调性极差，而且开车不走直线。其实一些基本的动作比如换挡，在驾校已经练得很熟练了，就是因为紧张才导致动作僵硬、失准。这时候最需要的就是要精神放松，放慢行车速度，走最外侧慢车道，免得影响车流速度。

最有效率的办法是开车上路前先到车辆较少的公路上熟悉车辆，因为新手开的车与驾校的车不一样，需要一个适应的过程。在熟悉适应车的过程中，反复练习起步停车和加减挡。开自动挡车的话，要适应一下加速踏板的响应速度。对车有信心了，胆量也就会逐渐大起来。要多练习，并逐渐增加难度，驶向路况更复杂的公路，直至拥堵路况。经过一周的时间，你就会发现，身体不再僵硬，也不会腰酸腿疼了。

2. 原地练习、上路实操

经常开车上路的人都知道，驾驶人的视野主要靠车外后视镜、车内后视镜和眼睛通过前风窗观察，因此如何正确使用后视镜成为安全驾驶的关键。

具体的练习方法可以采用原地观察和上路实操两种方式，主要是锻炼如何分辨在后视镜里看到的景物与实际的差别，特别是要通过后视镜判断出后车的实际距离。

另外，由于现在的道路越来越复杂，各种各样的路口、立交桥，多种交通标志、标线和信号灯，运动速度各异的行人与车辆让人应接不暇。如果不仔细观看，很容易走冤枉路，而且也容易发生交通事故。因此练就眼观六路的本领是一名合格驾驶人必备的素质，练习的方法没有捷径，只能靠长期积累。对于新手来说，上路前最好查清楚行车路线，然后放慢车速边行车边验证。

3. 分项练习，用心观察

驾驶技巧是安全行车的基本，在驾校的时候也学过一些简单的驾驶技巧，比如坡起等，但远远不够。实际上要想自如驾车，很多驾驶技巧是需要上路后恶补的。

具体的实用驾驶技巧有很多，可以分项练习，比如正确驾驶姿势调整、跟车、并线、制动、加速踏板控制和停车入位等，另外还要学习在各种天气、不同季节和不同路面的驾驶技巧。这些驾驶技巧通常在驾校是学不到的，需要咨询老驾驶人，自己不断观察摸索，驾驶技巧的练习是长期的过程，通常情况下，经过1年左右的实际驾驶，就可以掌握基本的技巧了。

4. 多开，多适应各种路况，及时总结

驾驶经验是比较抽象的，没有具体到某项驾驶技巧，实际上驾驶经验就是驾驶人对各种路况的综合应对方法。具有丰富驾驶经验的驾驶人可以对突发事件很快做出正确反应，最大限度地保证安全。

另外，具有丰富驾驶经验的驾驶人可以自如驾驶各种车辆，适应性非常强，还可以根据车辆的情况自主选择经济的驾驶模式。驾驶经验不但要靠多开车进行积累，而且还要通过多开车对车辆进行全面地了解，这是一个长期的学习过程。

节油小贴士：切勿猛踩加速踏板

很多人喜欢享受猛踩加速踏板的推背感，殊不知这是以成倍增加油耗为代价的！而增加的这部分油耗并没有实际意义，并没有多跑，所以如果没有什么着急的事，尽量匀速行驶。在加速的时候要缓慢踩加速踏板，跟车的时候别总靠踩制动踏板调整车速，要尽量用放松加速踏板来调整。

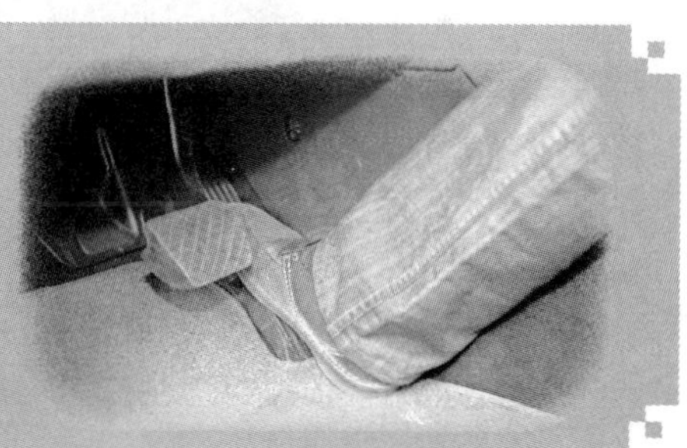

十一、跟 车 技 巧

如果说新手上路首先需要解决的是熟悉车辆和胆量问题，那么接下来最需要解决的就是跟车问题了。对于路上来来往往的车辆，我们经常用车流在比喻，经常开车的人都知道，驶入公路就驶入了车流，绝

大多数的时间里都是跟着前面的车行进。因此，与其说开车还不如说是跟车，学好跟车的技巧不但影响到安全驾驶和省油，而且还与交通拥堵有很大关系。下面我们需要讨论的是不同路况下如何跟车、跟车的距离、跟车的技巧等。

1. 市区拥堵路况跟车

在市区开车遇到拥堵是很正常的，特别是在上下班时间，此时车与车之间距离非常小，往往仅有几米，车速在 20~30km/h，有时甚至不足 10km/h。这时候跟车跟近了容易追尾，跟远了会被旁边车道的车加塞，招致后车的反感。这种情况下该怎样跟车呢？

跟车距离：拥堵路况下的跟车距离要根据车速而定，如果车速低于 10km/h，那么保持 3~5 m 的距离就可以。如果车速在 20~30km/h，跟车距离为 5~10m 比较合适。车速超过了 30km/h

基本上就不属于拥堵路况了。

跟车技巧：拥堵路况下跟车要非常缓慢地踩加速踏板，尽量靠加速踏板来保持车速平稳，不要频繁制动。手动挡的车尽量采用 2~3 挡，并随时准备制动，但右脚不要长时间或频繁放在制动踏板上。另外，也不要时常踩离合器踏板，这样很容易导致离合器非正常磨损。

为了防止由于突然制动导致的连环追尾事故，跟车的时候不要只看前车，要用眼睛余光越过前车观察更前面的车，观看制动灯的点亮情况，如果前车前面的车踩制动踏板，那么就要把右脚从加速踏板移向制动踏板，这么做既能保证及时制动，又能警示后车。为了更好地观察更前面的车，最好选择车膜颜色比较浅或者没贴膜的车，而不要跟在车身很高的车，比如大型客车、中型客车、重型货车等后面。由于拥堵路况跟车距离很近，所以要集中精力开车，不要接打电话或者与乘车者热烈交谈。

2. 市区畅通路况跟车

在正常的畅通路况下，市区车速可达 80km/h，这时候跟车就比较容易了。需要做的是要保持开阔的视野，选择快速通行的车道行驶。

跟车距离：在畅通路况下，跟车的距离以保证安全制动距离为准。有人建议车速是多少就保持多远的跟车距离，比如当车速为 40km/h 的时候，跟车的距离为 40m。实际上跟车的距离并不需要完全这样做，一般情况下跟车的距离为 30m 左右即可。

跟车技巧：在畅通路况下跟车需要做到的是与前车保持基本一致的车速，同样需要用加速踏板控制车速。另外，跟车时不要仅盯住前车，还要越过前车观察更前面的车，防止连环追尾。畅通路况发生连环追尾的概率要比拥堵路况高得多，就是因为驾驶人开车注意力不集中或视野不够开阔造成的。

跟车的时候尽量选择匀速行驶，这样能节省燃油。另外，不要经常把脚放在制动踏板或离合器踏板上，这样做不但会毁车，还会造成整个车流速度下降。

3. 高速公路跟车

中国的高速公路路况比较复杂，虽然大部分限速 120km/h 以内，但很多车都会超速，同时还有很多速度不足 80km/h 的重型货车在缓慢前行。另外，由于路面损坏比较快，很多路段会由于修路而限速改道，需要格外小心。高速公路跟车最重要的是速度、距离和视野。

跟车距离：在高速公路上跟车保持安全车速和距离最重要，在不超速的情况下，保持跟车距离最短为100m。高速公路上都有距离确认指示，参考一下就行。

跟车技巧：高速公路跟车相对比较简单，很多时候可以长时间保持一个驾驶动作。需要注意的是要保持注意力集中，匀速行驶，并保证开阔的视野，随时注意交通标志，特别是限速牌。在超越重型货车或者侧向风比较大的时候适当降低车速，减少气流对行驶稳定性的影响。当遇到由于修路变换车道时，不管前车是否减速，都要提前放松加速踏板缓慢减速，直到顺利通过变换的车道后再加速前行。

4. 雨雪路况、坡路跟车

雨雪天路面比较湿滑，因此在跟车的时候要比平时加大跟车距离，并放慢车速。在驾驶技巧方面需要强调的是不能紧急制动，要点制动。在冰雪路面上起步要柔和，可以采用2挡起步，减少打滑的情况。

坡路的情况与平坦路面有很大不同，原因很简单，因为汽车在坡路上具有势能，有下溜的趋势。为了防止溜车，必须加大跟车距离，不论是上坡还是下坡。至于跟车的技巧，要根据实际路况，参照前面介绍的两种跟车方法。

5. 什么车最好别跟

关于这方面的内容很多媒体上有相关介绍，其实主要有四大类：一是遮挡视线的车，比如重型货车、公共汽车、大型客车和车膜颜色很深的车；二是不能跟行驶不平稳的车，比如新手开的车、出租车、路况不熟的外地车牌车和改装车，这些车行驶速度忽快忽慢，或急停或急加速，这样对跟车造成很大不便，容易发生交通事故；三是不能跟行驶缓慢的车，比如车队，还有驾驶不熟练的车，此时要及时换车道行车；四是制动灯失效的车，因为跟制动灯失效的车很可能发生追尾。

跟车是新手需要迅速掌握并长期练习的驾驶技巧，事关和谐交通和安全驾驶。总的来说，跟车注意三要素：速度、距离和视野，也就是平稳合适的速度、安全的距离和开阔的视野。新手在不熟练的情况下，尽量选择速度比较慢的外侧车道，同时增大跟车的距离，参考旁边车道熟练的驾驶人，练感觉、练眼神，并逐渐提高车速换到速度快一些的车道，用不了多久你就会应对自如了。

节油小贴士：不要频繁制动

制动对于保证车辆安全固然很重要，但是制动最大的弊端是增加油耗。车速是靠踩加速踏板提起来的，如果不制动会跑得更远，制动了之后就浪费了之前烧掉的油，还得重新踩加速踏板前进。不是让大家不踩制动踏板，而是要恰当地踩制动踏板。很多驾驶人有一个不好的习惯，那就是时不时要踩一下制动踏板，甚至是无意识的行为，这样做不但影响了整个车流的速度，而且增加了油耗和车辆的磨损，有百害而无一利！

十二、并线技巧

前面我们说到“与其说开车不如说跟车”，然而会跟车就畅行无阻了吗？远远不够！有一件事是无法回避的，那就是并线。除了变换车道外，还有很多情况下也经常要用到并线，比如从辅路驶向主路、从主路驶出、躲避障碍物等。并线往往打破了原来的行车秩序，如同借道一般，并线需要不同车辆之间的容忍与配合。驾驶人可以减少并线次数，但是不可能永远回避并线问题。

并线对于很多新手来说是件很恐怖的事，由于判断不好车速和距离的关系，再加上生疏迟缓的并线动作，往往会导致后车被迫减速，所以新手并线很容易招致后车驾驶人的反感。于是在不时响起的汽车喇叭声、刺眼的灯光中以及其他驾驶人嘲笑的眼神和谩骂声中，新手战战兢兢地并线，而且往往是在不得已的情况下（需要驶入或驶出主干路时）才并线。那么并线有哪些技巧呢？我们从并线基本原则、并线时机和并线的基本动作进行分析。

1. 并线的基本原则

第一，不要强行并线。并线不能影响所要并入车道内其他车辆的正常行驶，正常行驶的车没有义务和责任让并线车辆先通行，因此不要强行并线。除非遇到前面发生特殊情况，比如发生交通事故，不得已而强行并线，此时要礼让所要并入车道正常行驶的车辆。

第二，连续并线也是不允许的，不但不安全，而且属于违反《中华人民共和国道路交通安全法》的行为。

第三，不要频繁并线，那样反而不会快多少。

第四，提前并线——特别是在打算进入或者驶离主路前，一定要提前并线。如果离出口超过 2 条以上车道，则要一条一条并线，不能等到临近出口前连续并线，这时候最容易发生交通事故。

2. 并线的时机

若想顺利完成并线，并且不被后车反感，必须把握好恰当的并线时机。并线前要通过目测和后视镜观察本车道和要并入车道的车辆行驶状况，包括该车道内的车辆行驶速度、行驶状况（是否正在加速或减速）以及是否有足够的安全距离供你并线，另外还要观察本车道内前车的距离是否足够加速。最佳的并线时机是当要并入的车道内车辆保持匀速或减速行驶时，自己车超过旁边车道内临近的后车至少 2 个车身距离的时候并入，并且与前车至少保持 2 个车身的距离。

3. 并线的基本动作

并线通常分为加速并线和减速并线，使用比较多的是加速并线，加速并线的动作通常包括打转向灯、加速、打方向快速并入、回正方向保持合理速度。动作的要领是干净利落，一气呵成。

由于并线需要旁边车道的车辆配合，因此打转向灯的时候要保持加速直行 3~5s，用以警示其他车辆。很多人认为并线的时候最好别打转向灯，或者一打转向灯就并线，以防止自己的并线意图会被旁边车道内的后车发现，而加速前行阻止自己车并线。这么做是不对的，容易招致后车的反感。并线的时候打方向要快速，幅度不要过大，要沿斜向弧线的方向切入旁边车道。并入的过程要一直保持加速，整个过程需要随时观察前后左右的车辆动态情况。当车身切入旁边车道后立即回正转向盘，此时最好保证车身在车道中央并直线行驶。并入后不要减速，继续保持瞬间加速，同时观察前车速度和与前车的距离。如果自己车速度超过前车，则要缓慢放松加速踏板，直至与前车速度相当，保持合适的跟车距离即可。减速并线的时候，如果旁边车道有足够的安全距离则迅速并线，如果没有，则需要让过旁边车道的车，然后并入。

4. 常见路况下的并线要领

在不同路况下的并线是有差异的，通常与车速有关。我们以城市拥堵路况、城市正常路况、高速公路、坡路等条件为例加以讲解。

城市拥堵路况：拥堵路况下，每条车道的车速并不一致，但总体上差异不大，因此原则上不建议并线，除非遇到特殊情况或者需要驶向出口或入口。此时并线最好采用减速并线，让过旁边车道的车后迅速并入。

城市正常路况：此时为畅通路况，车速在40~80km/h。畅通路况的并线需要采用加速并线，并线的时机和基本动作要领与前面介绍的一致。需要注意的是，要根据不同的车速适当缩短或增加并线时与后车的距离。通常情况下，保持20m左右的距离即可。

高速公路路况：高速公路并线与城市路况并线有很大差异，更加需要注意安全。由于并线的时候车速很快，因此并线前需要延长打转向灯的时间至5~10s，给周围车辆更长的准备时间。另外，并线的时候动作要更快，加速时可采用降挡的方式来获得足够的加速度。高速公路行车，如果没有特殊情况（比如因修路而被迫变换车道或需要驶离高速公路）出现，原则上最好别并线。

坡路：坡路行驶时由于有重力加速度，使车辆本身就具有一定的势能，进而对车辆起到一定的加速或减速作用，因此在坡路上并线要注意适当延长打转向灯时间，并适当延长并线时与旁边车道内后车的距离。如果无特殊情况，坡路行车最好别并线。

很多交通事故是因为驾驶人并线不慎造成的。对于新手来说，练好并线的第一步是要开阔视野，同时克服心理恐惧感。在保证安全的前提下，在完全掌握通过后视镜观察后方路况、跟车等基本技能后，按照前面并线的基本要领进行操练，别怕后车的灯光和喇叭声，用不了多久，你会发现并线其实很简单。

节油小贴士：不要频繁并线

想必大家都听说过“经济时速”这个词，顾名思义，就是指车辆在这个速度下行驶最省油，通常是指直线匀速行驶。实践证明，直线匀速行驶的状态下是最省油的，当然车速要在80~90km/h的经济时速。要实现这个目的，当然不能频繁并线了！道理很简单，并线的时候必定要加速或减速，此种情况下肯定会比匀速行驶油耗高。我们在日常开车的时候时常会看到有些人在车流中钻来钻去，美其名曰“游车河”，这样做不但危险而且增加油耗。

十三、制动技巧

想必每个驾驶人开车时都经历过“点头”的情形，所谓“点头”就是由于制动太猛，导致车轮骤然停止，车身在惯性的作用下保持前冲的势头，于是就出现了车头向下冲的情况。这时候坐在车里的人会感到很不舒服，上身会由于惯性前冲，随后重重地砸在靠背上。除非紧急情况，否则出现“点头”就是由于制动技巧不过关。要想开好车，光会踩加速踏板和打方向是远远不够的，制动技巧不但事关舒适，更是安全的保障。下面要跟大家说的就是制动的技巧。

我们所说的制动技巧就是要在保证安全的情况下，让车辆尽量平稳地减速或停止。理想的状况是制动时车不“点头”，车内人员感觉不到顿挫。下面就对日常驾驶经常遇到的5种典型情况进行分析。

1. 防止“点头”制动技巧

防止“点头”制动技巧也就是平稳停车的制动技巧，平稳停车是经常遇到的情况，比如在红灯前，车辆会依次停稳。很多新手掌握不好制动时机和制动力，往往会比较生硬地制动，停车的时候由于制动力较大，车很容易发生“点头”的情况，坐在车里很不舒服。因此要通过不断摸索和练习，尽量做到平稳停车。

在制动距离足够的前提下，制动的时候要缓慢持续踩下制动踏板，让车均匀减速，当车身趋于停下的时候，要缓慢抬升制动踏板，直到停稳时完全松开制动踏板。初始制动力的大小是由制动距离决定的，距离越短，初始制动力越大。

要做到平稳停车最重要的有两点：一是要克服怕车停不住撞到前车或障碍物的心理；二是要控制好右脚踩制动踏板的力度，要先缓慢加力，而后缓慢收力。根据制动距离决定加力和收力的速度。练习的时候找一个不怕撞的物品做参照物，在平直的路面上反复练习，逐渐加快速度，直到运用自如。

2. 跟车防追尾制动技巧

跟车时制动的主要目的是与前车保持安全的距离，也就是通过制动保持与前车基本一致的车速。所以跟车时制动技巧的关键是缓踩制动踏板，保持制动力，再根据前车速度增大或减小制动力。

具体制动的时候，当发现前车开始制动（前车制动灯点亮）就将脚放在制动踏板上，均匀加力平稳减速至与前车速度基本一致，保持一下制动踏板位置，然后再观察前车的速度变化，如果前车继续制动，则你也要跟着制动；如果前车的速度不再下降，此时你要缓慢松开制动踏板，加速前行，继续与前车保持同样的车速平稳跟车。

3. 坡路制动技巧

上坡制动的技巧与平路上差不多，但由于车身质量带来的减速作用，制动力比平路行驶要稍小一些。上坡制动同样要缓踩制动踏板，要比平路行车更缓一些，但松开制动踏板的速度要比平路快，这样才能保证车速不会过度下降。手动挡的车型由于车速过快下降很容易导致挡位不合适的情况，过低的挡位会使车身抖动，因此上坡制动后要注意及时换挡。

下坡制动就复杂一些了，不但要用制动系统制动，还要利用发动机制动。下坡时特别是长坡不要长时间使用制动，这样容易导致制动摩擦片过热，致使制动效能下降，为了防止这一点，手动挡车型采用低挡位下坡是必须的，一般来说采用 3 挡就可以了。对于自动挡的车，下坡初期不能踩加速踏板或者缓踩加速踏板，保持车速缓慢增加，必要时采用点制动控制一下车速。

4. 弯路制动技巧

在弯路行驶的时候，要遵循入弯前制动，减速缓慢入弯后加速出弯。弯路上制动的同时要打方向，顺着弯路的弧度随时调整车身姿态。不能猛踩制动踏板，特别是外侧车道的车辆，以免车身失控。

5. 紧急情况的制动技巧

遇到紧急情况的时候就不要考虑车身是否“点头”了，以最短的时间、最短的距离减速至停车或安全绕开障碍物为准。千万不能惊慌失措，头脑一片空白，如果你不采取紧急制动或紧急避让，事故发生几乎是难免的！

遇到紧急情况，首先要做的是迅速将制动踏板踩到底，同时还要准备紧急并线。此时最关键的是你要够狠，要真的做到把制动踏板踩到底，很多人由于潜意识里的惧怕做不到这样，所以需要多次练习克服这一心理障碍。如果紧急制动能够让车在障碍物前停下固然好，如果真的不能，那你就要考虑能不能避让。紧急避让也就是制动并线，要领是在制动踏板踩到底的同时打方向，绕开障碍物。

除了以上说的制动技巧外，还有一些特定气候条件下的制动技巧，比如雨天、雪天等。湿滑路面要充分利用点制动和发动机制动，做到有预见性的提前制动，以便有足够的时间调整制动力的大小，要做到这一点就需要眼观六路、耳听八方了。

十四、加速踏板控制技巧

加速踏板俗称油门，驾驶人通过加速踏板控制车辆前进和后退的速度，可以说车辆的动力性和机动性主要是通过加速踏板控制来体现的，因此加速踏板控制是驾驶最核心的技巧之一。

对于车速的控制，熟练的驾驶人主要靠加速踏板，而新手往往靠制动。如果加速踏板控制得好，驾驶起来不但得心应手，而且可以省油、保障安全、延长车辆使用寿命。控制加速踏板要考虑的因素有很多，通常来讲，主要包括变速器形式、路况、车速、驾驶状态等。

1. 加速踏板控制一般原则

除了紧急情况外，绝大多数情况下驾驶人要记住这八个字：轻踩缓抬，柔和均匀。猛踩加速踏板不但会造成车辆瞬间耸动，而且会费油，坐在车里面的人会“前仰后合”很不舒服。踩加速踏板的时候，加速踏板的操纵应将右脚跟放在驾驶室地板上作为支点，脚掌轻踩在加速踏板上，用踝关节的伸屈动作踩下或放松加速踏板，用力要柔和，做到轻踩缓抬。

2. 手动挡加速踏板控制技巧

手动挡车型的加速踏板控制比较复杂，不但要做到加速踏板和离合器的熟练配合，还要根据挡位的不同采用不同的力度踩加速踏板。

1 挡行车的时候，加速踏板要非常缓慢地踩下和放松。当发动机转速升至换挡区时及时换入 2 挡。换挡的时候必须松开加速踏板，右脚搭在加速踏板上即可，当换入 2 挡后，离合器踏板抬起的瞬间同时踩下加速踏板，同样要缓慢踩，踩下的速度可比换 1 挡时稍快。切忌踩加速踏板换挡！其他挡位换挡动作基本一致，只是加速踏板踩下和离合器踏板抬起的速度适当加快，挡位越高，踩下加速踏板的速度越快，以便保持车速平稳提升。

3. 自动挡加速踏板控制技巧

自动挡车型由于不存在加速踏板和离合器踏板配合的问题，因此加速踏板的控制相对简单。由于多数自动挡车型加速踏板响应比手动挡慢，因此同排量的自动挡的车型踩下加速踏板的速度可以比手动挡车型稍快。

自动挡车型加速踏板控制的技巧在于，排量越大，加速踏板越需要缓踩。自动挡也存在升挡的问题，大家在加速的时候感到车身顿挫的时候就是自动变速器在升挡，这时候要适当放松加速踏板。

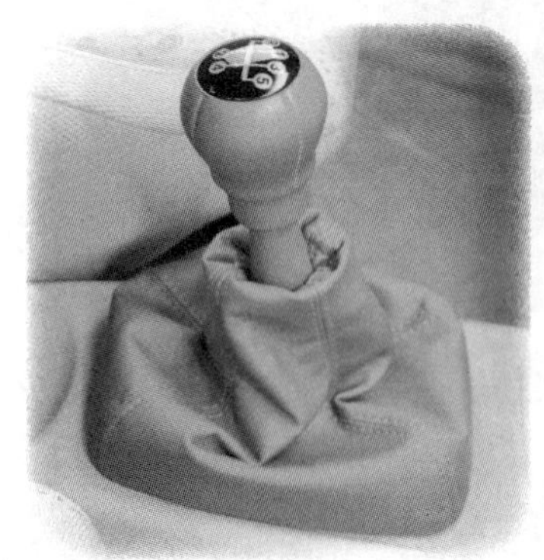

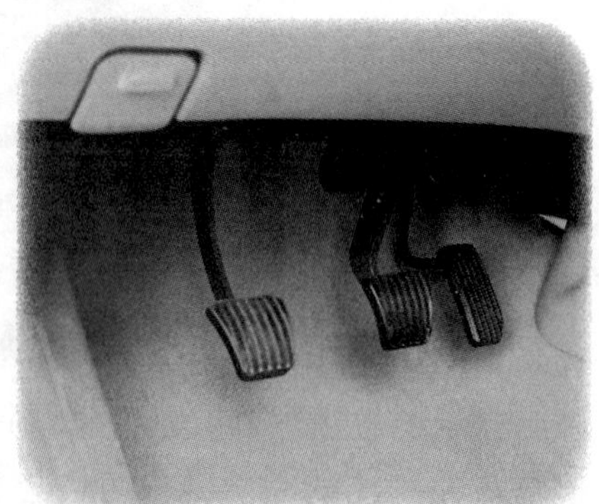

4. 起步加速踏板控制技巧

手动挡车型起步的时候，先将离合器踏板踩到底，换入 1 挡，此时要把右脚轻放在加速踏板上。然后缓慢抬起离合器踏板，与此同时缓慢踩下加速踏板。当车身有运动的趋势时，逐渐加抬起快离合器踏板的速度和踩下加速踏板的速度，实现车辆匀速平稳起步。

自动挡车型起步时踩下加速踏板的速度要比同排量手动挡稍快，但不要猛踩，以车身缓慢平稳起步为准。

5. 跟车加速踏板控制技巧

跟车时加速踏板控制的技巧在于根据前车的速度及时踩下和放松加速踏板，进而控制合理的车速，尽量不用制动，适当运用挂挡滑行。

在拥堵路况下，由于挡位低，车速对加速踏板比较敏感，此时踩加速踏板要特别注意缓踩缓收，当车速低到一定程度时可以完全放松加速踏板，带挡滑行。此时还要注意车身的状态，如果在 1 挡由于车速太低而导致抖动，就要踩下离合器踏板换成空挡滑行。

6. 加速（超车）加速踏板控制技巧

这里的加速不是指正常行驶时的匀加速，而是快速提速，甚至是急加速，比如超车和紧急避让。

在加速超车的时候，要根据提速的紧迫性决定踩加速踏板的速度，对于手动挡车型，加速的时候要降挡，可以选择 3 挡或 2 挡以便获得更大的加速度，挡位越低加速度越大，但是车辆的顿挫感越强。加速的过程要先迅速完成降挡，然后迅速踩下加速踏板。而自动挡的车型在急加速的时候是自动降挡的，响应的速度要比手动挡慢，加速的时候要先深踩加速踏板，降挡后要适当放松加速踏板以便获得快速猛烈的加速度。

对于喜欢驾驶的朋友，最好先对爱车的性能深入了解，这样才能充分发挥车辆的性能。可以找一条平直且无人的路，在确保安全的情况下进行急加速，体验车辆的真实性能。对于手动挡车型还要测试不同挡位下的加速性能和极速，做到对车的性能心里有数。

7. 几种忌讳的控制加速踏板动作

空挡踩加速踏板、低挡重踩加速踏板（急加速除外）、高挡轻踩加速踏板，这些都是需要摒弃的控制加速踏板的动作，这样的动作对车没有什么好处，反而会增加油耗。

加速踏板控制技巧是一项需要长期练习的项目，需要驾驶人有一定的悟性，更关键的是要随时体会踩加速踏板时车辆的变化。只有做个有心人才能控制好加速踏板，让爱车能够充分恰当地发挥性能，实现安全经济地驾驶。

十五、超 车 技 巧

当你发现旁边车道的车总是从你身边飞驰而过，而你前面那辆车依旧不紧不慢地“爬行”，并且它与前面的车辆渐行渐远，这时候你所要做的就是要超过它。对于熟练的驾驶人来说，超车是很常见的驾驶动作，超车由几个驾驶动作复合而成，不但需要并线技巧，还需要加速踏板和挡位的合理匹配。很多人并不能完全掌握超车技巧，在超车时存在误区和技术缺陷。

1. 超车的基本动作

超车的动作归结起来是：加速并线进入旁边车道，加速直行超过需要超的车辆直至安全距离后并线回到原车道。通过超车动作，实现快速通行的目的。

2. 超车的时机

当你发现你前面的车由于自身的原因已经严重影响到整个车道的车流速度，同时旁边有可以安全借道的车道，这时你可以考虑超车。一般情况下，被超车辆具有以下特征：新手不敢提速的车、缓慢行驶的大型客车或货车、路线不熟驾驶犹豫的车辆、边打手机边驾驶的车辆，当然还有一些不好判断原因却一直保持慢速行驶的车辆。

当你开车跟在以上这些车辆后面的时候，只要超车条件满足，所要做的就是毫不犹豫地超车。

3. 超车的基本要领

超车需要安全迅速完成，因此加速和并线的动作都需要干净利落，同时要在保证安全的条件下完成超车。为了顺利完成超车，需要注意以下要领：

（1）眼观六路。由于超车需要借道，因此超车前一定要先观察所要借用车道的状况，这时候可以利用并线的技巧，安全并入旁边车道。除了观察旁边车道的车辆行驶状况，还要观察所要超的车前面的车辆行驶状况。另外，在超车前也要观察前车是否要超越它前面的车，如果有，那么你要等前车超车完成后再实施超车。

（2）降挡提速。这是为了要在尽量短的时间内获得较大的加速度。为了实现这一目的，驾驶自动挡车型时需要迅速把加速踏板踩到底，以便让变速器连续降挡，进而获得较大的驱动转矩。而对于手动挡，则需要先降挡，然后再迅速踩下加速踏板加速。

降挡提速的目的是因为低挡位时加速踏板响应速度快，而且转矩大，以便快速提速。

（3）左右逢源。超车通常是从左侧超过，以前很多道路的最内侧车道为超车道，因此先加速向左并线，完成并线转向盘回正后加速直行至安全距离，再向右并入原车道。在这个过程中切忌连续并线，也就是说刚刚超过被超车辆，然后马上并回原车道，这样很容易与被超车辆发生碰撞。最好在第一次并线完成后直行加速，观察后视镜，如果在后视镜中看到所超车辆，那么此时并入一定是安全的。从右侧超车动作要领是一样的。

（4）遇静则缓。行车遇到前面静止的车辆需要超越时，特别是在路面很窄的情况下，超车时一定要缓慢，并随时准备停车，以防止静止的前车突然打开车门，发生冲撞。

4. 超车的忌讳

我们需要超车的技巧，但不提倡频繁超车。另外，很多情况下并不适合超车。特别是对于双向双车道混合交通的道路。

首先在拥堵路况下最好不要超车，因为此时车速很慢，不利于完成并线和加速的动作，即便是完成超车也不会实现快速通行的目的。

对于双向通行双车道的道路，上坡的时候，特别是在接近坡顶的时候，最好不要超车。由于坡顶的阻挡，使我们看不见对面有无来车，成为视觉盲区，此时不应超车。同样是这样的道路，如果遇到比较大的弯路，并且已经阻挡了视线，入弯前一定不要超车，等驶过弯路，当视野开阔后，至少是可以看到对面来车后方可实施超车。

由于超车时需要瞬时的加速，因此除了充分发挥车辆动力性能外，路面的附着力也非常关键。比如在冰雪路面不要超车，因为瞬时加速很容易打滑，造成超车动作不能按照驾驶人的意愿顺利完成，极易发生危险。

超车是相对复杂的驾驶动作，但是如果具备合格的并线技巧，同时对于加速踏板的掌握很到位，你可以比较顺利地掌握超车技巧。作为车主应充分了解自己所驾车型的加速性能，这样在超车时才能准确无误地判断是否能够快速、安全超车。

十六、开阔视野

眼睛是人获得信息的重要器官，开车要眼观六路，耳听八方，没有良好的视野，驾驶难保安全。

很多驾驶技巧和动作都是以开阔的视野为前提的，比如并线、超车等技巧，如果没有良好的视野，都是很难完成的。对于很多新手来讲，由于精神紧张，对车辆不熟悉，再加上生疏的驾驶动作，往往眼睛仅能照顾到车前方不远的距离，而对于其他方向则是无暇旁顾。由于驾驶人坐在封闭的车内，视线本就被车身遮挡不够开阔，那么如何才能突破局限，做到“眼观六路”呢？

1. 给眼睛松绑

很多新手由于紧张和驾驶动作不熟练，导致了视线僵化，往往只盯着前面的车或者前面很短的距离，而忽略了左、右、后、上和下 5 个方位。这时候由于视野很窄，所以并线和超车等动作很难完成。因此，为了开阔视野，首先要放松精神，给眼睛松绑，不能紧盯着前方。在保证安全的情况下，尝试视线漂移，先逐步把视线向前放远并越过前车，学会观察车前上方的路标、交通指示牌，再把视线收回，观察车前下方路面标志线和路面障碍，实现立体观察整个前方的情况。与此同时，要学会用眼睛的余光观察车身左右方向。在给眼睛松绑的过程中不要急于扩大视野，要循序渐进，在熟悉车况和基本操作之后再逐步扩大视野。随着精神越来越放松，就要尝试利用后视镜观察车身后方的情况。

2. 用好后视镜

由于车身和车内座椅等设施的限制，驾驶人后方的视野受到极大限制，但观察后方情况对安全驾驶至关重要，是并线和超车等驾驶动作的前提。目前绝大多数车辆都是通过后视镜来观察车辆后方的情况，包括内后视镜和外后视镜。通过后视镜练习观察车后方所有车道上车辆的距离和速度。由于外后视镜是凸面镜，因此从镜中看到的事物往往变小，并且感觉上的距离要超过实际距离。而内后视镜为平面镜，显示的是实际的大小和距离。练习的时候可以将内后视镜向观察的外后视镜方向偏转，利用两个后视镜同时观察同一景物，并进行比较，感受外后视镜中景物与实际情况的差异，以便确定安全距离，为之后顺利并线和超车做准备。

在倒车的时候，最好将外后视镜向下调整，以便观察路面情况，免得撞上比较低的障碍物。

3. 甩掉盲区

这里说的盲区主要是指后视镜盲区。传统的外后视镜都是有盲区的，盲区给转向、并线和超车带来很大的安全隐患。为了避免盲区，可以安装大视野外后视镜，但效果不是很理想。其实即便不加装大视野外后视镜也可以规避盲区，在通过外后视镜观察后方的情况时，你只需要将头向前移动一下再观察外后视镜，或者在保证安全的情况下快速转头看一下侧面就行了。另外，通过调整内后视镜角

度也可以在一定程度上缓解盲区。对于车内放置物品或座椅头枕遮挡内后视镜的情况，只需清理障碍物和降低头枕基本即可解决，在这里劝告一些“个性”人士，不要将过多挂件饰品吸附在后风窗玻璃上，个性重要还是性命重要谁都知道。

除了后视镜盲区外，还有由于遮挡带来的视觉盲区，比如 A、B、C 柱遮挡视线，这种情况只能用前后移动头部来解决了。

4. 随心所欲

经过反复的开阔视野练习，驾驶人要实现随心所欲地观察周围事物，做到“眼观六路”。既要做到重点观察，又要能发散目光。这里重点强调的是要学会用眼睛余光观察周围的车辆动态、行人和非机动车，提高对移动物体的敏感度。要学会目测移动中的物体来确定安全距离，既不能太专注地观察，也不能左顾右盼，这需要长时间的积累驾驶经验。

以上提到的是如何开阔视野的一些方法，只要注意长期练习，大家都能做到。在这里还需要给大家提几点注意事项：

第一，要集中精神，开车的时候不能走神，因为走神的时候会大大降低观察周围事物的敏感度，视野会受到很大限制，发生交通事故往往是因为走神造成的。

第二，在通过十字路口时要格外注意观察周围情况，防止突然出现的车辆和行人。

第三，在行人、非机动车和机动车混合交通的道路上转向时，要特别注意行人和非机动车，重点观察车身左右两侧盲区内是否安全。

第四，在视线受到阻挡时，要集中精力观察路况，减慢车速，比如在受到山体阻挡的弯路、跟在重型货车或大型客车后面、驶出胡同等情况时。

第五，车窗起雾或后视镜被雨水遮挡时，要先除雾或擦干后视镜，保证车辆有良好视野之后再行车。

养 车 DIY

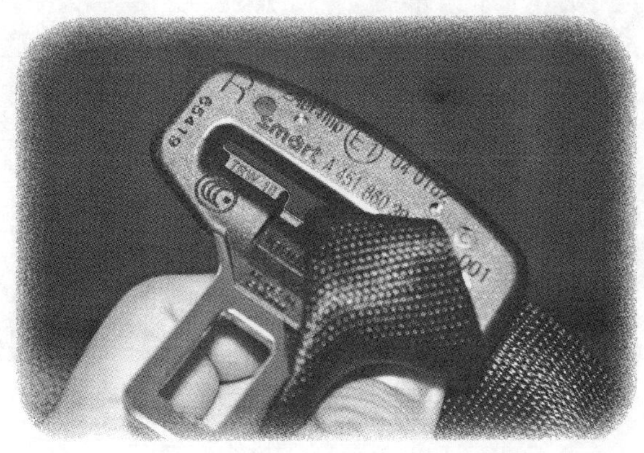

一、寒冬至，维护先

众所周知，冬季里爱车的行驶环境更为恶劣，为了让爱车平安度过严冬，适当的维护是必需的。

事实上，冬季汽车的维护不一定非要劳烦“4S”店里的专业技师，自己动手体贴爱车也未尝不可，而且还可增进您与爱车的感情呢！下面就请您随同我们一起简单对爱车进行一番冬天里的维护。

（1）冬季维护爱车首先要及时检查和更换防冻液。正常情况下防冻液每两年一换，但夏季的液面消耗量会比较大，许多车主发现防冻液亏损时都会在防冻液内直接混入清水，这时防冻液的浓度自然就会降低，所以在入冬前最好去“4S”店做一次冰点测试，以判断是否需要更换防冻液。更换防冻液前最好先用“散热器清洗剂”清洗水垢等杂质，否则加注防冻液后再出现冷却系统故障时，往往要放掉防冻液才能维修，给车主造成损失。另外，更换防冻液前应全面检查冷却系统，不留隐患。

防冻液的冰点应低于该地区最低温度10℃左右，一般防冻液的冰点为 -35℃以下，如果高于 -20℃时，一定要更换防冻液。

（2）选用低温润滑油。普通润滑油会随气温下降而流动性变差，在冬季来临时，应将润滑油换成冬季用润滑油。单级润滑油使用温度范围较窄，一个黏度级别只适用于一年中的部分季节，不能全年使用。多级润滑油可以在较宽的温度范围内工作，一般情况下可选黏度等级 SAE15W-40 的多级润滑油，冬、夏季均适用。此外，分动器油、差速器油、转向器油、变速器油及制动液也应相应及时更换。

（3）空调暖风系统在长时间休息后也会出现一些小问题，最好利用空闲时间好好检查一番，有毛病的要及时修理。 在热车工作状况下，试一下有没有热风、风机运转有无异响、室内是否漏水。如果没有热风可能是由于长时间不用暖气，导致暖风水管中的循环水长期不流动，凝结堵塞了循环管路，在开了一段仍没有改善的情况下，就要到服务站去检修了。冬季车厢内外温度差异较大，车窗经常结冰结霜，妨碍视线，影响安全。所以在入冬之前要重点检查有关加热装置，如后风窗及侧窗出风口、电动加热外后视镜等装备工作是否正常。

（4）加强蓄电池维护。冬季白天时间较短，加上冷车状态下不好起动，车辆的耗电量与其他季节相比要大得多，所以要经常注意蓄电池的维护和观察充电系统是否正常。查看蓄电池电解液的液面高度和相对密度是否正常，测量电量是否充足，液面低了要及时补充电解液，电量不足要用充电机及时充电。检查蓄电池极桩上是否有氧化物和脏物，一旦发现应及时清理，避免在极桩上产生电压降，影响车辆的起动。起动汽车时不要时间过长，一次起动时间不超过 3 s，然后间隔 30 s 后再起动，以免损伤蓄电池。开车时最好先点火使发动机工作后再开车灯、收音机等电器，停车时则要先关各种电器，后关发动机。停车后尽量不用电，特别忌用电动车窗、喇叭等耗电量大的设备。对于使用免维护蓄电池的车主来说，只需要通过蓄电池上的观察窗检查电解液的相对密度状况，一般正常的蓄电池会显示绿色的标志，如果是黄色或红色最好马上到“4S”店去检修。

（5）检查轮胎气压。正确的轮胎气压不仅可以延长轮胎寿命并减少油耗，对其他悬架部件的寿命也有很大影响。冬季路面摩擦因数比夏季低，轮胎气压不可太高，但更不可过低，根据热胀冷缩的原理，外部气温低，轮胎气压也会变低，软胎严重会加速轮胎老化。

胎面异物对车辆的损伤是不言而喻的，它不仅加剧轮胎磨损，如果高速时异物甩出，还可能损坏车身表面油漆。清除异物几乎不需要任何专门的工具，钥匙、螺丝刀，甚至徒手都能完成。车主应该养成随时清理轮胎表面的好习惯，这样做的另一个好处是可以及时发现轮胎的问题，比如鼓包、裂口或非正常磨损，而这些问题对安全是极大的隐患。

（6）冬季维护、清洗车辆要用温水，不能用冷水直接冲洗。尤其是发动机升温后，车前部温度较高，用冷水清洗造成急速降温，对表面油漆很不利，更不能直接冲洗发动机。冲洗后及时打开车门擦干水迹，防止门缝处残水结冰，冻住车门。车窗被冻住时不要强行开关，电动车窗尤其要注意，待其自然溶化后再使用。

（7）经历了夏秋的辛勤工作，刮水片等橡胶制品开始老化，为确保你的行车安全，最好在入冬前更换一次刮水片。在更换刮水片时不要盲目加大刮条的长度、宽度，因为原厂都已对洗刷视野做出了最佳设计，私自加长刮水片长度虽然可以增加车窗视野的可见范围，但相对来说也会加大刮水器电动机等电气设备的负担。

随着刮水片一起更换的还有冬季玻璃水。冬季夜间的气温会降到零度，如果玻璃水储罐里是自来水，那结冰后就会把玻璃水储罐冻裂。其实冬季玻璃水自己也能配制，只需在清水中加入适当比例的酒精，再配合洗涤灵一起使用，既有抗冻的作用也有清洗的功能。

（8）冬季如果车漆发生了剐蹭，要尽快修复，因为北方寒冷干燥的冬季会加剧漆面的破损。

另外，在寒冷的冬季，许多车主早晨上车时感觉车厢内冰冷，这时暖和的毛绒转向盘套、可爱的卡通手制动套、靠垫等就派上了用场，这些越冬装备，在寒冷的冬季不但增加了温暖，还给驾驶人带来了诸多便利。

二、如何使用备胎

——备胎的固定方式和拆装要点

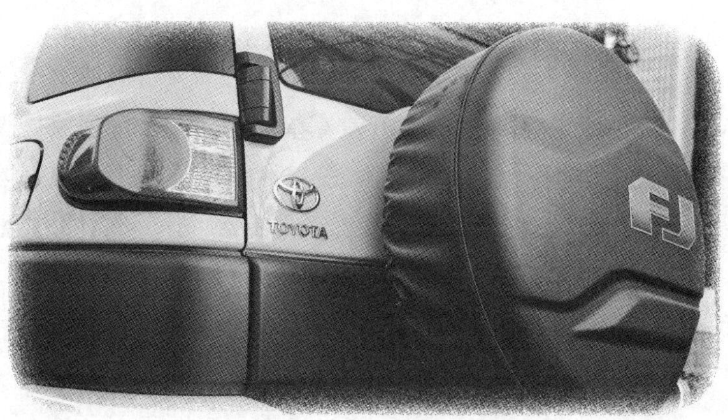

汽车在轮胎遇到突发情况时，只能让备胎顶替。平时备胎容易被车主忽视，往往将其束之高阁。有多少车主真正了解备胎的类型和正确的使用方法呢？下面介绍几种常见的备胎固定方式和使用时的拆装要点。

1. 外挂式备胎

由于某些车辆特殊的使用要求，备胎被放置在车外固定，采用外挂方式固定备胎。多数越野车或SUV车型把备胎垂直地面外挂于后门或平行地面悬挂在汽车底盘后轮传动轴之后靠近后保险杠位置；有些MPV车型为了扩大车内空间把备胎悬挂在底盘后部；还有些特种车辆把备胎平放在车顶固定，以上这些都属于外挂式备胎。下面介绍固定在底盘上的外挂式备胎的操作步骤，以起亚霸锐车型为例，主要步骤包括：

（1）一般使用链条或钢丝将备胎固定在底盘上，第一步先释放备胎，顺时针旋转扳手使备胎缓慢落下，直至完全释放落底。

（2）备胎是通过钢丝一端连接的卡子来固定的，扭动卡子方向就可以使钢丝轻松穿过备胎。

（3）取出液压千斤顶，仔细阅读使用方法，举升汽车前应当关闭千斤顶放气阀门。

（4）使用千斤顶举升时，应该选择正确的支撑位置。不能用千斤顶支撑保险杠、侧围、底盘横梁、下摆臂等部位，否则容易损坏车辆。支撑时还要避免千斤顶接触到制动管路、燃油管路、其他电气线路或零部件。

（5）普通螺纹千斤顶可以支撑在汽车底盘加强筋位置（俗称底大边），保证千斤顶承托凹槽与支撑点吻合。

2. 隐藏式备胎

隐藏式备胎是三厢和两厢汽车上最常见到的，通常把备胎放在行李舱隔板下方，这种型式需在汽车制造过程中预留出放置备胎的位置，车身框架钢板根据备胎的尺寸冲压出相应形状的凹槽。汽车出厂时把备胎放入凹槽中，上方由可折叠的隔板遮挡，这样一来，备胎完全被隐藏，隔板上方可以获得平整的储物空间。根据充气状态不同，隐藏式备胎可分为标准型和充气型。

1）标准型

标准型备胎在汽车出厂时胎内已经充满气体，临时更换可以立即使用。其优点是可以实现快速更换轮胎，即装即使。缺点是备胎长期闲置，内部空气对胎面橡胶发生反应，容易造成轮胎老化。

2）充气型

充气型备胎在汽车出厂时胎内没有填充空气，更换时需要提前对其充气才能使用。优点是充气型备胎直径较小，便于存放，节省空间。缺点是更换轮胎时间较长，配套工具较多且成本较高。

3）充气型备胎拆装要点

拆装要点（在此只介绍充气型备胎的充气方法）：

（1）从行李舱中取出备胎及配套工具，目前充气型备胎除了带有扳手、螺丝刀、螺栓、千斤顶、摇杆等工具外，还会为车主准备充气装置。以奔驰 R300 车型为例，充气装置不但可以为空瘪的备胎充气，还可以为其他车轮充气。

（2）连接充气装置电源。随车携带的充气

装置体积较小，内部装有充气泵，可使用车载12V电源为其供电。充气装置上印有使用说明，详细阅读后再进行操作。

（3）平放备胎，气嘴需朝上，把充气装置的出气口对准备胎气嘴，紧密对接以免漏气。

（4）为备胎充气时要注意轮胎上提醒的充气压力、最高车速等参数，保障行驶安全。

3. 无备胎类型

汽车科技的进步带动了补胎技术的广泛应用，很多厂家已经为新车取消了备胎的配置。无备胎的替代品多为专用补胎剂或补胎胶水，附带充气装置。使用时，向漏气的轮胎注入补胎剂后对其充气，利用气压推动补胎剂填补漏气胎面。类似技术的应用范围比较窄，在国内只有S-MAX麦柯斯和7座途安等几款车型使用。

还有一种使用缺气保用轮胎的汽车也属于无备胎类型，如宝马3系和宝马5系。缺气保用轮胎可以在扎胎漏气后保证汽车正常行驶一段距离，行驶期间缺气保用轮胎能够提供足够的支撑力和续航里程。

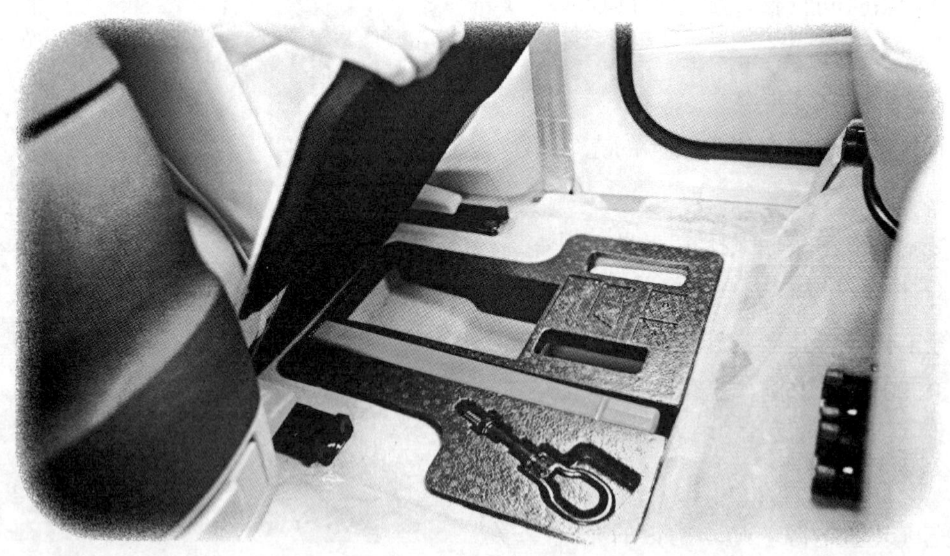

三、呵护孩子，从座椅做起

儿童拥有明媚的笑容、活泼的表情，与他们一同上路，车内始终会充满欢声笑语，哪怕是流露出一点点娇纵和顽皮都可以为所有人带来快乐。但是，这所有洋溢着幸福的场面都要以稳妥的安全为保障。根据以往调查，针对儿童的驾驶安全，如何确保乘坐保护和安全预防是研究的重点，许多由此理念推出的安全产品中，儿童安全座椅是一项基本的安全装置，下面介绍自己动手安装儿童安全座椅。

1. 选择合适的儿童座椅

1）婴儿提篮

适用于体重在 0 ～ 10 kg 的儿童，婴儿提篮的结构轻巧，便于出行携带，并配有三点或五点式安全带。提篮为分体式设计，便于上下车，可分离的底座能够紧固在汽车后排座椅上，使用时把提篮卡在底座上即可。

2）可调式座椅

适用于体重在 10 ～ 20 kg、年龄在 0 ～ 4 岁的儿童，可调式座椅以三点式或五点式安全带为主，使用时必需提前安装固定（右图为可调式座椅安装状态）。这种座椅既可以向后安装也可以向前安装，座椅体积和质量要比婴儿提篮大一些。使用可调式座椅搭乘年龄和体重较小的婴儿时，必需选择座椅按照婴儿面向车后的方向安装。

2. 安装儿童座椅的位置

儿童安全座椅一定要安装在后排，主要是出于对儿童的安全考虑。因为发生碰撞时，前排安全气囊弹出和充气过程的强大爆发力会向后挤压儿童座椅，可能导致儿童头部、颈部等部位出现外伤，对于年龄较小的婴儿甚至会危及生命。

理论上，安装儿童座椅的最佳位置是后排中间位置，因为研究发现这是发生碰撞时车内最安全的位置。尤其是加装安全气囊的车型，前排正面气囊和侧气帘弹出时都有可能伤到儿童。所以，建议大家在安装儿童安全座椅时，尽量选择后排中间位置固定。某些前排乘客座椅安全气囊是单独开关的车型，在安装儿童座椅前需要关闭这一侧的安全气囊。

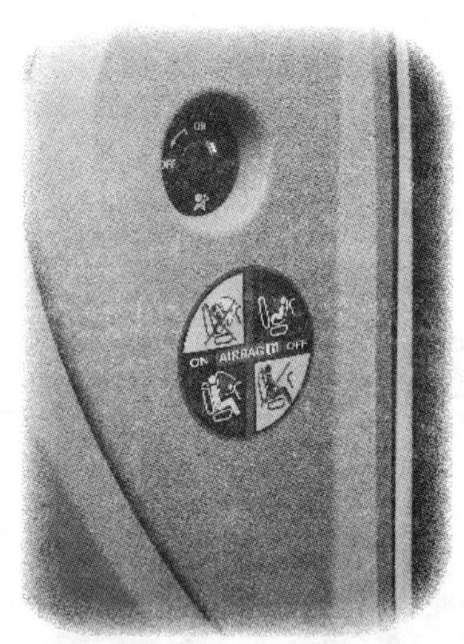

3. 安装步骤

（1）安装前熟读使用说明，可以了解产品的使用特性和适用年龄。一般购买儿童座椅时会随包装携带使用说明和安装注意事项，有些儿童安全座椅上也贴有详细的文字和图片说明。

（2）检查儿童安全座椅靠背后面的三点式安全带是否紧固连接，根据儿童的身材调整座椅安全带高度，图中三组圆孔对应不同的固定高度。

（3）把车用安全带穿过儿童安全座椅固定点，贯穿座椅靠背，从另一侧固定点穿出。

（4）锁止安全带，确认车用安全带缠绕方法正确，捆绑结实有力。

（5）检查儿童安全座椅是否与成人座椅靠背和坐垫贴实紧密，注意不要让儿童座椅靠背与成人靠背产生间隙，避免儿童座椅在行驶中蹿动。

（6）调整儿童安全带的左右长度一致，保证儿童被座椅约束时坐姿的正确和舒适，如果座椅偏大，可以使用附加坐垫和头枕增加座椅高度和对人的包裹性。

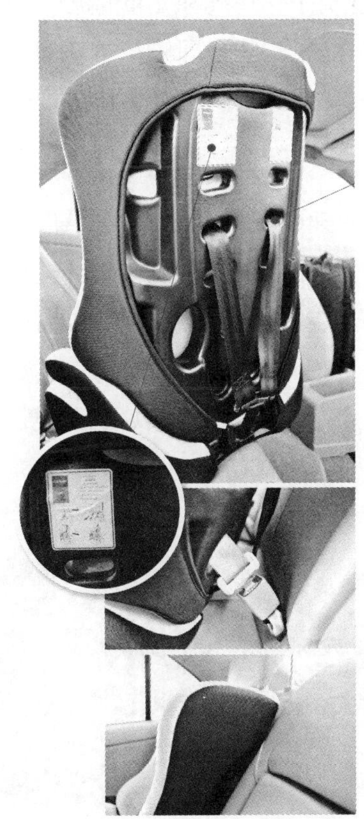

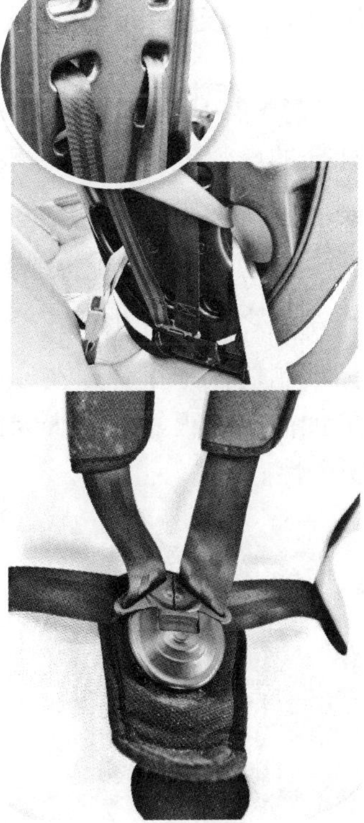

4. 儿童安全座椅使用中的注意事项

（1）年龄偏小的婴儿或儿童在选择安全座椅时，可以选用可调式座椅，不要使用座椅前面有横栏的型号，因为在制动时儿童头部很容易撞到横栏。

（2）安装完成后，用力上下左右摇晃儿童安全座椅，检查座椅固定是否牢靠。

（3）检查座椅安全带有没有扭曲折压部分，如果安全带没有充分贴附身体，很可能引起儿童乘坐时不适感增强。

（4）儿童被约束在安全座椅中的全程，要留心观察座椅工作情况和儿童的反应，以免疏忽大意发生危险。

（5）行驶中途如果儿童擅自解开安全带锁扣或锁扣松脱，应立即停车重新固定后再继续行驶。

（6）家长同车时要为孩子树立正确的安全榜样，主动系上安全带，不要采取违章驾驶。

5. 你不知道的 ISOFIX 系统

汽车安全一直受到社会的广泛关注，对儿童乘员的乘坐保护和安全预防研究在欧美等多数国家已经得到了极大重视。因此很多相关政策法规应运而生，其中 ISOFIX 系统是一种专为婴儿或儿童设计的专用的汽车安全座椅锚固系统，类似的装置在美国或其他国家和地区也被称为 LATCH 系统。ISOFIX 系统主要包括位于汽车座椅靠背与座垫之间可将儿童安全座椅与车体结合的两个专用锚接固定点，有了这项标准后，厂家可以参照这种标准制造汽车车身，在使用时儿童安全座椅可以根据需要随意安装或拆除，能够让儿童约束系统的安装更加简单，很好地减少因操作成人安全带使固定儿童约束系统产生的错误率，从而有效提高儿童乘车的安全性。

四、超级DIY之车轮动平衡

什么是汽车的行驶稳定性？普通车主可能对这个概念比较模糊。大家是否遇到过这种状况，车辆行驶达到某一特定速度时，车身或转向盘开始抖动，而在其他车速下正常。这就是行驶不稳定的表现之一，引起这种不稳定的原因大多是车轮动平衡的问题。

1. 什么是车轮动平衡?

车轮对维持行驶稳定性和保证乘坐舒适性起着关键的作用。理想状态下车轮是质量分布均匀，外形保持规则的圆形。但是，部件在制造过程中无法达到绝对的高精度，不可避免地会产生误差，其结果是造成车轮旋转质量不平衡。

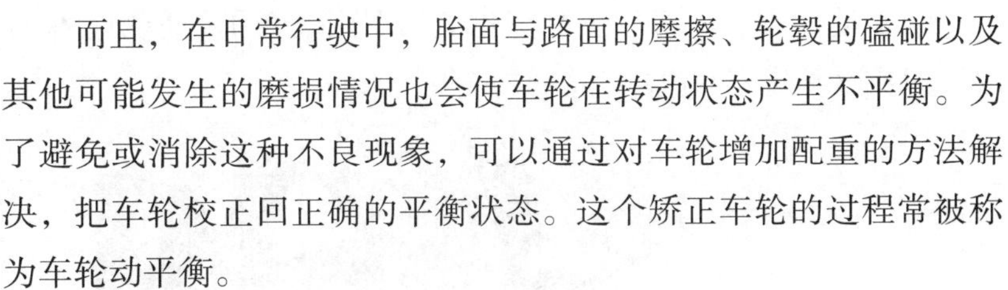

而且，在日常行驶中，胎面与路面的摩擦、轮毂的磕碰以及其他可能发生的磨损情况也会使车轮在转动状态产生不平衡。为了避免或消除这种不良现象，可以通过对车轮增加配重的方法解决，把车轮校正回正确的平衡状态。这个矫正车轮的过程常被称为车轮动平衡。

2. 什么情况下需要做车轮动平衡?

车轮在行驶时摆动、跳动或转向盘抖动时，注意检查车轮动平衡。另外当车轮高速行驶，出现有节奏的沉闷异响如“嘣嘣”声时，应当考虑检查车轮动平衡。

更重要的是，在更换轮胎、更换轮毂、补胎后或是轮毂受到强烈撞击变形、颠簸行驶导致平衡块丢失后，都应当及时为车轮进行动平衡校正。涉及四轮定位操作时，为了保证获取的测量数据的准确性，我们需要提前对车轮进行动平衡校正，以免干扰四轮定位的结果。

3. 车轮动平衡的步骤

车轮平衡仪是专门用于校正车轮动平衡的设备，工作原理是监测车轮围绕固定轴承转动过程中离心力和转动惯量的变化，通过计算机对监测信号处理后，计算出车轮不平衡量的大小以及存在不平衡量的位置，最终把结果显示在控制面板。下面介绍车轮动平衡的具体操作步骤和相关的注意事项。

常见的动平衡工具包括：①挂钩式平衡块；②钳子；③粘贴式平衡块；④锥体；⑤紧固螺栓；⑥剪刀。

4. 动平衡操作步骤

（1）前期准备。清除被测车轮上的泥土、石子等杂物，保证轮胎和轮毂表面清洁；检查轮胎气压，必要时充气至规定数值。

（2）安装固定。把车轮安装在平衡仪上，注意选择与轮毂中心孔大小相当的锥体封堵，并在最外侧用螺栓紧固。

（3）测量车轮。车轮安装完成后，测量轮胎和轮毂数据并输入控制台。第一项测量轮毂边缘距离平衡仪机箱的距离。

（4）第二项测量轮毂宽度，使用卡尺测量。

（5）第三项测量轮毂直径，可以查看轮胎侧面标明的型号得知。

（6）数据采集。输入车轮数据后，按下启动开关，车轮开始旋转，平衡仪控制系统会自动采集数据。此时注意，操作仪器人员不要站在车轮旋转的径向方位以及螺栓固定的一侧，以免发生危险。

（7）显示结果。待车轮停止后，控制台显示出计算结果，两个数字显示器分别代表车轮左、右两侧的质量偏差大小。

（8）根据显示屏提示，用手慢慢转动车轮，当指示装置出现提示时停止转动，此位置代表质量出现偏差的具体位置。

（9）安装平衡块。安装平衡块后可能产生新的不平衡状态，应重新进行平衡测试，直至平衡量达到规定值为止。

5. 你不知道的平衡块

平衡块是车轮动平衡校正所使用的基本材料，按照平衡块的固定型式可分为挂钩式和粘贴式两种。其中，根据质量不同又分为大小不一的若干规格，包括 5g、10g、15g、20g 等，平衡块的规格间隔通常是 5g。粘贴式平衡块主要用于边缘无固定钩边的高级轮毂，平衡块通过背面的高强度双面胶固定在轮毂内壁。

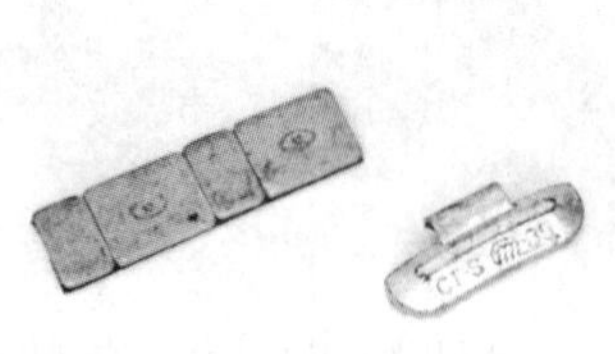

不但轮毂的材质分为钢和铝合金两大类，平衡块的材质也有区别，目前平衡块的材质主要包括铁、锌和铅。为了保证平衡块具有环保达标、防腐美观的特性，很多厂家在制造过程中需要对其精密加工，而且还要在平衡块表面进行镀锌、喷塑，甚至是树脂处理。

五、超级DIY之汽车空调系统的检查和维护

“五一”节后，气温开始上升，俨然已经进入酷热的夏季。季节更替对汽车维护来说是一年中的关键时刻，尤其是夏天，汽车经过长时间暴晒后，阵阵热浪让车主首先想到的是享受空调带来的凉爽，而这时空调工作是否正常、送风是否清新有力就显得十分重要了。下面介绍如何动手检查和维护汽车的空调系统。

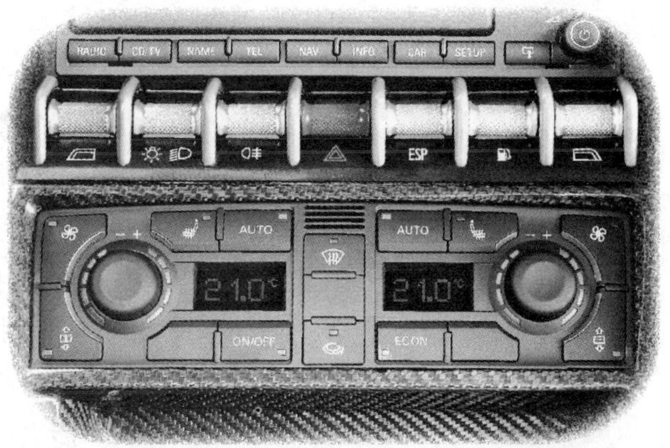

1. 汽车空调使用中的常见问题

汽车空调系统在换季初次使用前，车主最好对空调系统进行杀菌、除臭和清洗等处理。因为汽车空调长期关闭会成为滋生细菌和灰尘的温床。空调系统中的这些污物经过一段时间沉积后不仅会在空气中散发出难闻的霉臭味，而且对车内人员的健康有害。

另一常见问题是开启空调时出现制冷效果下降，主要原因归结为制冷剂不足、空调系统散热不良和空调控制系统失灵等故障。而制冷剂不足又可以分为制冷剂泄漏和制冷剂失效两种情况。汽车空调系统发生类似制冷效果差的故障时，通常需要专业检测人员和检测设备对空调系统进行测量，测量的数据比

较复杂，包括制冷管路压力、继电器电压、压缩机转速和出风口温度等。

汽车空调系统经过长时间使用后，内部的很多零件也会出现老化磨损，比如空调压缩机、鼓风机等，具体的故障表现为工作时机械部件噪声增大，严重时甚至会出现破坏性的损坏。

2. 汽车空调维护的注意事项

首先，经常清洁和定期更换空调滤清器，能保证汽车空调得到良好的出风质量。一般情况下每行驶 5 000 km 或 3 个月（以先到者为准）对空调滤清器清洁一次，每行驶 1.5 万 ~ 2 万 km 或 12 个月（以先到者为准）应当及时更换空调滤清器。

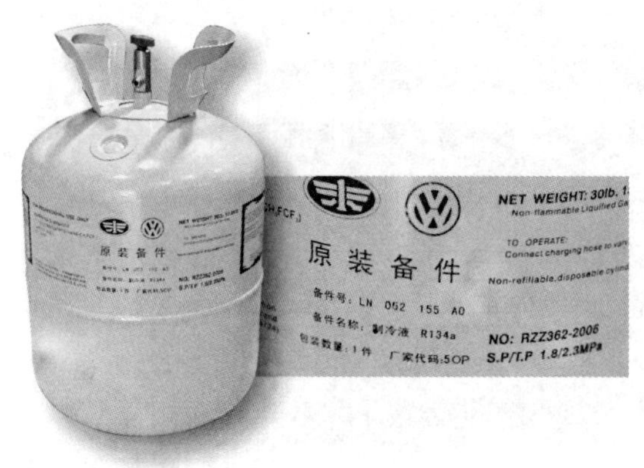

另外还要定期检查空调系统的整体工作情况是否正常，需要针对空调有无异响、压缩机进排气口温度是否正常、制冷管路软管有无破损、制冷系统电路是否完好牢靠等方面对汽车空调系统进行检查。

除了以上在空调维护中需要注意的事项外，车主在日常使用中，最应观察空调散热装置的清洁程度，经常清洗冷凝器可以有效提高空调系统的散热功能和制冷效果。如果冷凝器风扇过脏或是缠绕其他杂物，应当及时清除并做适当调节。

3. 你不知道的“制冷剂 R134a”

汽车空调系统利用制冷剂的不断变频循环来达到制冷效果。液体制冷剂的特点是能够在常温下汽化，遇热时变成蒸气吸收周围的热量，遇冷时变成液体释放本身的热量。汽车空调系统就是利用制冷剂这个特点将车厢内的热量带走，转移到车厢以外的地方。

目前普遍采用的制冷剂类型为 R134a，它的主要成分是四氟乙烷，分子式为 CH2FCF3 。R134a 的特点是不含氯，对大气臭氧层不产生破坏作用，更加环保。而且 R134a 具有不易燃易爆、无毒、无刺激性和无腐蚀性的特征，具有良好的安全性能。R134a 的传热性比传统制冷剂 R12 好，因此可以大大减少制冷剂的使用量。

虽然 R134a 是替代 R12（氟利昂）的理想新型制冷剂产品，但是由于 R134a 与 R12 的物理化学性能、理论循环性能以及压缩机用油等均不相同，因此对于初装 R12 制冷剂的汽车空调系统在进行售后维修维护时，如果需要添加或更换制冷剂，仍然只能添加 R12，通常不能直接以灌注 R134a 替代 R12 使用，更不能把两种制冷剂混用。

4. 清洁汽车空调系统

（1）清洗空调冷凝器时，首先用高压风枪吹净冷凝器表面，再用高压水枪冲洗，才能彻底清洁。如果直接用水冲洗冷凝器表面，只会使尘土、毛絮等脏东西贴附在冷凝器细小的肋壁中，无法达到清洁效果。清洗时，为使操作更加简便，可以拆除进气格栅。

（2）更换空调滤清器或花粉滤清器。大部分汽车都装有空调风道过滤装置，清洗汽车空调系统时应主动检查空调滤清器，对比一下新、旧空调滤清器的干净程度，说不定你的爱车也需要更换了。

（3）清洗空调风道的目的是抑菌和除味，使用专用风道清洗剂从空调出风口喷入可以起到抑菌作用。向发动机舱的鼓风机进气口喷入清洗剂要在空调开启时进行，可以达到除味的作用。

（4）测量空调出风口温度，不同车型的空调制冷效果不同，一般以出风口温度在 8 ~ 10℃为正常。

（5）如果测量出风口温度后发现空调制冷效果下降，则需要检查空调系统管路压力和制冷剂的工作情况，使用的检测设备是专业检测设备，所以最好到维修站进行检查。

六、超级DIY之整理汽车行李舱

汽车行李舱的实用性是它安身立命的根本，怎样使用好行李舱才是真正出彩之处。对于大多数车主来说，怎样整理汽车行李舱也是一项日常使用中需要掌握的基础知识。

说到一款汽车的空间，我们首先会想到它能装多少人、能载多少物，然后再考虑到汽车的载物空间。

善于正确使用和整理汽车行李舱才能充分发挥其载物空间和载物能力。我们不能把汽车行李舱和杂物箱混为一谈，首先说说汽车行李舱的用途。顾名思义，汽车行李舱就是存放行李的地方，可是现在每天都随身携带大量行李出门的车主不能算凤毛麟角，起码也是寥寥无几，所以行李舱用作存放行李只是它的主要功用之一。汽车行李舱还有一个名称叫“后备厢”，这个解释显然更为恰当，也更加符合大多数车主的用车习惯。平时随身携带的零碎物品不但可以统统收纳到“后备厢”中，随车还可以携带一些“后备”用品，以备不时之需。

可见，对汽车行李舱用途的不清晰会导致车主在车内放置大量物品，有些物品是不必要的“累赘品”，有些物品甚至是有碍于正常驾驶的“危险品”。

1. 行李舱常见“后备”用品

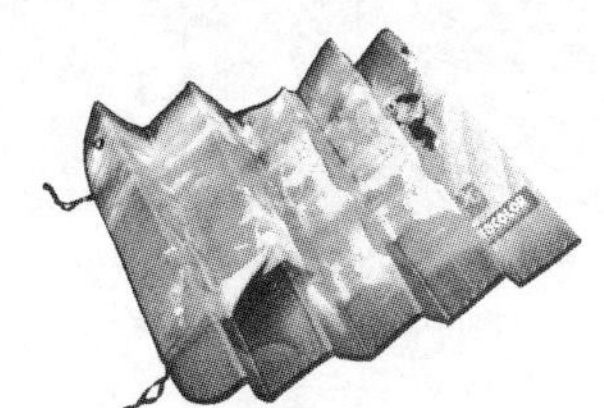

2. 汽车行李舱中的“累赘品”

我们都知道汽车行驶的简单道理，汽车的质量越重，发动机为了维持正常行驶所输出的动力越大，进而油耗越高。所以在大多数车型的参数表中都标明汽车整备质量和总质量（承载质量），总质量代表了整备质量、载质量、附件质量的总和，载质量又包含了驾驶人及乘员质量和载物质量。我们不妨举个例子，以国内中高档B级车为例，该级别车型的载质量一般在500 ~ 700kg，除去驾驶人乘员质量及附件、油料的质量，实际一辆B级车的载物能力只有100 ~ 200kg，可见是十分有限的。在当前能源紧张、用车费用高涨的情况下，我们更应该注意装载物品的种类和数量划分，减少“累赘品”过多出现在你的行李舱中。

据调查显示，汽车若超出额定载质量，每增加1kg负荷，百公里油耗会增加0.0014L，若一年平均行驶2万km，将损失近0.3L汽油。因此，我们建议车主尽可能的轻装上路，尤其在行李舱中避免长时间放置过多类似便携式自行车、高尔夫球具、拉杆箱、背包、瓶装水、报刊书籍及其他大体积大质量的物品。常用物品如车载吸尘器、擦车布、清洗剂等可以收纳在小型整理箱中，便于携带存放。建议那些喜欢DIY洗车的车主把行李舱中的水桶更换为便携折叠式水桶，既使用轻便又可以节省空间。

3. 行李舱常见“累赘品”

4. 汽车行李舱中的“危险品”

整理汽车行李舱时要注意尽量不要在行李舱内部放置“间接危险品”和“直接危险品”。

“间接危险品”可以理解为前文所说的累赘品，这些东西除了增加油耗、占用空间外还有什么其他不良效果呢？其实不论是三厢汽车还是两厢汽车，行李舱的空间设计在汽车尾部被撞击时可以起到有效的缓冲作用，形成防撞溃缩区域。然而放置过多杂物会影响撞击时的缓冲效果，特殊情况下，行李舱物品还可能会因冲击的原因进入车厢内，对乘员造成危险。

“直接危险品”通常是指对汽车安全构成威胁的危险品，其中包括：易燃易爆物品，如化学类喷雾制品、易燃油品等；腐蚀性物品，如车用机油、清洗剂和腐蚀性油料等；有毒物品和放射性物品等。

在整理行李舱时车主朋友还需要注意清点包括备胎、随车工具、警示标志、灭火器、应急药品等随车附带物品，发现附带物品缺少要及时补齐，保证紧急防范措施到位。

总之，我们在对待汽车行李舱时要坚持整洁、安全、轻便的原则，勤检查、勤整理、勤打扫，不要让汽车行李舱成为用车生活的死角，更不要让它成为危害驾驶安全的隐患。

5. 行李舱常见“危险品”

七、超级DIY之内饰清洁

车主朋友是否考虑过终日陪伴我们的朋友——汽车的健康指数。汽车健康一方面是指汽车各系统的工作情况，有没有出现故障；另一方面则是指内饰清洁。

1. 内饰清洁的必要性

汽车的内部空间有限，大部分都被当作人员乘坐和装载货物之用，即便是大块头 SUV 车型的车内空间也只是比一般汽车略大，很难说它的内部有多么宽敞。车内的狭小空间自然有其局限性，长时间使用汽车会对车内环境造成影响，由于人使用或拉货载物的关系，车内容易成为藏污纳垢的理想场所。

相信大多数车主都有打扫家居卫生的好习惯，但是对于在所占面积上比房屋小很多的汽车内饰来讲，又有多少车主能够想到定期对其进行清洁呢。所以我们认为，日常的用车过程中，时常清洁汽车内饰是很有必要的。我们倡导的不仅要保持汽车外表面的亮丽光鲜，更要营造健康清洁的车内环境。所以，对于有车一族来说，要想“促进健康为全家”不妨从清洁你的爱车开始。

汽车内饰清洁的主要对象包括座椅、地板、顶棚、内饰表面等部位，下面就分别介绍不同部位的清洁方法。

2. 座椅的清洁

对于织物面料的座椅，保持其干净的最简单有效的办法是为座椅安装座套。车主可以准备两套或两套以上座套，使用 2~3 月后更换一次，大部分座套都可以洗涤清洁，方便省时。这种做法有一点不好的是，用车过程中一部分污渍会透过座套在座椅面料表面留下难看的印记。对于特别脏的座椅需要用深度清洁的方法除垢，首先应当用吸尘器清除座椅表面和细小缝隙中的残渣，接下来再用刷子配合织物面料座椅专用清洁剂清洗被弄脏的座椅局部表面即可。

对于真皮面料的座椅，在使用中很少为其安装座套，所以增加了污垢与真皮椅面接触的概率，清洁时要格外注意。操作过程应按正确步骤进行，首先用棉布沾水擦拭座椅，为的是清除掉椅面表层污垢。遇到顽固污渍时需要用真皮座椅专用清洁剂结合小刷子擦拭，最后再用干净的棉布整体上擦一遍座椅就完成了。

清洁后，不论是织物座椅还是真皮座椅都应该做到彻底的干燥，以免清洁过程留在座椅内部的水分无法消除，造成潮湿霉变。

3. 顶棚的清洁

汽车顶棚长期使用过程中受风吹的影响，会积存很多肉眼难以识别的灰尘，顶棚看上去灰蒙蒙的，给人感觉很不舒服。清洁的方法通常是使用吸尘器和刷子大面积清扫，然后再用专用清洁剂针对重点部位进行除垢处理。需要注意的是汽车顶棚和内部填充物使用了大量隔音隔热材料，具有吸水能力强的特点，清洁时尽量少使用水或湿乎乎的抹布擦拭，以免顶棚过湿很难干燥。

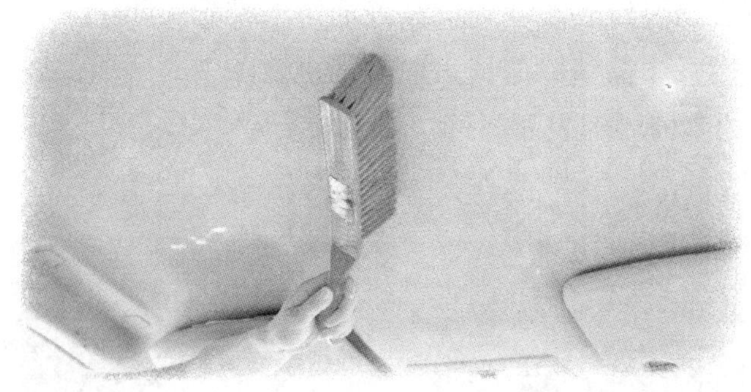

4. 内饰表面的清洁

汽车内饰表面的结构复杂、造型各异，清洁难度较大，而且内饰材料多以塑料、皮革材料为主，对使用清洁剂的成分有特殊要求。为了更好地保护汽车内饰并有效延长其使用寿命，我们建议车主在自行清洁内饰时选择中性清洁剂。清洁后用干净的棉布擦拭干净，并打开车门一段时间以便保持通风，这样做有利于加快车内干燥速度。

5. 地板的清洁

很多车主为了保护汽车地板，在购车后对车辆进行装饰，加装了地胶或地毯。但是这类加装的地板保护层在日常维护中不易拆下来清洁，所以建议大家最好在车内放置活动的脚垫，便于清洁。

随着不断使用脚垫，脚垫上会留下许多脏东西，其中包括通过鞋底带入车内的灰尘污垢，或是人员在乘车过程中因为吃东西等行为掉落的残渣杂质。清洁时如果脚垫不太脏的话，可以将其拿到车外拍打，

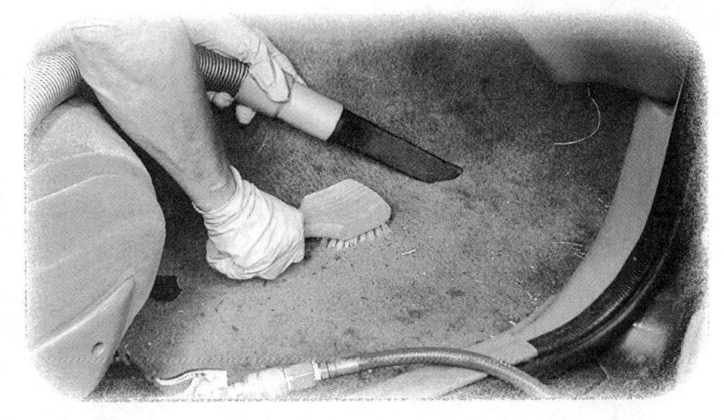

将脏东西抖落，地板其他部位用吸尘器清洁便可。对于比较脏的脚垫则要先用吸尘器处理，再用专用清洁剂刷干净。

对于织物材质的脚垫或地毯而言，在清洗时需要注意的是不要将其放入水中浸泡刷洗，一方面会破坏它内部的材质结构，使脚垫或地毯的表面不再像清洗前一样柔软，影响使用寿命；另一方面也造成它短时间内无法完全干透，反而会在清洗后引起车内地板潮湿。由于在汽车内饰清洁过程中会有很多脏东西被掸落在地板上，所以建议车主将其他部位清洁后再处理地板或脚垫，以免造成二次污染。

6. 养成好习惯，保持车内清洁

平时在车内吃东西时一定要特别注意，不要让食物残渣掉落在车内，引起细菌或其他微生物滋生。不要在车内堆放废弃物和垃圾，避免这些东西变质导致车内环境恶化。尽量减少在车内吸烟的次数，加强车内通风干燥，保证空气流通、车内气味清新。

八、超级DIY之车辆出行前后的检查

很多人都喜欢自驾车出游，当你紧锣密鼓准备自驾车出游时不要忘记，这时更应该加强对爱车的照顾，出行前后都需要对车辆进行必要的检查。

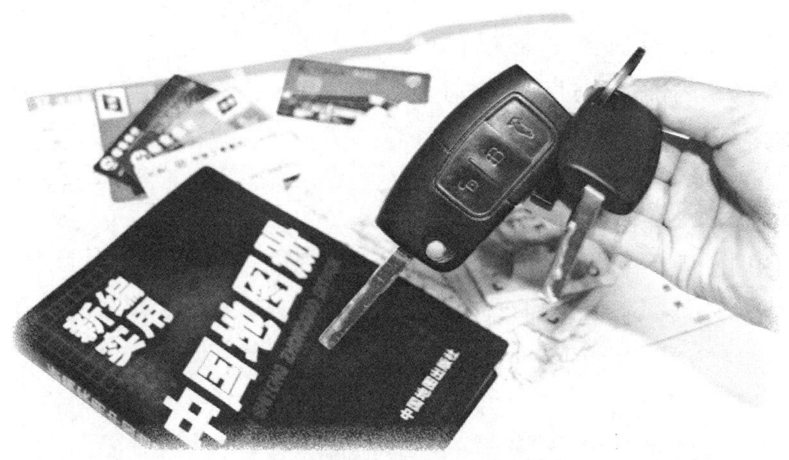

1. 出行前检查

提醒车主在出行前对车辆进行一次全面彻底的检查和维护。即使车辆还没有到定期维护的时候，对于可能发生故障和隐患的部位也要提前检查，确保车况良好。

◆1）发动机舱油液

车主应当在出发前一周左右开始检查发动机舱油液的液面和油液质量是否正常，做到每日出行着车前和停止灭车后各检查一次，发现油液缺少应当及时添加补齐。对于行驶里程和行驶时间较长的车型还要确认车辆是否存在漏油故障。检查漏油的简单方法是，车主在每日用车完毕后，在车辆下方尤其是靠近发动机下方放置干净的纸张或棉布，待次日出行前再收回，这样连续检查几日后便可确认发动机及相关部位是否漏油。

2）制动

假日出行长时间高速行车对汽车的制动系统要求很高，所以出行前务必仔细检查车辆制动是否正常。检查制动系统可以分三步进行：第一，听制动时声音是否有异响；第二，感受制动力是否充足，踩下制动踏板的距离是否与往常相同；第三，检查制动盘、制动片的厚度，一般制动盘使用周期较长，制动片使用周期较短，质量合格的制动片寿命一般在 3 万～5 万 km，具体还与路况和驾驶习惯有关。

3）轮胎

出发前应当着重检查每条轮胎（包括备胎在内）的充气压力是否正常，并且还要检查轮胎磨损的情况，如果某条轮胎经过反复修补或进行过胎壁部位的修补，则建议车主更换新轮胎。长途驾驶前车主最好能自备一些必要的补胎工具，如外用快速补胎胶条、胶片等，以备不时之需。

4）车辆仪表、灯光

车辆灯光是长途驾驶行车安全的重要保证之一，建议车主在出行前检查灯光是否齐全，对于使用时间较长的车辆，应在维修站做更全面的电气电路检查，包括发电机、蓄电池、线路和仪表等部位，都要保证它们的使用情况良好。

5）随车工具

即使车况再好，难免在途中出现意想不到的情况，所以随车携带工具和应急用品是十分必要的。

备胎、千斤顶、轮胎拆卸扳手、灭火器这些工具应随车携带，做到有备无患。除了这些常备工具外，还应准备一些添加剂，如机油、防冻液等。另外对车内人员的照顾也很重要，应适当准备一些应急药品。

2. 出行后检查

长途奔波对车辆来说是经历一次严峻的考验，与出行前做足准备一样，出行后车主要对车辆进行一次彻底的检测和维护，确保车辆正常无大碍。

1) 底盘

行车过程中，尤其是在野外环境下行车，难免对底盘造成剐蹭，所以长途归来首先应当确认在出行途中底盘是否出现过非正常伤害，如果有底盘损伤，应当及时到维修站进行检查修复。如果没有底盘损伤，也应当在出行结束后对底盘进行彻底清洁。

2）轮胎

长途行驶后，首先应当检查汽车轮胎的磨损情况，看看每条轮胎是否有极限磨损或在长途使用过程中是否出现损伤。检查时不但要观察轮胎有无外伤，以及轮胎花纹深度是否正常，还要注意判断轮胎行驶时有没有跑偏或异常抖动的情况发生，一旦发现应当及时维护更换。

3）散热系统

长途行驶后，灰尘、污物很容易附着在散热系统或发动机舱的排水孔位置，如果不及时清理这些污垢会导致车辆散热系统工作效率下降，引发系统故障。因此，车主在长途行驶后不但要清洁车辆外部，还要关注汽车的散热系统，配合压缩空气和水枪彻底清洁。

4）燃油系统

长途驾驶免不了在外地加燃油，对于添加过含有乙醇成分汽油的车辆，要注意在出行归来后及时检查车辆的燃油系统。其实，使用符合国家有关规定和相应生产指标的乙醇汽油对汽车并不会产生直接的伤害，只是由于乙醇汽油相对于常规汽油来讲，它的清洁分散性更强，会清洗掉原先附着在发动机内部的积炭和油垢，如果这些清洗下的残留物无法通过燃烧正常排出，很容易引起发动机故障。建议车主在长途归来后清洗燃油系统并更换燃油滤清器，保证车辆的最佳状态。

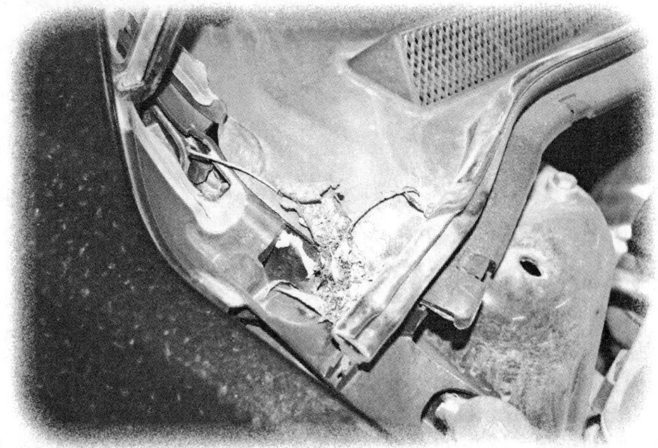

九、超级DIY之车辆秋季换季维护

秋季作为夏季与冬季之间的过渡期，爱车在经历高温与雨淋之后将要面对低温与风雪的考验，提早准备对爱车进行秋季换季维护，可以防患于未然，减少车辆在冬季出问题的概率，所以对于车主来说不能忽视。

1. 漆面

夏天雨水较多，雨水本身就具有酸性，会腐蚀漆面，而夏季较高的紫外线辐射也会对漆面造成伤害。所以在秋季换季维护首当其冲就要对汽车漆面做好护理，做足“面子工程”。做哪些护理还是要根据自己车辆的具体情况，如果漆面还很光亮，只需对车辆进行清洗，然后给车身打打蜡就可以；如果车身漆面损伤严重，则需要进行清洗、抛光、打蜡、封釉等一系列美容维护。另外需要提醒车主秋季露水较多，如果爱车有明显刮痕，就应该及时喷漆处理，以免刮痕部位受潮而锈蚀。

2. 液面

进入秋季，应经常检查发动机舱内的制动油、助力泵油、防冻液等液面是否在正常范围内，还要注意观察液面颜色是否正常，是否到了更换周期。另外对于一些车主在夏季可能由于一些紧急原因直接用自来水代替防冻液，在天气转凉的秋季就有很大隐患，一旦遇到温度骤降的天气，极有可能影响到汽车冷却系统的正常工作，所以必须在入秋后换回防冻液。还需要提醒车主通常情况下汽车防冻液的使用周期为两年，如果车主在夏天使用的就是防冻液，只要不超过使用期限，冰点低于冬季最低气温，就不用在秋季特意更换防冻液。

3. 轮胎

轮胎对于车辆行驶的安全性是不言而喻的，由于夏季与冬季对于轮胎来讲，工作环境差别较大，所以有必要在秋季提前做好轮胎的检查工作。为了应对夏季高温，一般情况下轮胎气压值相对较低以防止爆胎，而到秋季就应该适当补充胎压，使其保持在规定的气压范围内。还应该注意检查轮胎是否有小的刮痕。因为轮胎在气温较低的冬季容易变硬，脆性增加，之前一些不是很明显的划痕会有加大、漏气的隐患，影响到行车安全，所以必须要认真检查。

4. 内饰

夏季潮湿的环境会造成车内细菌的滋生，而许多车主在车内摆放毛绒玩具也是灰尘、细菌的“温床”。另外座椅、地毯、仪表板、脚垫、座椅缝隙、车门内侧、行李舱也都有灰尘、细菌易聚积的地方。

秋季随着低温的降低，车窗打开的次数明显减少，这就让这些夏季遗留下来的问题变得严重，相对密闭的车厢内空间，会让车内空气质量很差，影响车内乘客的健康，所以有必要对车辆内饰做一次彻底的清扫。这次清扫最主要的目的是除菌，所以在清扫时最好用专业的清洗剂，打扫时会将除垢、清除车内异味与灭菌同时完成。清洗完毕后最好再用保护剂对内饰再进行一次护理，会让效果得到更长时间的保持！

5. 除霜口

风窗除霜被许多车主忽视。秋天天气转凉，气温较低时会出现白霜，如果除霜功能不正常，会给驾驶人的视野造成很大影响，这就为驾车带来许多麻烦和不安全因素。所以在秋季维护中，要特别注意测试一下风窗玻璃下的除霜出风口的出风是否正常，热量是否足够，如果出现问题，一定要及时解决。还要检查出风口位置是否有杂物，如果有杂物，要及时清理！

6. 蓄电池

汽车蓄电池的电极接线处，是汽车进入秋季最容易出问题的地方，检查时如果发现电极接线处有绿色氧化物，一定要尽快处理，因为这些绿色氧化物会引起发电机电量不足，使蓄电池处于亏电状态，严重时还会引起蓄电池报废，或者使车辆无法起动。蓄电池内电解液也不能亏缺，保持将铅板淹没 10 mm 为宜，并保持充电量，如果蓄电池充电不足，极易在严寒中裂损。需要提醒车主车辆行驶 3 年左右，就应考虑对蓄电池进行更换。

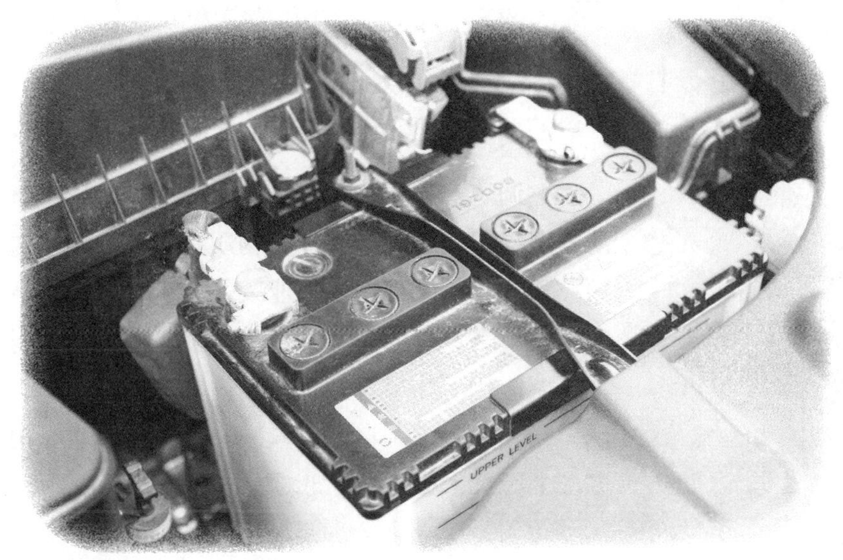

7. 排气管

排气管可以算是秋季维护的一个“死角”，许多车主很少关注汽车的“排泄系统”。进入秋季气温降低后，排气管的滴水情况会经常发生。而许多汽车排气管设计的倾斜角度并不够大，水无法顺着排气管末端排出，在高温情况下，水很容易对排气管造成腐蚀，所以要做好排气管尾节的防护工作。最好用小刷子把尾节10cm里外涂刷一遍清漆，能有很好的效果。

秋季换季维护还涉及到对发动机、空调、管路等方面的维护，这对于一般车主来说自己动手比较困难，建议到4S店进行专业检查！

十、拆装空调滤芯步骤解析

空调滤芯的作用是过滤从外界进入车厢内部的空气，使空气的洁净度提高，一般过滤掉的物质是指空气中所包含的杂质，如微小颗粒物、花粉、细菌、工业废气和灰尘等。空调滤芯的存在，给车内人员带来良好的空气环境，保护车内人员的身体健康，还可以防止玻璃雾化。如果您感觉爱车内空气质量下降，在使用外循环时出现异味，或者空调口出风量减小了，这多半是由于空调滤芯沾染过多灰尘所致，那么请考虑对它进行清理。

1. 所需工具

所需工具：十字螺丝刀、一字螺丝刀各一把，毛刷一把，打气筒一只。

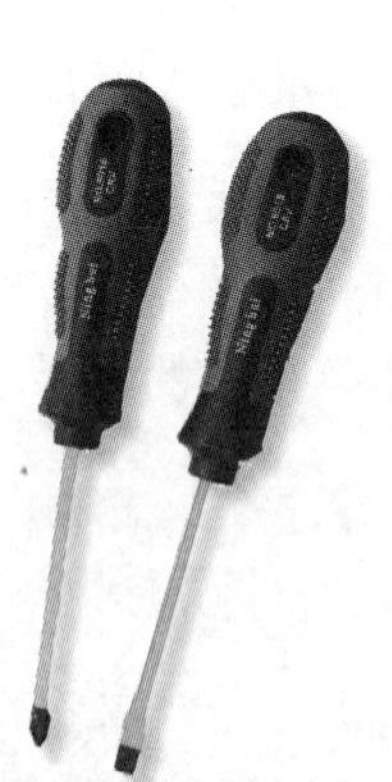

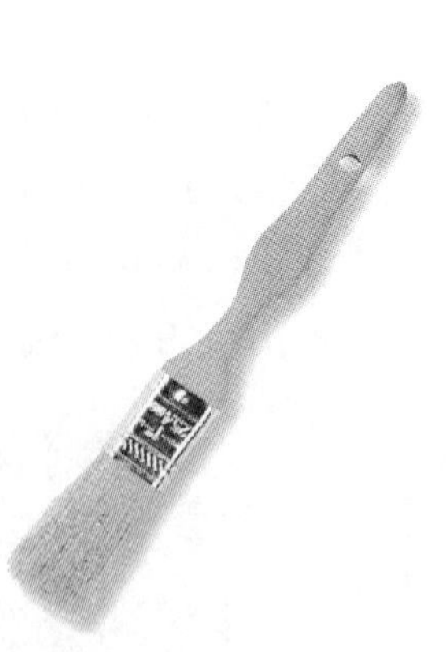

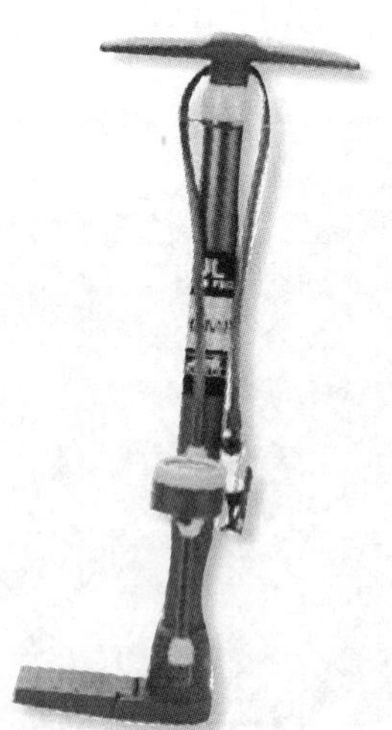

2. 拆装步骤

1）翻看用户使用手册，确定空调滤清器的位置

空调滤清器的位置一般有两种情况：一是位于车的前风窗玻璃下面，被一个导流水槽盖住，这种情况在车外拆；二是位于副驾驶人侧前风窗玻璃下的储物盒后面，这种情况在车内拆。翻看用户手册得知，中华骏捷 FRV 的空调滤芯位置是第一种情况。

2）打开发动机罩，拆下流水槽

流水槽上有 3 只螺钉与车体固定，用十字螺丝刀可轻松拧下。拧下螺钉后，仔细观察流水槽形状，须按照车架形状顺势拆下，决不可生拉硬拽。

3）拧下螺钉，打开空调滤清器

用螺丝刀拧下空调滤清器壳体上的螺钉，打开空调滤清器，就可以看见空调滤芯了。

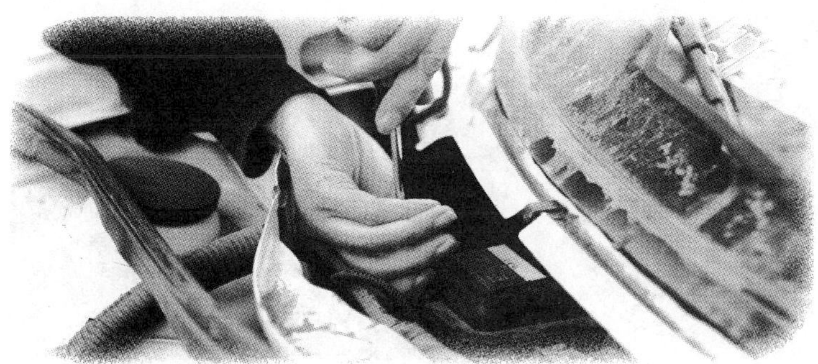

4）取出空调滤芯，进行清洁

使用压缩空气对空调滤芯进行“吹洗”，是清洁空调滤芯最好的方法，如果没有压缩空气，可以对空调滤芯进行敲打并配合毛刷进行清洁。本次我们采用的方式——使用自行车打气筒，虽然看似简陋，但

在清洁效果上还是可以接受的。在清洁时请注意方向，否则不仅起不到清洁的作用，还把空调滤芯越吹越堵。如果是更换空调滤芯，请跳过此步骤。

5）安装空调滤芯

将空调滤芯装回原处。有一点需要注意的是，空调滤芯是有方向性的，请根据其侧面的方向标志安装。向下的箭头，表示按照此方向安装。

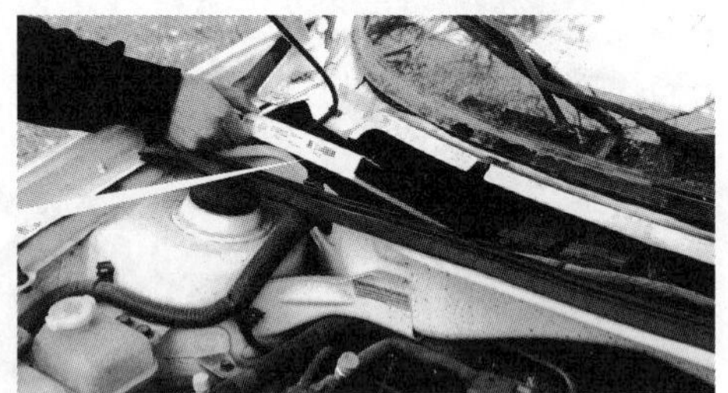

6）安装空调滤清器，安装流水槽

空调滤清器的上壳体安装回原处，拧上螺钉即可。安装流水槽的时候需要注意，在流水槽的背面有一排卡槽，这排卡槽需要夹住前风窗玻璃，装上螺钉，拧紧即可。

提示:

（1）空调滤芯的更换周期是1万~2万km，如果用车环境较差，更换周期会缩短至8 000~10 000km。

（2）建议每一个月对空调滤芯进行一次清洁。

（3）在清洁空调滤芯的时候切忌使用水，因为空调滤芯多以纸质材料制作。

（4）在拆卸和安装时切忌用力过猛，避免损坏周围的线路零部件。

（5）空调滤芯有普通型和活性炭型两种，如果感觉普通型滤芯效果不是很好，可以使用活性炭型的空调滤芯。

十一、“为”雨绸缪

“好雨知时节”、“润物细无声”。唐朝诗人杜甫在《春夜喜雨》中对春雨不吝赞美之辞。在奔向夏日的五月天里我们为您“绸缪”一下雨天的事情。

刮水器是一个被很多车主忽略的装置，尤其在雨水较缺乏的北方。可是瓢泼大雨总会到来，如果这时您恰巧在驾驶车辆，打开刮水器，却发现前路依然迷茫，这是非常危险的事情。所以在雨水颇丰的春夏到来之际，我们和您一起聊聊刮水器，在下面的部分，您可以看到关于刮水器的介绍、安装和测试等。

1. 刮水器的简介

现在市面上可以买到的刮水器大致可以分为 3 种，即有骨刮水器、无骨刮水器和多节可调式有骨刮水器。

有骨刮水器非常常见，在购买车辆时，很多车辆原厂所配刮水器便是有骨刮水器。这种刮水器具有成本低廉等优点，因此被众多消费者采用，但是随着当代汽车前风窗玻璃弧度越来越大，有骨刮水器越来越力不从心，更多私家车主想到了更换无骨刮水器。

无骨刮水器是现在汽车用品市场上的主流产品，而且越来越多的车型将无骨刮水器作为标准配置。无骨刮水器可以与当代汽车具有较大弧度的风窗玻璃充分贴合，刮雨效果较好，而且很少出现刮水片间夹杂砂砾的情况，这样不但保护风窗玻璃，对刮水器本身也是一种保护。除此之外，无骨刮水器的构造相对简单，质量较轻，减轻了电动机、刮水器主臂的负担。现在无骨刮水器多采用一体式导流板设计，显著降低风阻，在高速行驶时使用，可以起到降低风噪及刮拭的噪声。

多节可调式有骨刮水器是一种较新的产品，是为了应对不同车型不同弧度的前风窗玻璃。它的每一节之间由不锈钢弹片支撑，可以自由调节角度，让刮水器的末端也可以和前风窗玻璃紧密贴合，更适合应对那些大弧度前风窗玻璃的车型。

刮水器通常一年一换，有些无骨刮水器的寿命能稍长一些。我们不要遵循是否应该一年一换，刮水器是否应该更换的最重要标准就是，下雨天是否能够刮拭干净，如果不能，坚决换掉。当然即使还能刮拭干净，但是橡胶条上出现了老化和硬化，都是存在隐患的，也建议更换。

车型	主位长度	副位长度
宝马3系	22	20
捷达	16	16
桑塔纳	18	18
标致206	26	16
富康	22	18
赛欧	18	18
福克斯	26	17
CR-V	26	17
思域	22	18
飞度	24	14
凯美瑞	24	18
卡罗拉	26	14
伊兰特	20	18
F3	24	16
QQ	21	18
骏捷FRV	22	19

注：表中长度单位为英寸的刮水器长度（1英寸=25.4 mm）

有骨刮水器和无骨刮水器是目前汽车用品市场上的主流产品。如果您在使用有骨刮水器和无骨刮水器时没有发现左右末端严重翘起，无法与前风窗玻璃紧贴，那么大可不必选择多节式刮水器，毕竟这类刮水器相对较贵。选购刮水器时，需要确定刮水器和刮水臂的连接方式，有的是用螺钉连接，有的是用卡子连接。选购刮水器时不是刮水器越长越好，过长的刮水器末端无法受力，还会带给刮水臂不必要的负担，保持和原厂刮水器长度相仿即可，可以通过测量原厂刮水器长度得知，也可查询汽车刮水器车型表得知（有些刮水器包装上即有）。尽量选择带有导流板设计的刮水器，这样可以降低风噪，高速行车时也更加稳定。无骨刮水器较有骨刮水器更贵一些，但是刮拭效果也更好一些，我们推荐在“不差钱”的情况下，选择无骨刮水器。

市场上有很多杂牌的刮水器，它们价格低廉，但是刮拭效果稍差，寿命也较短，可以卖到20~40元一对；而那些较高档品牌的刮水器虽然较贵，但是刮拭效果、寿命都是对得起这个价格的，例如博世、法雷奥等品牌，价格大约200元一对。如果您要选择那些“杂牌”刮水器时，我们建议您首先仔细观察刮水器的橡胶条，纯天然橡胶在视觉上呈现自然黑色，而合成橡胶会显得特别黑或有一些发白。然后将橡胶条随意拉扯或用力卷起，很有弹性并且能够恢复原状的说明质量很好。其次查看刀口是否平直，不平直的刀口会在前风窗玻璃上留下明显的水印。除此之外，现在大部分刮水器的橡胶条上都会涂抹石墨粉，如果石墨粉很容易脱落且很粗糙，说明质量有问题。

2. 拆装步骤

1）立起刮水臂，拆下旧刮水器

立起刮水臂，将刮水器放到水平，观察刮水片支座的构造，有的在头部会有固定卡子，而且卡子会非常紧，在看好没有其他限位装置后，大胆用力，将刮水器拆下。

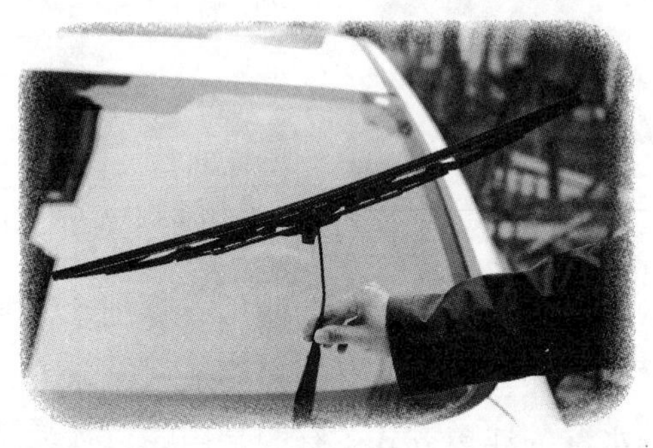

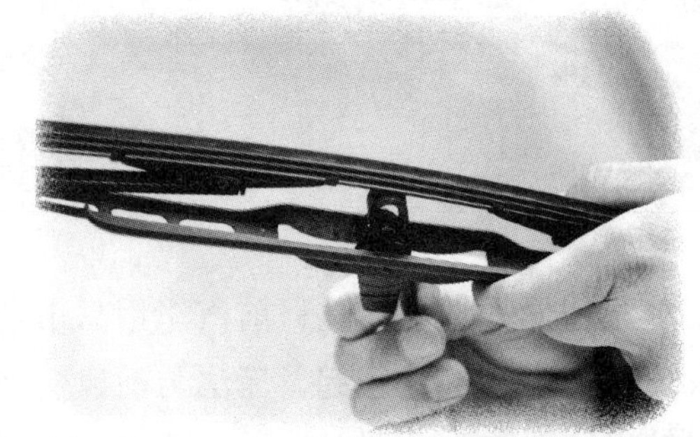

2）打开新刮水器刮水片支座上的盖子

同时按下刮水片支座两边的按钮，就可以将盖子打开。如果购买的是较劣质的无骨刮水器，一定不要用蛮力，否则容易损坏。

◆ 3）将刮水臂头部的钩子穿过缝隙，并安装在刮水片支座的槽里

将刮水臂头部穿过刮水片支座盖子上的孔，再将头部的钩子钩在刮水片支座的槽里，轻轻一拉，听见“咔”一声，说明安装到位了。

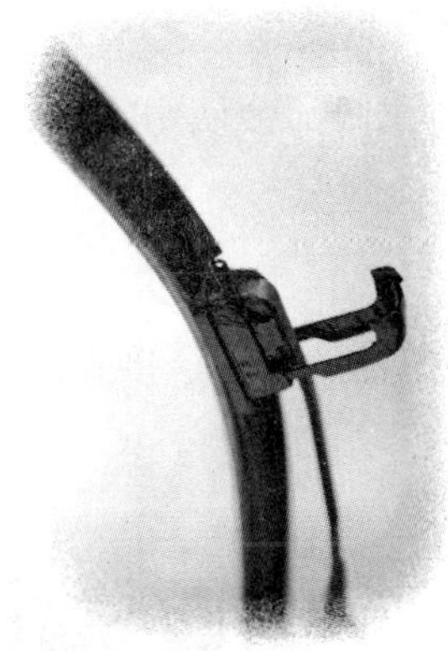

◆ 4）将刮水器刮水片支座的盖子扣上，并轻轻放回原位

扣上刮水片支座上的盖子，轻轻将刮水器放回前风窗玻璃上，切不可用大力放回，以免对刮水器造成人为损坏。

十二、我 爱 夏 天

1. 降温之空调篇

炎热的夏天，我们都会使用空调，而经过了一个冬天，空调难免会出现一些问题，因此我们需要对空调系统进行一下检测。

1）看管路

观察空调系统管路的管道、接头以及压缩机油封等地方是否有油渍。若有油渍说明制冷剂可能泄漏了。

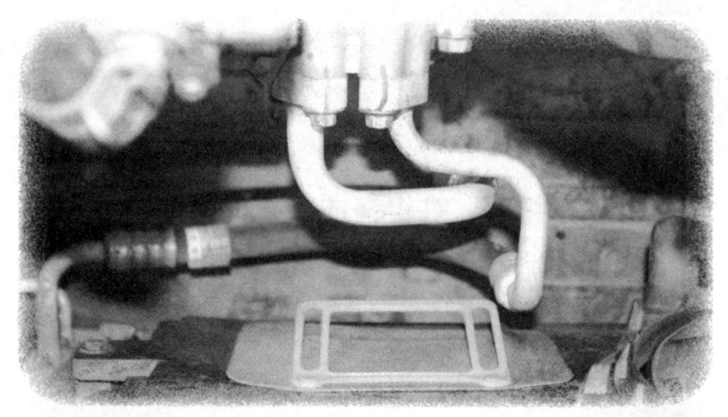

2）摸管路

用手摸空调压缩机的低压管路（一般情况下，较粗的为低压管路），如果感觉很凉，但空调出风口不出凉风，说明风道切换部分出了问题；如果低压管路本身也不凉，那么有可能是冷凝器出了问题，需要进行清理。

2. 降温之冷却系统篇

1）“开锅”为什么？

夏天最熟的汽车故障要数“开锅”。“开锅”就是指防冻液的温度超过了其自身的沸点，冷却液温度报警灯亮、补水罐里沸腾甚至喷水。如果您的爱车不幸“开锅”了，那就要立即通过以下两种方式解决。

如果您是在低速行驶时“开锅”，就需要立即靠边停车，将发动机熄火，并且打开发动机罩辅助散热，并且尽可能拨打电话等待救援；如果“开锅”的时候是在高速行驶，解决的办法稍有不同，就是靠边停车后不要将发动机熄火，而是让发动机怠速运转一段时间，排出更多的热量。

“开锅”最主要的原因有两点——节温器大小循环转换工作不正常和冷却风扇转速异常。对于这两点，我们可以通过以下简单的方法进行检查。

2）检查节温器

第一步：开车跑一小段路，让冷却液温度超过冷却液温度表全程的中线。在冷却液温度超过中线后，节温器会将冷却系统的小循环变为大循环。开车跑一小段路程，见冷却液温度表指针越过中线后，找到平坦路面停车，不熄火。

第二步：打开发动机罩，检查上下水管的温度。停车后，打开发动机罩，用手摸上下水管，如果上水管烫手，下水管还不热，说明节温器工作不正常；如果上下水管温差不大，说明节温器工作正常。注意，用手触摸水管时一定小心，以免烫伤。

3）检查风扇

第一步：起动空调压缩机。起动汽车，在怠速工况下打开空调并按下 AC 健以起动压缩机。

第二步：打开发动机罩，检查风扇是否运转。

通过这两个方法，我们可以基本确定爱车的冷却系统是否可以正常工作，排除一些隐患，但是这样的检查如果还是不能做到万无一失的话，到“4S”店进行系统检测是最有保证的。

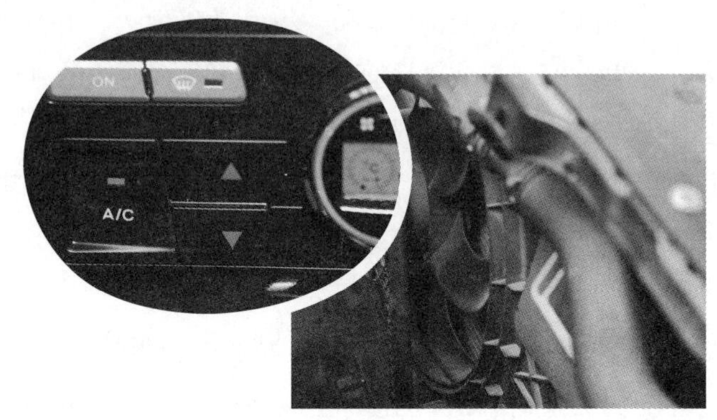

3. 降温之轮胎篇

夏天，是汽车爆胎的高发季节，因此在夏天我们更应该对轮胎进行检验，以减少危险的发生。造成爆胎的原因很多，橡胶老化、胎面严重磨损、胎压过高或过低以及被路面锐物扎破车胎等都会导致爆胎，而夏季行车时所产生的高温更加速了轮胎橡胶的磨损和老化。

1）检查胎压

将车辆停在平坦路面上，并等待一段时间，等轮胎温度降到常温（以不烫手为准），再用胎压计测量轮胎压力。胎压的标准值可以在车身上找到，很多车型都在驾驶人侧车门的门轴或门框处。

2）检查胎面

检查轮胎胎面花纹上是否有钉子、石头和碎玻璃等杂物，以免刺伤胎面。当轮胎花纹磨损到只剩下 1.6 mm 或更少时，就会在轮胎上发现一个特定的标记，这时就应该更换轮胎了，不同品牌的轮胎标记不同，但轮胎说明书中都会说明。

3）检查备胎

备胎被藏匿在行李舱的隔板下面，经常会被大家忽略。所以我们在这里提醒大家，出行前同样需要检查备胎的胎压、胎面等，做到有备无患，不让备胎成为一种摆设。

4. 降温之装备篇

1）隔热板

隔热膜虽然滤掉了大部分紫外线，但是很难使车内温度保持在较舒适的范围，因为毕竟贴膜是要确保透光性的。此时可以使用隔热板来阻挡阳光进入车内引起高温问题。常见的隔热板有铝箔的反光式隔热板，还有黑色网状的吸热型遮阳帘。网状的吸热遮阳板多用在侧窗，有一定的透光性，主要通过自身吸热降低阳光引起的高温，在车辆行驶时仍能使用。铝箔式的反光型隔热板阻挡阳光的效率最高，经常用在前后风窗。由于是反光型的，所以这种隔热板完全不透光，只能在车辆停止时使用。不过这使得夏季停在露天的车辆的车内温度不会升高过多。车内使用的隔热板在购买时应考虑车本身型号，按照自己车的玻璃形状和大小选购。现在还有一种防晒折叠棚，采用类似防晒雨伞的面料，折叠式不透光软棚打开后能直接把整个车顶罩住，防止阳光照射。

2）汽车隔热膜

夏日里，车内气温升高的罪魁祸首之一就是阳光的照射。这时候，使用空调虽然可以起到降低车内温度的功效，可是直接照射驾驶人以及乘客到的烈日也会对皮肤健康造成影响。而直接暴露在烈日下的汽车玻璃也有可能因高温而爆裂，对车内人员造成伤害。解决这些问题最有效的方式就是为爱车贴膜。汽车隔热膜

又被称作防爆膜，首先，它能够抵挡紫外线，减弱紫外线对人体的伤害。其次，它具有防爆性能，具有很强的吸附力，能够防止玻璃破碎而危害人身安全。再次，它具有隔热性能，能将太阳光中 90% 以上的红外线拒之车外。另外，汽车隔热膜还具有单向透视、降低炫光的效果，就是说，车内的人可以透过玻璃和隔热膜清晰地看见车外的情况，但是车外的人却看不见车内的情况。

3）汽车凉垫

再高档的隔热膜，反光性能再好的隔热板，也不可能做到让阳光一丝不漏。当您坐到车内后，可能臀部、腿部都会有如同灼烧一般的感觉，这个时候，一个适合的汽车凉垫就成为最合适的选择。在购买汽车凉垫的时候，我们要购买材料环保、天然、厚实，吸湿、放湿快，透气性好，散热性好，防霉，易清洗的汽车凉垫。汽车凉垫的安装非常简单，直接将坐垫对齐座椅套上即可，座垫与座椅“脖子”、“腰”、“腿”的地方会有绳子或者扣子，穿过座椅的缝隙，固定结实保证座垫不会轻易滑动。由于夏天温度高湿度大，车内人员也易流汗，座垫需要经常清理，清理时可用毛刷蘸清洁剂（肥皂水即可）轻轻擦拭座垫表面，再用干净的湿毛巾清理清洁剂，重复几次即可。如果坐垫脏得非常严重，可以交给干洗店进行处理。

4）车载冰箱

车载冰箱适合户外活动，如旅行、烧烤、钓鱼及购买冷藏食品时使用。它能保持食物新鲜和水分，防止食物变质及滋生细菌。车载冰箱一般体积较小，存放 9 瓶易拉罐没有问题，能在炎热的

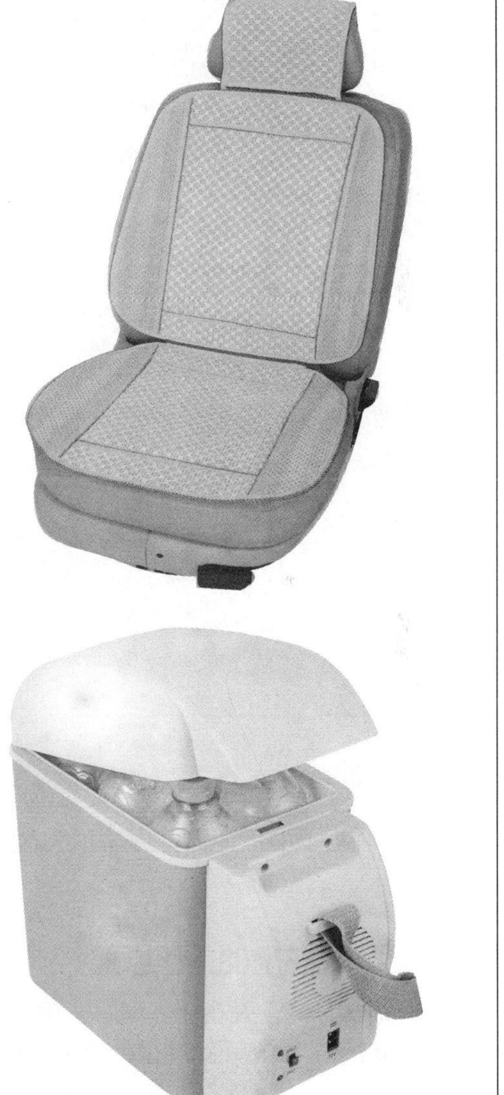

下班堵车路上或者郊游途中随时喝到冰可乐可谓享受。车载冰箱一般插在点烟孔即可，使用非常方便。在使用中，由于空气向下流，所以应先将各种食品或饮品放于冰箱内，再将冰块盖在食物上面，这样才能发挥最佳效果。保温箱须长期盖密，每次取完食物之后，须立即盖好以免流失冷气。清洗时用温水加入清洁剂擦净，然后自然风干便可。

提示：

（1）汽车起动后不宜立刻开空调。进入车内后，不要立即打开空调，先把车窗打开，将热气排出去，当车内温度降低到与车外温度相仿后，再使用空调制冷。

（2）停车开空调，使用“外循环”。如果在停车时一直使用内循环，很有可能造成发动机排出的一氧化碳在车内堆积而影响车内人员的身体健康。所以停车开空调请使用“外循环”。

（3）停车时，微开车窗。在保证绝对安全的情况下，停车时微开车窗，让车内外空气进行对流，可以有效地降低车内温度。

十三、“火 花” 激 情

火花塞是汽油发动机上的重要部件，它可以放出蓝色的火花，它可以点燃汽油的激情，释放出万千能量。在后面的阐述中，我们将与您一起分享关于火花塞的知识，包括火花塞的工作原理、清洁、检查、选购以及更换等等。

1. 火花塞的工作原理

简单的说，火花塞是通过正负极触点间的高压电火花点燃可燃气体而工作的。

火花塞通过高压放电使可燃气体燃烧做功，整个工作非常短暂，但这个短暂的过程还要分为几个阶段：首先在火花塞的正极形成高电势，因电位差的存在，向火花塞负极放电，正负极之间存在间隙，所以会产生电弧；电弧可以点燃正负极间隙之间的混合可燃气体产生火星，进而使整个燃烧室内的可燃气体燃烧做功。

2. 火花塞的种类

火花塞有很多种分类方式，它可以通过热值的高低等方式进行分类，但是我们更习惯根据电极材料进行分类的方式：

（1）普通火花塞：电极材料多为镍锰合金，多数汽车原车配备的就是这种火花塞，价格低廉，寿命较短。

（2）铂金火花塞：中心电极端面材质为铂，有时侧电极也焊有铂（称双铂金）。铂金火花塞的点火可靠性、点火性能都得到提升，由于铂金的熔点可达 1 800 ℃，所以可以得到良好的耐久性。

（3）铱金火花塞：铱金火花塞的中心电极材质为铱。铱是一种稀有金属，它具有极高的熔点和很大的强度。铱金火花塞具有打火电压低、火花强、点火迅速、爆发力强和火花燃烧位置稳定的特点。在提升发动机动力的同时，降低油耗和排放。铱的熔点高达 2 447℃，因此耐氧化性和耐烧蚀性更强。

3. 火花塞的选购

在更换厂家火花塞这种对车辆使用影响非常大的零部件时，我们通常会要求您“选择原厂零部件”，但是很明显，汽车厂商是不生产火花塞的，所以也就没有所谓的“原厂”零部件，这里的意思是让您选择与原车型号相同的火花塞。其实，如果您搞懂了火花塞的原理和工作过程等知识后，您完全可以选择不同型号但同样可以使用的火花塞，然后再亲自动手安装更换，这样不仅可以让爱车的发动机更好地发挥功能，也许还能让您少花费一些，毕竟在“4S”店更换火花塞也还要收一笔不算小的费用。

选购火花塞大致分为 4 个步骤：

（1）注意火花塞的热值（各品牌热值的标注方法不同，以博世为例）。热值标明的火花塞的散热能力，压缩比较高的发动机选用热值较低的火花塞，压缩比较低的发动机选用热值较高的火花塞。火花塞的散热能力直接影响到发动机的燃烧情况，如果散热能力太强会使火焰很弱小，影响蔓延速度，导致燃烧不够理想。反之可能会引起爆震，并将火花塞灼烧坏。目前车用火花塞的热值在 6 ~ 8，可以翻看手册查找。

（2）选择火花塞的尺寸参数。两个火花塞即使热值相同，但是无法安装，同样是无法使用的，有些即使可以勉强安装上去，也会因为参数的不同而无法正常使用。因为火花塞的螺纹螺距、螺纹长度、外方大小和负极高度都是不同的，只有在满足这些硬性的尺寸要求后，火花塞才可以正常安装和使用。

（3）选择电极的材料。火花塞电极最常见的材料是镍锰合金，价格便宜。镍锰火花塞的使用寿命在2万km左右，完全可以满足大多数普通用户的需求，但是会有高转速断火、车辆有顿挫感的缺点，这些只会在绝对高转速并且急加速时发生，无伤大雅。

此外，还有铂金火花塞和铱金火花塞，它们相对性能较好，使用寿命相也比较长，铱金火花塞的使用寿命通常可以达到10万km，但是价格也相对较高。

（4）选择火花塞的电极数量。通常火花塞只有一个正极和一个负极，但多极火花塞会拥有一个正极和3~4个负极，它可以保证点火的稳定性，当其中一个负极因脏污或被灼烧而无法使用时，还可以通过其他触点来保证点火的完成。注意，不是多极火花塞就一定比普通火花塞强多少，它们的性能可能没有多大差别，是否选用多级火花塞主要看发动机的设计，以及手册上的推荐。

博世的普通火花塞价格在200元以内，铂金火花塞在350多元，铱金火花塞则在500多元，这里的价格都是指4只的套装。

4. 火花塞是否应该更换?

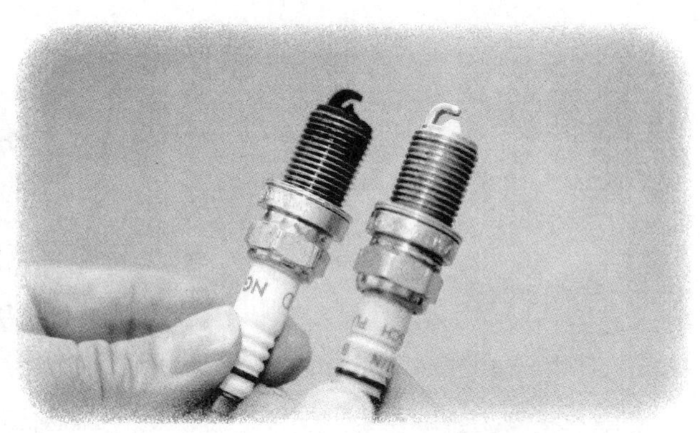

首先，如果您的爱车出现了怠速不稳、加油顿车、发动机异常抖动等情况时，都有可能是因为火花塞的问题而导致的。这时我们可以将火花塞拆下，进行一下确诊。如果火花塞发生了以下几种情况，则说明火花塞已损坏需要更换：一是电极间隙，如果间隙过大，则说明火花塞已损坏，则需要更换；二是查看火花塞的绝缘陶瓷部分是否有击穿现象，若有，则需要更换；如果发现电极处发黑并存在积炭，则说明缸内燃烧可能不良或有失火现象，需要到“4S”店进行检查。

5. 更换火花塞

1）“断电”，将连接在火花塞上的点火线圈拆下

a. 取下发动机罩，露出发动机上的各个点火线圈

b. 拧下并取下搭铁线端

c. 断开各点火线圈连接线插头

d. 取下点火线圈连接线束

e. 小心拔出点火线圈

2）拆下火花塞

a. 用套筒扳手拧松要拆卸的火花塞

b. 小心取出火花塞

当火花塞即将拧松时，吹掉火花塞周围的污物，以免火花塞拆下后，有杂物掉落入燃烧室内。

3）安装火花塞

将新火花塞装入套筒中，缓慢拧入发动机缸体。

在安装的时候，必须保证螺栓周围、火花塞电极和密封垫保持清洁，干燥无油污，否则会发生漏电、漏气及火花减弱等故障。如果在拧入的过程中发现手感不够顺畅，应立即将火花塞退出，检查螺纹中是否加有杂质，切忌用蛮力拧入，以免损伤螺孔，殃及缸盖。

切勿盲目拧紧火花塞，不同车型、不同型号的火花塞拧紧力矩都不相同，在拧紧火花塞时需要用到转矩扳手。

按照规定拧紧力矩，调节转矩扳手的转矩值，然后依次拧紧各火花塞。在拧紧时，一旦达到拧紧力矩，转矩扳手内的限力装置会发出“咔哒”声，说明无须再用力拧紧，拧紧操作已完成。在拧紧时，因为火花塞拧得过松会造成漏气，过紧会使火花塞及缸盖螺纹受损。现在很多锥座型的火花塞不使用密封垫，所以使用转矩扳手拧紧火花塞就显得尤为重要。

4）“通电”，将点火线圈安装到原位

依次连接好点火线圈的插头，一定注意不可将顺序搞错，否则会出现严重问题，安装好搭铁线端，并恢复点火线圈连接线束至原位，安装完毕之后，仔细检查发动机，确认无误后安装发动机罩。

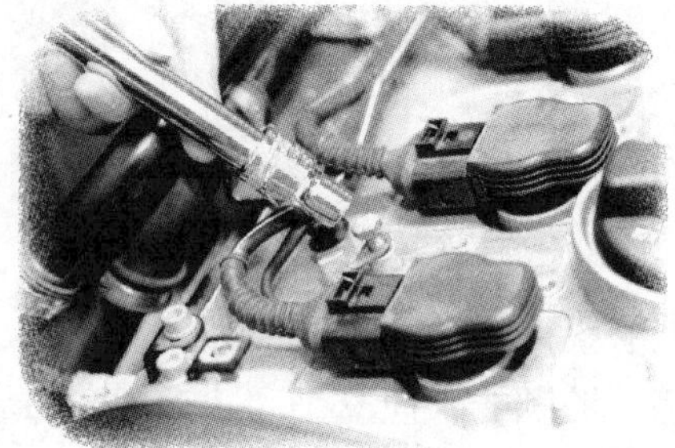

有问必答

Q1 购车时，应该怎样检查车漆？

A 首先，最好选择一个好天气去提车，提车时，让经销商将车停放在室外光线充足的地方。先远观，围着车身走一圈，观察车身表面油漆颜色是否均匀、饱满，无针孔、皱皮和划痕等现象，异色边界是否分色清晰。特别需要注意的是发动机罩和车顶平面，因为相对侧立面来说，汽车上平面着漆效果最能体现喷漆工艺的水平，但同时，这也是最容易暴露瑕疵的部位。接着要细看，近距离观察车身漆面有无擦伤、开裂、起泡、锈蚀以及补过漆的痕迹。用手摸一摸有无修补痕迹，手的触感可以感觉到肉眼不容易察觉到的细纹。

从2009年起，北京市机动车交易市场开始配备一种快速监测仪——汽车漆膜厚度快速监测仪，可当场验明交易汽车是否有漆面瑕疵，一些剐蹭后被重新喷漆的车辆将无法蒙蔽消费者，相信此举未来将会在全国范围内推广。

Q2 汽车配备了ABS装置就能确保绝对安全吗？

A ABS并不是如有些人所想的那样可以大大提高汽车物理性能的极限。严格来说，ABS的功能主要在物理极限的性能内，保证制动时车辆本身的操纵性及稳定性。

任何装备都不是万能的，驾驶人必须通过自己的经验和主观判断实现安全驾驶。即使是性能优良的ABS在工作状态下稳定车辆的效果也是有限的，在车速过高和转弯过急的情况下，若车辆制动过急过猛，仍然会发生侧滑。即使您的车辆装备有 ABS，也必须谨慎驾驶，并不是说有了 ABS 就可以随心所欲。尤其是行驶在砂石路或冰雪路面上，更应保持足够的车距，减速慢行，不要完全依赖 ABS。

Q3 有天窗的车其安全性是否不如没有天窗的车?

A 从理论上讲，加装天窗的车在车身整体强度上会有所改变，也会在一定程度上降低汽车的整体安全性能。但是以如今先进的科技水平，完全可以做到用技术弥补上述缺陷。而且汽车从设计到出厂要经过多次的反复试验，尤其是对安全性方面的测试更是各整车厂商检验产品质量的重中之重。天窗的设计已经充分考虑了安全因素，在购车时完全不必担心天窗的设置会存在安全隐患。

Q4 租车的一般程序是什么?

A （1）拨打电话预订车辆，同时向汽车租赁公司说明预租车型、提车时间和使用天数等信息；

（2）在约定的时间到租赁公司办理提车手续，需要提供身份证和驾驶执照等租车所需的相关证件，缴纳租金及押金，填写“汽车租赁登记表”，签订租赁合同；

（3）提车时，确认车体划伤情况以及车上所搭载的配件，填写“车辆交接单”；

（4）办妥上述手续后就可以将车开走，在租赁期限内需特别注意安全驾驶；

（5）还车时需要与业务员一起检查车辆，查验无误后在“车辆交接单”和“结算单”上签字确认，租赁公司归还押金及抵押证件。

Q5 在新车磨合期内，车辆是否需要维护？在新车磨合期内应该注意哪些问题？

A 汽车的磨合期如同运动员赛前所做的热身准备活动，重要程度不言而喻。汽车磨合的好坏对发动机性能、汽车寿命、安全性和经济性都会有直接的影响，需要特别“照顾”。

新车最初行驶的几千千米被称为磨合期，在这期间，应保证负载低于规定的载质量，在驾驶中避免大力踩加速踏板、急加速。由于零件尚处于磨合期，过大的负载和过高的速度都会加剧对零件的冲击，加重磨损，对车辆造成不可弥补的损害。另外需要特别注意，在保证润滑条件的情况下，应尽可能选择低黏度的优质润滑油，添加质量比较好的清洁汽油，这样能使零件摩擦表面得到良好的润滑。

可以说，好的开始已经是成功的一半。而首次维护更是十分重要，第一次的车体维护往往是日后用车养车的质量保证。车主应按照使用说明书中的提示进行磨合、检查维护后才能进入正常使用期。

在全社会都在倡导定期体检的当今，也别忘了为您的爱车量身定制一个“体检”计划。

Q6 冬天车窗特别容易起雾，有什么办法能防止车窗起雾呢?

起雾通常是由两个因素造成的，一是车内外温差大，二是车内湿度过高，二者缺一不可。要避免这种情况的发生有以下几种方法：

（1）对于有天窗的车辆来说，可以将天窗开启一条小缝，由于天窗外掀，因此不会有风灌进车内，而开启天窗所形成的负压却能够在车内形成微弱的空气流通，用这个办法虽然不能立竿见影地去除结雾，但用毛巾将凝结在车窗上的雾气擦除后，可以保持较长时间不再结雾；

（2）利用空调系统制冷或者开启暖风都能达到去除雾气的效果，只是所应用的原理不同；

（3）更为积极的做法是购买专用的除雾剂喷涂到汽车玻璃内表面上，并擦拭干净，在清除玻璃污垢的同时，便可形成一层透明的防雾膜，可以有效防止水汽在玻璃上凝结形成雾层，买不到专用除雾剂时，利用稀释后的洗洁精也能达到近似的效果，不妨亲自动手尝试一下。

Q7 在高速路收费站个别通道标有“ETC”标志，“ETC”是什么意思?

ETC是“Electronic Toll Collection”的缩写，即不停车电子收费系统，它是目前世界上最先进的路桥收费方式。通过安装在车辆风窗玻璃上的车载电子标签与在收费站ETC车道上的微波天线之间的微波专用短程通信，利用计算机联网技术与银行进行后台结算处理，从而达到车辆通过路桥收费站不需停车即可交纳路桥费的目的。使用该系统，车主只要在车窗上安装感应卡并预存费用，通过收费站时便

不用人工缴费，也无须停车，过路费就将从卡中自动扣除。

ETC 是国际上正在努力开发并推广的一种用于公路、大桥和隧道的电子自动收费系统。该技术在国外已有较长的发展历史。目前，国内以 IC 卡、磁卡为介质，采用人工收费方式为主的公路联网收费模式，无疑也受到这一潮流的影响。这种快速通行方式无疑将极大缓解交通拥堵。

Q8 为什么很多车迷都把车灯改装成了氙气灯?

A 氙气灯（HID）比一般的卤素灯更亮，投射范围既远又广，而它所消耗的能量却要节省得多，寿命更是可以达到卤素灯的 10 倍。将车灯改装成氙气灯的原因主要是出于安全因素，可以加强夜间行车的安全保障。现在氙气灯已经被许多中高档车作为标准配置普遍采用。

Q9 汽车轮胎为什么都是黑色的，没有其他颜色可供选择吗?

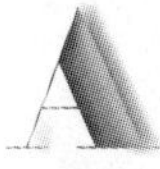

其实世界上第一条轮胎并不是黑色，而是白色的，也就是橡胶的天然色。

在 19 世纪，汽车橡胶轮胎由于选用的添加剂不同，其颜色并不固定。到 1915 年，由于采用碳元素与碳氢化合物高温凝聚的工艺，制造轮胎的时候，除了橡胶，还加进一种黑色物质——炭黑，正是它使轮胎成为黑色的。炭黑与橡胶结合之后，会让橡胶变得非常坚固，使用寿命比原来的天然橡胶白色轮胎延长了 4 ~ 5 倍，耐磨性达到前所未有的水准。此后，橡胶轮胎才进入

“黑色一统天下”的漫长时期。

轮胎坚固耐用，才能保证汽车行驶的安全。如果轮胎很快磨损，汽车就会打滑或爆胎，从而导致交通事故。近年来，随着新型橡胶防老化剂的出现，进一步推动了装饰轮胎的发展。不过无论如何，就目前的情况来看，彩色轮胎只能作为装饰轮胎使用，其成本、性能等很多方面还是无法与人们研究使用了数十年的黑色轮胎相提并论。

Q10 奥迪A6车在转弯并放松加速踏板时，发动机偶尔会出现熄火的现象，这是什么地方出了毛病？

A 根据经验，这种故障大多是由于车辆使用环境较差、长时间缺少对进气系统的维护等原因造成的。当然，也不能排除故障是由零部件损坏引起的。检查时首先通过检测仪检索车辆发动机单元是否存在故障码，如果故障码显示为节气门控制功能故障，则可以初步确定故障是由节气门体异常造成的。

Q11 **冬季长时间行驶后，尽管冷却液温度表的温度指示已经下降，但是散热风扇仍然长时间高速运转。只有将发动机熄灭等待一段时间后再次起动汽车，散热风扇才能随发动机温度的变化恢复正常，请问这样的情况是否正常，如何解决？**

A 散热风扇是由动力控制模块根据冷却液温度传感器和空调压力传感器的信号进行计算后，通过风扇继电器控制散热风扇的运转。其中风扇继电器通过改变其输入电压的高低，使风扇由慢到快实现变速调节。根据描述，发动机散热风扇长时间低温运转，应首先检查继电器和风扇状况。结合上面说的长时间行驶后才出现故障，还应当注意检查节温器是否正常，因为某些情况下，由于节温器关闭不严，会造成发动机散热风扇工作不正常。

Q12 **冬季汽车停放在露天停车场，汽车前风窗刮水片有时会被雨雪冻住，是否可以向刮水器浇热水解冻？**

A 这种做法是非常不正确的，因为冬季车窗突然受热容易崩裂，而且向刮水器浇热水会加速刮水器橡胶条老化，甚至会使橡胶条变形。遇到这种情况，应当在起动热车时打开暖风吹向前风窗位置，待前风窗局部温度上升后，被雨雪冻住的刮水器橡胶条自然会解冻，然后就可以正常使用了。

Q13 **有一辆现代索纳塔，该车行驶中自动变速器4挡降3挡时总会出现一次明显冲击，而且3挡降为2挡的时间较长，这种现象可能是什么故障？**

A 根据资料显示，现代索纳塔汽车自动变速器内部执行器电磁阀均采用占空比控制方式，通过4个电磁阀控制4个机械阀继而控制4个换挡执行元件。出现换挡冲击问

题一般是由自动变速器液压部分故障造成的。降挡时间较长，可能是由于电脑输入信号或控制单元故障所致，控制单元在控制每个降挡点时，需要综合考虑发动机输出功率、行驶车速、制动力以及行驶阻力等信号，然后通过内部计算分析，选择恰当的时机对换挡电磁阀发出降挡指令。通过上面的分析，在检查此类故障时，应该从控制软件和操作硬件两方面逐一排查。

Q14 三菱帕杰罗近期出现了中控门锁工作不正常的情况，用钥匙对左前门进行关闭和开启操作时，其他车门门锁锁止机构均不工作，而当用钥匙对右前门进行关闭和开启操作时，各门锁机构均能工作，但是只要将钥匙稍一复位，各车门均会自动打开，这是什么原因?

A 该车中控门锁系统是由中控门锁控制器根据门锁开闭的信号，通过锁止器和机械联动机构完成各车门的同时开启和关闭。根据提问中描述的情况，初步判断故障原因可能出在左前门锁开关或连接线路。检查门锁机械零件时可以拆开车门内饰板，反复操作查看门锁电动机机械零件是否卡滞。在此基础上还应当重视对门锁线路的检查，尝试对中控门锁控制器施加门锁关闭信号，观察其他车门锁是否正常工作。为了全面细致的检查，还应当注意门锁线路是否有断路、短接、虚接等情况发生。

Q15 有一辆老款红旗，在制动操作过程中制动到位后如果不把脚放在制动踏板上，制动踏板会缓慢向下移动到最低点，经一位从事汽车维修的朋友检查，制动轮缸无泄漏现象，制动液管路也没有破损漏液的情况。后来更换过真空助力器，可故障仍然存在。但最终找到故障出在连接真空助力器的真空管堵塞，疏通后故障消失，真空管堵塞与制动踏板下降之间有什么必然联系?

A 首先应该了解真空助力系统的工作原理，真空助力器由真空伺服装置、制动主缸推杆、膜片复位弹簧、控制阀门等组成，真空助力器有一个直径较大的腔体，内部装有举推杆的膜片（或活塞），将腔体隔成两部分，一部分与大气相通，另一部分通过管道与发动机进气管相连。它在发动机工作时吸入空气，造成助力器一侧真空，相对于另一侧正常空气压力，利用压力差来加强制动力。根据提问中的故障描述，当真空管堵塞后，将会使助力器中的真空度降低，造成真空助力器内两部分腔体无法完全隔开。而为了达到腔体真空度和制动踏板行程的平衡，必须施加一定的制动踏板力使两部分腔体完全隔开，所以制动踏板在制动到位后还会继续下行也就不难理解了。

Q16 南方城市冬季气温很少低于0℃，这时是否还需要把机油更换为冬季型号?

A 总体来说，是否换用冬季机油取决于温度的变化幅度，而不可仅考虑气温是否降低到0℃以下。我国南方有些地区冬季虽然很温暖，但是气温与夏季相比还是降低了不少。作为车主应当了解到，随着外界气温的降低，发动机机油会变得更加黏稠，而不能有效保护您的爱车。在这种情况下，建议车主选择黏度级别更低的机油，也就是我们常说的换用冬季型号机油。当然，爱车的冬季维护还要结合车型和个人需要。目前，有些厂家已经使用了四季通用机油，免去了换季更换的麻烦。如果南方车主只在当地使用汽车而不会驾车去更寒冷的地区，则可以根据自己的情况选用适合的机油。

Q17 车在停车场被盗，可以向保险公司索赔吗?

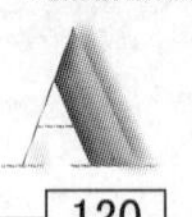

A 停车场并不能确保车辆绝对安全，如失窃、剐蹭等事故时有发生。保险公司对此作出明确规定，

凡是车辆在收费停车场或营业性修理厂中被盗，一概不负责赔偿。另外，车辆在停车场被撞伤或剐蹭，又找不到肇事车辆时，即使上了车辆全险，保险公司也将不予赔偿。因为上述场所对车辆有保管的责任，在保管期间，因保管人保管不善造成车辆损毁、丢失的，应由保管人承担责任。如果您的爱车在停车场被盗或者受损，正确的做法是找停车场索赔，而不是找保险公司索赔。因此，一定要注意停车时收好停车费收据。

现在已经陆续有一些城市的停车场行业协会通过和保险经纪公司合作开展联合保险活动，减少停车场因发生车辆意外事故和盗窃案件导致的经济损失，以此来改善停车场的服务条件、转移停车场经营风险，最大限度地保障停车场经营者与车主双方的利益。

Q18 汽车因碰撞中左侧受损严重，为什么安全气囊并未引爆弹出?

A 一般情况下，汽车安全气囊引爆的条件是：在车辆轴线两侧 30° 夹角内与正前方或斜前方障碍物发生碰撞，其纵向加速度达到某一特定数值。所以，车辆左侧受损严重安全气囊却没有弹出属于正常现象。

需要特别注意的是，与 ABS、TCS 等主动安全系统不同，安全气囊是被动安全系统，在事故发生后才能做出相应的反应保护驾乘者，在日常行驶中作用并不大。过分依赖任何一种辅助安全设备都不是明智之举，只有养成良好的驾乘习惯，时刻系好安全带，才能真正确保安全。

Q19 经常在等人的时候用车载音响听音乐，可是有时候连一张CD都没有播放完，发动机就无法起动了，为什么？

A 发动机起动时需要蓄电池向其供电，而在熄火状态下，车载音响及车上其他用电设备所需的电量均来自于蓄电池，长时间开启车载音响会造成蓄电池电量耗尽，从而导致发动机无法正常起动。另外，改装过的大功率音箱除了耗电更快之外，长时间在熄火状态下使用会导致热积累，影响蓄电池的使用寿命并导致线路老化。如果一定要在熄火状态下长时间开启车载音响等用电设备，建议最好每隔一段时间起动一次发动机给蓄电池充电。

Q20 怎样为新车挑选汽车防爆膜？

A 通常所说的汽车膜一般是指隔热防爆膜。由于贴膜工艺复杂，而且贴膜质量会直接影响防爆膜的使用性能，建议大家购买品牌信誉良好的防爆膜，并到授权店请专业的师傅进行贴膜操作。

挑选防爆膜时，第一，要考虑防爆膜的清晰度和透明度；第二，隔热性要好，判断隔热性的办法很简单，只要用贴了膜的玻璃挡住太阳，用手去感受其隔热效果就可以了；第三，防爆性要强；第四，紫外线阻隔率要高；第五，颜色也是不可忽略的因素，优质防爆膜的颜色一般都比较浅，而且要适当考虑防爆膜颜色与车身颜色和谐搭配的问题；第六，膜面要有防刮层，以保证在正常使用下保护膜面不易刮伤；第七，要看保质期，一般正规厂家生产的防爆膜都有较长的质量保证期，通常是5年。

贴膜后3天内不要升降车窗，也不要用水洗车，以

免造成防爆膜脱落。膜面出现污渍时，用清洁棉布沾取洗洁精擦拭即可。另外，不要为了美观将一些吸盘或贴纸类物品吸附在贴膜的玻璃表面，这样很容易造成防爆膜脱落。

Q21 三元催化器失效是由什么原因引起的？一旦失效应该采取怎样的解决方法？

A 现代电喷发动机普遍安装了三元催化装置，通过氧传感器能够精确反馈空燃比，从而使发动机可以以最佳状态工作，控制废气排放对大气的污染。不过，如果对汽车发动机维护不够，或是发动机工作环境较差、发动机使用的油品不合格或者长期行驶在拥堵路况等，都会造成氧传感器和三元催化器中毒失效，三元催化器产生沉积物而堵塞等问题。三元催化器中毒的表现是系统不能正确反馈空燃比，发动机出现油耗增加、动力下降以及排放超标等。

在这种情况下，对发动机三元催化系统的清洗维护十分必要，目前市场上针对三元催化系统的清洗维护用品种类繁多，主要作用除了能够清除节气门、燃烧室的沉积物外，还能够清除在氧传感器、三元催化器上附着的化学络合物，能够疏通三元催化器因附着化学络合物造成的堵塞，进而达到恢复三元催化器净化尾气的目的，延长三元催化器的使用寿命。

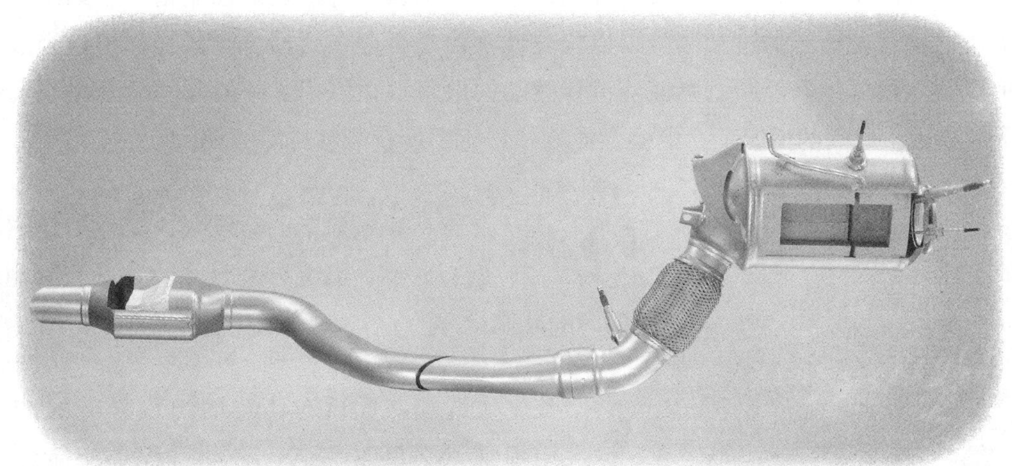

Q22 汽车在油漆喷涂之后发现车身表面不光滑、不平整的现象，这是由维修操作不当造成的吗？

A 这种情况很多时候确实是因为维修技师在进行车身表面处理时存在漏洞，要想获得合格的维修效果，就需要在维修过程中注意以下方面：应彻底清除车辆漆面的旧涂层；对于损伤车身的部位应当使用钣金或焊接等方法修复，在修复时要达到相应的形状尺寸要求；做好喷涂前的车身表面处理工作，在喷涂前必须仔细修正气孔、砂眼、碎渣和凹凸不平的部位，保证工作面表面光滑、平整、清洁和干燥。

Q23 日产轩逸车加满一箱油后只行驶了 60 ~ 70 km，仪表上的燃油低液位指示灯就会点亮，燃油表指针指示在最低刻度。但是继续行驶一段时间后，燃油低液位报警和燃油表指针又恢复正常，这是什么原因？

A 考虑到燃油液位指示灯和燃油表指针故障只在某些时候发生，属于偶发性故障。因此，可以把故障原因集中为线路故障或零件磨损两种情况。检查时可以采用排除法，逐项检查，率先检查燃油液位传感器之前的线路是否存在异常，其中线路部分包括确认组合仪表的使用情况。如果判断出线路正常，则可以拆下燃油液位传感器进行测量，以检查此零件是否存在磨损。测量过程中检查液位传感器在不同范围内的电阻。根据维修经验，燃油液位传感器的电阻片在使用了一段时间后会出现局部磨损或烧蚀，在确定了故障发生原因的情况下，更换燃油液位传感器后就能够排除故障。

Q24 速腾车在颠簸路面行驶时，车辆后部的制动卡钳附近有异响，出现异响时并没有采取制动操作，应该如何诊断此类故障？

A 首先应选择路面试车，辨明出现异响的准确部位，在模拟情景下反复路试，在此过程中应能够确认异响发生的准确位置。在确定具体车轮制动卡钳存在异响后，可以拆下相应车轮，用手上下摇动制动卡钳，检查制动卡钳是否松动、固定螺栓是否松动，如有松动请紧固后进行试车确认异响是否消除。需要提醒大家的是，导致异响产生的原因有很多种，情况比较复杂，因此要求诊断检查的人需要具备丰富的维修经验和正确的维修技术，建议大家遇到异响故障时最好及时联系正规修理厂，以便得到快速合理的处理。

Q25 奇瑞发动机维护提示灯点亮后，采用什么方法清除？

A 奇瑞车型搭配了不同型号发动机，它们之间清除维护提示灯的方法也不尽相同。下面介绍几种不同排量发动机的清除方法：

ACTECO 2.0 L，代表车型奇瑞东风之子：打开点火开关，使用仪表上的调节按钮切换到瞬时油耗显示，按住调节按钮 3 s 以上，维护提示灯即可清除。

ACTECO 1.6 L，代表车型奇瑞 A5（上图）：关闭点火开关，按住仪表上的模式按钮（图中右侧），然后打开点火开关，释放模式按钮，在 30s 内同时按住模式按钮和时钟按钮（图中左侧），并且按住的时间不少于 2s，维护提示灯即可清除。

ACTECO 1.3L，代表车型奇瑞 QQ6：关闭点火开关，按下仪表上的调节按钮不动，打开点火开关，继续按住调节按钮保持 3s 以上，维护提示灯即可清除。

最后需要提示大家的是，自己操作时请注意安全，如果维护提示灯无法清除请及时联系维修人员检查。

Q26 宝来 1.8T 出现排气管冒蓝烟现象，间隔几天要补充一次机油，检查后发现发动机机油正常，气门油封也正常，最终故障原因为缸筒与活塞间隙过大引起烧机油现象，请问引起烧机油的原因有哪些？另外针对涡轮增压发动机，烧机油是否会引起涡轮增压器工作不正常？

A 引起发动机烧机油除了金属摩擦加剧还有一些其他原因，比如机油使用不当、橡胶或金属密封件损坏等。对于金属摩擦磨损引起的烧机油故障，检查起来是最为困难的，对这种故障维修也十分复杂。根据以往维修经验，造成涡轮增压器故障的主要原因是润滑问题，例如供油滞后、缺油和润滑油含有杂质等。另一个原因是外来物体进入压气机叶轮或涡轮叶轮，妨碍叶轮正常工作。对于宝来 1.8T 发动机来说，当涡轮增压器的润滑油油封因为高温失效后，机油就会通过发动机进气歧管进入燃烧室烧掉，引起增压器局部润滑不畅。

Q27 核动力现在可以算是一个热门话题，核动力有没有可能在汽车上运用呢？

A 核动力技术在现阶段成本很高，所以仅用于军事工业，比如核动力潜艇和航母。汽车在短时间内广泛使用核动力的可能性虽然不大，但也并不是说核动力没有可能在汽车上运用。

早在 20 世纪 50 年代，福特就推出过一款核动力概念车 Nucleon，但它也确实只是个概念。Nucleon 以铀元素的核裂变为能源，能够把水变成高压蒸汽，再推动涡轮叶片驱动汽车。然后蒸汽在冷却之后返回核反应堆里面再次加热。只要核燃料还没用完，它就能提供源源不断的动力。不过，当时考虑到市民对于核物质的恐惧心理，这一设计最终搁浅。

近日，凯迪拉克推出了核动力概念车 WTF，它以地球上储量丰富的放射性金属元素钍作为驱动燃料，钍在核反应中可以转化为原子燃料铀–233，所储藏的能量比铀、煤、石油等其他燃料的总和还要多。凭借这一特性，驱动这辆车所需要的钍燃料极少，因此它还具有发动机在很长一段时间内都无须维护的特点。

Q28 车模和一般的玩具小汽车好像并没有太大区别，但是价格却相差不少，它们到底有什么不同？

A 车模是仿真汽车模型的简称，它和玩具汽车有着本质的区别。车模可以真实再现原车主要特征，做工精良，蕴含着浓厚的汽车文化，具有很高的收藏价值。一套车模可以完整记录一个汽车品牌的历史。

车模一般需要具备以下特征：

（1）仿真车模是由原车型按照一定标准比例缩小的，常见的比例有 1 ∶ 12、1 ∶ 18、1 ∶ 24、1 ∶ 43、1 ∶ 76 和 1 ∶ 87 等，它与原车比例的精度是衡量一款车模制造水平的重要标准之一。为了忠实再现真实的汽车，车模不会对原车型的外观进行修改，在内部细节上也是高度仿真，所有部件都是对原车型相应部件的成比例缩小，车模部件越多、部件分类越细，也就说明这款车模的制作工艺越精湛。

（2）车模一般都选用高档的金属和塑料材料制成，加工工艺要求很高，其中喷漆的要求几乎要达到真车的水平。

（3）车模制造厂商要制作某款车型的模型，必须得到原厂的授权，否则就侵犯了知识产权。要制造高精度的车模，也必须得到原厂的技术支持，根据它们提供的准确数据资料制造，才有可能达到较高的精度要求。

Q29 最近总是在路上看到车身被喷涂得十分花哨的车疾驰而过，国内有没有相关的政策法规约束这样的行为？

A 自 2008 年 10 月 1 日起施行的《机动车登记规定》放宽了对改装车的政策。新规定允许车主不必事先向车辆管理所申请就可以进行车身颜色变更等一系列改装，但仍需在变更后一定期限内由机动车所有人向车辆管理所申请变更登记。值得留意的是，新规定对车主改装车程序的简化并不意味着放松对乱改车身颜色和图案的规定。新规定第四十七条第二项同时强调，机动车喷涂、粘贴标识或者车身广告，影响安全驾驶的，将被公安交通管理部门处以警告或者200元以下罚款。

Q30 什么是概念车?

A 概念车由英文Concept Car意译而来。因为不是大批量生产的商品车，所以每一辆概念车都可以摆脱生产制造水平方面的束缚，尽情、甚至有些夸张地展示自己的独特魅力。概念车是时代最新的汽车科技成果，代表着未来汽车的发展方向。因为概念车有超前的构思，体现了独特的创意，所以它的鉴赏价值极高。

世界各大汽车公司都不惜巨资研制概念车，并在国际汽车展上亮相，一方面了解消费者对概念车的反馈，从而继续改进；另一方面也是为了向公众显示本公司的技术进步，从而提高自身形象。概念车是汽车中内容最丰富、最深刻、最前卫、最能代表世界汽车科技发展和设计水平的汽车。概念车的展示是世界各大汽车公司借以展示其科技实力和设计观念的最主要方式。因而概念车也是艺术性最强、最具吸引力的汽车。

汽车界公认的世界第一款概念车是由美国通用汽车艺术和色彩部首任主任、美国汽车造型之父——哈利杰·厄尔（Harley Earl）设计并于1938年发布的别克YJob。

Q31 如何才能成为一名职业赛车手?

A 任何人都有机会成为一名职业赛车手。但是专业汽车比赛不比我们平时在路上开车，具有一定的危险性。在中国，必须考取到由中汽联颁发的专业赛手驾照才可能被批准进入比赛场地，这也是要成为一名职业赛车手的先决条件。除了自身的潜质、后天的努力之外，具有团队合作精神以及虚心好学的态度也都是一名职业赛车手所需要的品质。还有不得不提的一点，赛车是烧钱的运动，如果没有足够的资金支持，在赛车的生涯上将会举步维艰。要成为一名赛车手，拥有一定的经济基础和充裕的时间是必不可少的条件。

Q32 汽车的ABS、ESP等技术除了BOSCH以外，通常还有哪些厂家提供?国内有没有做得比较好的相关厂家?以BOSCH为例，8.0、8.1等版本有哪些不同?

A 德国博世（BOSCH）、美国天合（TRW）、美国威伯科（WABCO）、德国大陆（Continental）以及日本电装（Denso)等公司都是著名的汽车安全技术领域的解决方案提供商。虽然博世的安全控制尤其是ESP® 在全球乘用车安全领域是如雷贯耳，但在30年前情况却并不是这样。1968年，TRW公司开发出了世界上第一个电子控制的ABS，直到1978年博世才开发出自己的ABS和TCS，而威伯科公司擅长于商用车领域的安全控制。令人遗憾的是，目前此领域处于被国外厂商垄断的状况，还没有在此领域有所建树的国内厂商。

以 BOSCH 为例，8.0、8.1 是指软件的版本，目前 8.1 版本的 ESP® 是最先进的技术。软件方面主要差别在于每秒制动次数等参数，当然与软件相对应的硬件也会有所不同。

Q33 “国际驾照”是什么？从字面上理解为国际通用的驾驶执照，这样说对吗？

A 国际驾照不是一个驾驶执照，而是一份证明文件，它必须和驾驶人所在国家的驾照同时使用才有效。

联合国道路交通公约为了方便驾驶人在其他签约国开车旅行，规定各缔约方允许持有其他国家签发驾照的驾驶人在其境内驾车。为了解决语言障碍，由各缔约方政府授权其交通管理部门按照公约中规定的式样向出国旅行的本国驾照持有人签发一份证明文件，这个证明是同时用英、法、俄、西班牙、中、日、阿拉伯等多国语言制作的，它起到驾驶人本国驾照的一份多语种官方证明件和标准翻译件的作用，以此来向其他国家的交通管理机构证明驾驶人拥有该国颁发的合法驾驶执照。这份证明文件在公约中被称作 International Driving Permit，简称 IDP，中文翻译成“国际驾驶执照”或“国际驾照”。

事实上，许多国家接受外国人直接使用国外驾照在其土地上驾车，必要时提供一份翻译件即可。也就是说，国际驾照其实从来没有起到重要的作用。

Q34 为什么高档豪华车大多是通过手工制造的？现在的科学技术已经很发达了，为什么还要采用如此原始的方法？

A 人们对手工制造这个概念已经很淡薄，可事实上，手工制造才更能展现出工艺的精密。如今，在汽车市场，也就只有豪华车还坚持着手工工艺，当然也可以说，只有豪华车才有足够的本钱用手工制造。豪华车对于自我品质的标榜，往往已经到了偏执的地步。除了发动机，几乎所有零部件都由手工零敲碎打出来，每一处都精雕细琢，这也正是豪华品牌对细节关注的体现。而手工制造的每件东西都不会 100% 相同，保持稀有性、尊贵性，强调个性化，标榜与众不同，恰恰是豪华车车主们最看重的。在不少厂商和消费者的观念中，把车制造成一件艺术品，高档豪华车就物有所值了。

其实利用模具制造豪华车也未尝不可，但由于豪华车通常都为了满足消费者的个性化需求选用全定制款型，若采用模具制造成本就太高了，恐怕很难有人能出得起那个天价。

Q35 春季维护车有什么需要注意的地方?

A 经过严冬的考验，除了为汽车更换必要的油液、滤芯、易损件和清洗油路外，还要按照当前的天气情况着重对汽车漆面、内饰和空调系统进行有针对性的维护。下面简单介绍春季维护车时的注意事项。

（1）漆面：进入春季，风沙和紫外线照射强度越来越大，此时应该对漆面进行抛光、封釉等维护性作业，保证漆面光亮坚固，延长车漆的使用寿命。

（2）内饰：清洁内饰不仅可以使车内整洁，而且出于对驾乘者健康的考虑。清洁部位包括仪表台、座椅表面、真皮表面、储物盒内部以及其他细小缝隙。

（3）空调系统：随着气温的升高，停用了一冬天的空调系统在投入使用前需要进行必要的检查和维护。建议车主在汽车空调进入使用频繁期前到维修站检查空调系统的内部压力、制冷剂工作状况、制冷效果等。另外还要检查空调滤芯的清洁程度，如果空调滤芯过脏，需要及时更换空调滤芯并清洗空调风道。

Q36 2006年产的雅阁2.4 L，有时在行驶过程中仪表上的车辆稳定辅助系统VSA灯点亮，轻踩制动踏板时出现弹脚的感觉。一般来说，制动踏板出现弹脚感觉说明制动系统ABS功能已经启动，通常是紧急制动时才会发生，请问这辆车可能存在什么故障?

A 雅阁的VSA系统包括了ABS、EBD和TCS等。该车的故障现象为ABS提前启动，也就是ABS系统收到错误信息而导致的错误动作。因此，在处理此故障时对VSA系统各部分的检查是非常必要的。

首先通过故障诊断仪检查系统是否存在故障码，比如车轮转速传感器故障码、ABS信号故障码或ABS控制单元故障码等。另外还要检查数据控制线路、半轴传感器和编码器是否有损坏，接下来就可以确定并排除故障了。

Q37 市面上出现了很多不同品牌的发动机清洗剂和保护剂，它们对发动机起到的作用有哪些？如何使用发动机清洗剂?

A 发动机清洗剂的作用是全面清洁润滑系统，消除润滑系统管道内存留的油泥和污垢，比如胶质、积炭等；降低废气排放，延长三元催化器使用寿命；防止橡胶密封件老化；能够有效消除发动机冷起动困难，动力不足、润滑油压力低及噪声大等问题。

发动机保护剂能够有效减少零件磨损和摩擦，降低发动机噪声，减少润滑油和燃油消耗，改善润滑油的黏度，保护密封件和橡胶部件，保证发动机运转平稳，进而提升发动机动力。

使用方法是在更换润滑油前，将发动机清洗剂通过润滑油加注口加入发动机中，起动发动机运行5min左右，然后关闭发动机，排净废旧润滑油，更换润滑油滤芯，加入新润滑油即可。

Q38 大修自动变速器是一项复杂的维修项目，在清洗液压控制阀体时有哪些注意事项?

A 对自动变速器来说，液压控制阀体是变速器内部的精密元件，在维修过程中经常会遇到清洗液压控制阀体，这时需要注意以下 8 点：

（1）操作环境清洁，避免在充满灰尘的空间内清洗。

（2）清洗时使用专用的清洗液，常用的专用清洗液为煤油或酒精。

（3）拆装液压控制阀体时一定要按照规范进行，拆下的所有零件按先后顺序编号放置，以免弄乱。

（4）更为细小的零部件，比如单向球或节流片，要单独存放，以免丢失。

（5）有轻度磨损的液压控制阀，可以在保证允许打磨的情况下用砂纸打磨。

（6）变速器拆解后，集中清洗液压控制阀体，保证清洗彻底。

（7）清洗后要把零件用压缩空气吹干。

（8）组装液压阀体时涂一些变速器油，并按正确的位置和方向安装，安装时选用规定的紧固力矩。

Q39 在钣金维修中都需要用到哪些手工工具？这些工具都有什么用途？

A 汽车钣金维修中使用的手工工具大致可以分为通用工具和车身修理工具。比如各式扳手、螺丝刀、钳子和钢锯等都属于通用工具。车身修理工具包括橡胶锤、铁锤、精修锤、顶铁和楔形铁等，下面介绍 5 种主要工具的用途。

（1）橡胶锤：用于柔和地敲击薄钢板，不会损坏油漆表面。

（2）铁锤：用于敲打损坏的金属板或在更换金属板时清理损坏的金属板。

（3）精修锤：经过修复凹凸、褶皱变形的表面后，用精修锤进行小面积修复，得到最终效果。

（4）顶铁：顶在被敲击金属板背面，起到支撑作用，使凹陷部位上升，使凸起部位下降。

（5）楔形铁：把具有多种形状和尺寸的顶铁统称为楔形铁，可与不同形状的金属板匹配。

Q40 在实际工作中，不同品牌的进口车的继电器外形和插脚都完全相同，请问是否可以互换使用这些继电器？

A 互换继电器前要确认继电器的类型一致，不但要看外形和插脚，以及插角和触点的对应关系还要仔细测量继电器的线圈阻值。在利用万用表测量继电器阻值一致的前提下才能替换安装。目前这种互换继电器的做法在一些具有相同背景的汽车厂家间适用，如奥迪和大众部分车型；另一种情况是电器配件都由同一家公司供应时，如博世或德尔福，也可以考虑采用互换的方法。需要提醒的是，采用零件互换维修时要慎重，要经过反复试验和论证后才能装车试用，避免造成不必要的损失。

Q41 JEEP和越野车有什么区别？它们和SUV之间是什么关系？

A JEEP是一个品牌，而不是一种车型。世界上第一辆JEEP车是1941年在第二次世界大战中为满足美军军需生产的。戴姆勒·克莱斯勒公司作为吉普的鼻祖，单独拥有这一注册商标。

越野车在国际上统称G型车，是指能够适应恶劣道路环境及野外行驶的车辆，适合爬坡、涉水等恶劣环境。越野车通常采用四轮驱动，底盘和悬架的设计与普通汽车有明显区别。越野车是军用汽车大家族中的成员，大都具有一定的越野行驶能力。也就是说，这些汽车能在恶劣的路面或者根本没有路的地区和战场上行驶，因而有着能“吃苦耐劳”的本领。后来，为了满足作战的需要，又出现了一种越野能力更强的军用汽车，它就是通常所说的军用越野汽车。

SUV的全称为：Sports Utility Vehicle，即“运动型多功能车”，它兼顾了汽车的舒适性和驾驶人对越野性和多功能性的多方面需求。

Q42 汽车冒烟不奇怪，但是为什么冒烟的颜色会不一样？有白烟、黑烟、蓝烟，出现这么多种颜色是什么原因呢？

A 正常的汽车尾气是无色、无味的，排气管有少量水汽一同排出。

导致冒白烟可能是由于发动机汽缸的缸垫有磨损，产生一定间隙，导致散热系统的水大量进入燃烧室，水无法燃烧，受热后生成水蒸气，而未能充分燃烧的燃料也会随着废气排出，这样就形成了白色尾气；冒黑烟现象在化油器车上比较多见，电喷车一般冒黑烟的很少。产生黑烟的故障原因较多，但多为混合气太浓引起，有可能是进气系统堵塞，或者发动机负荷太大造成；而出现冒蓝烟现象则多是由于燃料在燃烧时掺杂有润滑油。

Q43 四轮驱动是如何实现转向的？什么时候才用到？有哪些车型是四轮驱动的？

A 所谓四轮驱动，又称全轮驱动，是指汽车前后轮都有动力，可按行驶路面状态的不同将发动机输

出转矩按不同比例分布在前后所有的轮子上，以提高汽车的行驶能力。

四轮驱动的优势在于可将汽车的动力分配平均，在由于路面或地形原因导致轮胎抓地力不足的情况下，四轮驱动的车辆有更好的操控性。因此，四轮驱动车更适宜于越野行驶的要求。在雨雪或结冰路面上，四轮驱动车也更易于操控。

过去只有越野车采用四轮驱动，现在有些汽车也用上了四轮驱动装置，比如奥迪 quattro 系列车型、2009 款 Acura RL 等。

Q44 驾车到高原地区，在海拔 3 000 m 以上怎么也发动不起来，简单修理后虽然能起动，但是行驶过程中也感觉不是很顺畅。可是回到平原后，这些症状立刻消失了，这是什么原因呢？有没有什么办法可以解决这个问题？

A 汽车进入高原以后打不着火，是由于高原缺氧引起的。

缺氧现象的解决办法其实非常简单。因为一些车辆上安装的车载电脑对于汽车所在的环境，包括氧气含量指标要求非常严格，所以当进入高原以后，会出现汽车缺氧的情况，实际车辆并没有问题，这时车主将车上的氧传感器拔出即可，如此一来即可“骗”过行车电脑，让车子如常运行。实际做法是：当汽车行驶到海拔 3 000m 以上时将氧传感器拔出，而当海拔降到 2 000m 以下时再插回原位。

不过如此一来油耗会稍有增加，平均每 100km 增加 0.2L 左右。

Q45 在高速公路上行驶，需要特别注意哪些问题才能保证安全？

A 首先从车速来讲，要遵守高速公路限速规定，不得超速行驶。通常高速公路所要求的最低车速不得低于 60km/h，最高车速不得高于 120km/h。行驶时，需要与同一车道内前车保持足够的安全距离，一般情况下，车速 100km/h 时保持 100m 跟车距离，车速 90km/h 时保持 90m 跟车距离（以此类推）。天气情况不好时，应适当加大车间距离。需要超车或变更车道时，提前观察前、后、左、右各方位的车辆，保持前、后 50 ~ 100m 的安全车距。超车时，应从左侧超越，提前打左转向灯示意，不可急打方向，超车完成后及时驶回原车道，不要长时间占用超车道。需要特别注意的是，不管什么原因，都不能在高速公路行车道停车，尤其不能紧急制动，应选择紧急停车带停放。停车后打开双闪警示灯，长时间停车，要在车后约 150m 处放置三角警示牌。

Q46 调整汽车后视镜要注意什么问题？

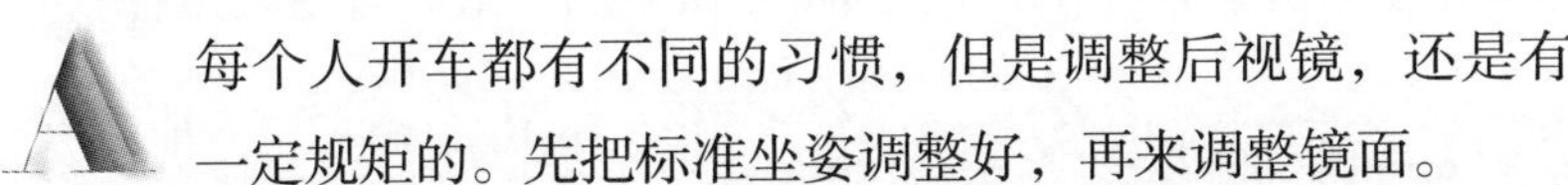

A 每个人开车都有不同的习惯，但是调整后视镜，还是有一定规矩的。先把标准坐姿调整好，再来调整镜面。

调整左侧后视镜时，将把水平线置于后视镜的中线位置，然后再把车身的边缘调到占据镜面影像的 1/4 位置。调整右侧后视镜时，需要把水平线置于后视镜的 2/3 位置，然后再把车身的边缘调到占据镜面影像的 1/4 位置。调整中央后视镜时，将远方的水平线横置于中央后视镜的中线位置，然后再移动左右，把自己右耳的影像刚好放在镜面的左缘即可。

车辆的视觉死角很多，3 个后视镜远远不足以将它们全部涵盖。所以无论在切换车道还是转向时，最好还是在确定安全的情况下回头亲眼确认。

Q47 驾车出游时想带上宠物狗，有什么需要特别注意的吗？

A 带宠物狗上车，首先要注意宠物晕车的现象。宠物狗晕车的症状主要表现为流口水、呼吸困难，严重的甚至会呕吐、大小便失禁和四肢无力等。宠物狗晕车的原因和人一样，主要是由于车辆的振动与气味。减缓车速、开窗通风等可以改善这些症状，但如果无效，那么下次再带宠物出行要提前准备温和的晕车药。

需要特别注意的是，应避免宠物狗单独坐在副驾驶人位置，因为宠物不受控制的举动往往会对驾驶人造成干扰，严重的甚至会因此产生交通意外。

依照目前我国的法律法规，并未对车辆携带宠物有明确的规定。但交通部门提醒驾驶人：机动车车厢内搭载宠物，可能会导致驾驶人注意力分散，因此带宠物上车，一定要小心。车厢内有宠物的情况下，驾驶人必须将车窗紧闭，最好有专人照看。

Q48 汽车颜色与行驶安全是有关系的，它们之间的关系是怎样的？

A 当国内车主对汽车的颜色还只是根据个人喜好来选择时，汽车颜色在国外已经成了一门专业的学问。大陆汽车俱乐部（CAA）与清华大学汽车碰撞试验室（ACL）也曾在2005年进行了国内首次针对汽车颜色安全性的试验。多项研究结果均表明，颜色不仅是车主个性的体现，而且与行车安全密切相关。

颜色会对汽车的可视性产生影响。通常情况下，比较容易被人的眼睛所辨别的颜色更加容易引起道路上驾驶人以及行人的注意，相对不容易发生正面碰撞以及追尾等事故，从而更加安全，因此称之为具有比较高的颜色安全性。而心理学家认为，色彩能按照不同方式影响人们的心情。采用有利于驾驶人情绪的色彩，对预防交通事故同样有着很重要的意义。汽车颜色在不同的情况和环境下，对行驶安全的影响是不同的。研究表明，在天气晴好的条件下，浅色系汽车的可视性最好，颜色安全性最高，而常见的黑色车却有着最高的事故发生率。

Q49 有一辆1998年生产的本田雅阁2.3L，在检查时发现该车发动机故障警示灯点亮，通过电脑读取发现故障码为大气压力传感器故障，大气压力传感器的作用是什么？应该如何检修该车大气压力传感器？

A 此款本田雅阁的大气压力传感器位于发动机控制单元内，此传感器的主要作用是针对外部环境的气压状况给发动机控制单元一个参考信号，同时对进气歧管绝对压力传感器的压力信号进行修正，确保燃油混合气的空燃比保持在正常值范围内。

对于发动机故障警示灯的提醒，我们在进行检查时应当率先通过电脑将故障码消除，然后对发动机

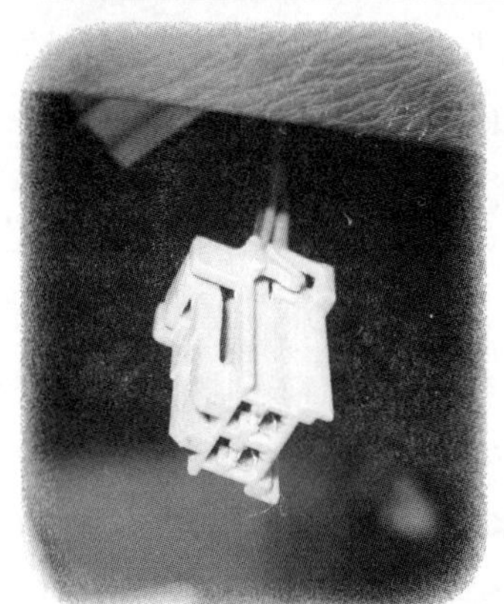

控制单元进行重新设置。之后再次打开点火开关，如果发动机故障警示灯依然点亮，表明该故障是永久故障，这种情况一般比较容易排除。此时可以使用替换零件的方法更换发动机控制单元进行测试。如果发动机故障警示灯在打开点火开关时不再点亮，则表明该故障是偶发故障，解决起来比较困难，需要进行反复路试并获取故障出现的时间及驾驶状况等信息后，再进一步判断故障原因。

Q50 如何为爱车选择夏季使用的车漆蜡?

A 一般情况下，应该根据车主的打蜡特点、汽车的新旧程度、车漆颜色和使用环境等综合因素选择车蜡。新车最好使用上光蜡保护车身的光泽和颜色，夏季适宜选用具有防紫外线功能的车蜡。使用环境较差的汽车应该选择保护效果更好的树脂蜡。选择车蜡还必须考虑与车漆颜色相适应，一般深色车漆多选用黑色、红色、深绿色系列的车蜡，浅色车漆适宜选择银色、白色、珍珠色系列的车蜡。

Q51 在夏季是否应该为爱车的发动机多加一些润滑油?

A “爱车”不仅要求车主关爱汽车，更需要主动为自己的汽车进行维护。对真正爱车的人来讲，汽车不仅仅是驾驶工具，更是一种对待生活态度的延伸。对待汽车需要像爱惜自己的身体一样爱惜它，只有用心呵护您的座驾，才能获得更多的驾驶乐趣。

季节变换不只存在于自然界，对于汽车润滑油也是如此，根据外界温度的变化，应当选用不同标准的润滑油。一般情况下，我国大部分地区的汽车用户夏季可以选择标号为10W-40或5W-40的润滑油。

加注润滑油时要注意润滑油的量不可太多或太少，加油量应控制在机油液位尺的MAX（最大）和MIN（最小）刻度之间。油量太满会增加曲轴连杆的运转阻力，并加快燃烧室形成积炭，使得润滑油消耗量增加；油面过低则会导致油压不足。此外，特别要注意的一点是，即使润滑油级别和黏度完全相同，不

同厂商生产的润滑油也不可混加，同一厂家生产的级别不同的润滑油也不可混加。因为不同型号润滑油所含的添加剂是不一样的，混用可能会造成化学成分之间发生反应，影响润滑性能，甚至导致机械故障。

Q52 汽车喇叭的工作原理是什么？喇叭有时响、有时不响是什么故障？

A 当按下转向盘上或其他位置的喇叭开关时，来自蓄电池的电流会通过线路到达喇叭继电器的电磁线圈上，电磁线圈吸引继电器的活动触点闭合，电路闭合后电流传到喇叭，使喇叭内部的电磁铁工作，从而使振动膜振动发出声音。

汽车喇叭出现故障时，大多数问题出在喇叭零件本身，但有些时候也会出于喇叭线路或触点故障导致喇叭失效。比如喇叭声音沙哑，有时感觉缺少高音或是低音，多是由于线路接触不良，特别是转向盘周围的各个触点，由于使用频繁，容易出现触点磨损。也有可能是喇叭零件本身损害造成。喇叭出现有时响、有时不响的情况，多是喇叭开关内部的触点接触不好，也有喇叭本身存在问题的可能。汽车喇叭完全不响时，首先应检查喇叭继电器或熔断丝是否正常，如果确信喇叭线路连接正常，回路电流正常，则可能是喇叭本身的问题，此时可以考虑更换喇叭后再检查。

Q53 儿童乘车应该注意哪些问题？

A 最近几年，儿童乘车安全问题受到越来越多的关注，儿童安全座椅、儿童安全保护锁等最基本的保障儿童乘车安全的配件已经算不上是新鲜事物，但是怎样正确操作才能使它们完全发挥作用，却并不是每个人都了解。

专家认为，儿童头部比较大，需要额外保护，而且颈部肌肉和韧带尚未完全发育，成长到 10 ~ 12

岁之前，他们的骨盆也尚未发育完全，脆弱的身体更需要细心的呵护。被成年人抱在怀中并不能起到保护的作用，而安全带是为身高1.5m以上的成年人设计的，对身高低于1.5m的儿童非但不能起到保护作用，反而有可能会对儿童的腹部及颈部造成伤害。所以需要专业的设备来确保儿童乘车安全，如今已经很常见的儿童安全座椅便是其中不可缺少的一种。

安全座椅可以起到约束天性好动的婴儿和小孩的作用，可靠地将他们固定在车辆座椅上。因为汽车安全气囊一般都设置在前排，气囊弹出产生的强大力量会对儿童造成伤害，因此，应避免让儿童坐在前排。如果一定要将儿童安全座椅放置在副驾驶人位置上，必须将副驾驶人座椅尽量向后调，并确认副驾驶人前、侧面的安全气囊已经关闭或退出工作。另外，必须根据儿童不同的年龄段和体形选择尺寸适宜的安全座椅。对于比较大的儿童，除了选择儿童安全座椅外，也可以选择儿童安全坐垫，当他被垫高后，就可以正常使用安全带了。

最后我们要强调的是，比起被动的保护，谨慎开车、主动预防才是更聪明的做法。

Q54 爱丽舍的16V发动机和一般的8V发动机有什么不同？各有哪些特点？

A 这里的字母V是英文单词VALVE的缩写，代表发动机气门，它前面的数字即为气门数量。发动机的工作过程通常包括进气、压缩、做功和排气4个步骤。气门装置是发动机配气机构的一个组成部分，在上述每一个步骤中，气门都发挥着至关重要的作用。它就好比是人的呼吸器官，维持生命的运转，不可或缺。

8V跟16V的发动机各有特点。8V发动机的设计结构相对简单，制造成本低，而且在低速时性能表现良好，它的缺点是在高转速时充气效率低，能耗高，速度和功率的提升能力有限。与传统的两气门发动机比较，具有四气门结构的16V发动机能吸进更多的空气来混合燃油燃烧做功，并更快地排出废气，它具有排放污染少、噪声低等优点，并能有效提高发动机功率，符合保护环境和节省能源的发展方向，但它的缺点也十分明显，只有在足够高的转速下，16V发动机才能充分发挥出它的特点。

目前来看，多气门甚至可变气门发动机代表着新技术发展的普遍趋势，不过8V发动机也有其存在的意义，原因很简单，8V发动机维护成本低，而且很适合在城区使用。

Q55 汽车误加了柴油怎么办？

A 汽油车错加柴油虽然鲜有发生，但这对汽车的损害是极大的。由于汽油和柴油的燃烧方式不同，所以本应加汽油的车辆在加了柴油后，对发动机影响很大，会出现冒黑烟甚至无法起动发动机等现象。如果汽油车加了柴油还继续使用，会损害整个油路系统，而且这种损失，保险公司是不负责赔偿的。

如果汽车误加了柴油，而且汽车还没有起动，那么还有弥补的可能。将加错的油抽出来，清洗油箱后再换油即可。如果汽车行驶一段时间之后才发现，应立即熄火，并将车拖到专业修理厂，让专业人士进行操作、维护，这样做才能把损失降到最低，并确保安全。

Q56 车载导航仪是怎样工作的？有没有用太阳能提供动力的车载GPS导航仪？

A 车载GPS导航仪是能够帮助用户确定当前位置，并且根据既定的目的地计算行程，通过地图显示和语音提示两种方式引导用户行至目的地的一种行车辅助设备。GPS导航仪的运行依赖全球定位系统（Global Positioning System），简称GPS。它由空间卫星、地面监控和用户接收等3大部分组成。主控站接收到卫星观测数据后，计算出车辆的精确位置，并通过3个注入站将它传送到卫星上，卫星再将

这些数据通过无线电波发射至用户接收端设备。GPS 系统只能接收卫星发送的数据，因此还需要一个包含有芯片、天线、处理器、内存、屏幕、按键、扬声器等部分的汽车导航系统来确保车载导航仪的运行。车载导航仪的常用功能包括地图查询、路线规划、自动导航等。

几乎所有的车载 GPS 导航仪都是通过连接汽车蓄电池获取驱动能量的，所以不存在更换电池的说法。目前还有一些自带备用电源的车载导航仪，但是单纯利用太阳能提供能量的车载导航仪目前为止还从未在市面上出现过。

Q57 热车的时候发现发动机冒蓝烟，听说这是因为存在“烧机油”的问题，如何避免这种情况发生？

A 所谓的“烧机油”是指机油进入了发动机的燃烧室，与混合气一起参与了燃烧。车辆出现“烧机油”的现象会使车辆氧传感器过快损坏，导致燃烧室的积炭增加、怠速不稳、加速无力、油耗上升、尾气排放超标等不良后果，甚至有可能因为发动机润滑不足使发动机造成难以修复的损伤，造成维修成本大幅度升高，存在事故隐患。

要避免“烧机油”现象的发生，应尽量选择品质较好的机油。使用年限已经比较长的车辆可以适当选用黏度稍大的机油来增加活塞、缸壁间的密封性。勤检查机油液位尺，按产品使用说明书的要求定期更换机油和机油滤清器，更换正品机油滤清器备件。为了适应道路状况，满足发动机的正常工作环境，延长使用寿命，减少机油消耗，选择一款高品质的发动机润滑油很有必要。另外，机油挥发也是导致汽车“烧机油”的一个重要因素。当然，解决“烧机油”问题的最终办法还是对车辆进行比较彻底的检修，从根本上解决问题。

Q58 新轮胎应装在前轮还是应装在后轮?

A 一直以来，有关新轮胎到底应装在前轮还是应装在后轮的讨论都是热门话题，但是至今也没有定论，不管是主张装在前轮还是装在后轮，都有一定道理。

从行车安全的角度来说，很多专家建议将新轮胎装在后轮，这样可以获得更好的操控性，在紧急制动或者急转弯时，获得更好的抓地力，使车辆行驶更稳定。尤其是在湿地行驶时，可以有效避免车辆甩尾或失控等有可能引发交通事故的状况发生。但是对于前轮驱动并带有ABS系统的乘用车而言，更多的人选择将新轮胎装在前轮，这样做的好处是提高动力性，而且ABS系统可以大大降低后轮在紧急制动时打滑的危险。此外，预防高速爆胎也是很多车主选择将新轮胎装在前轮的原因。

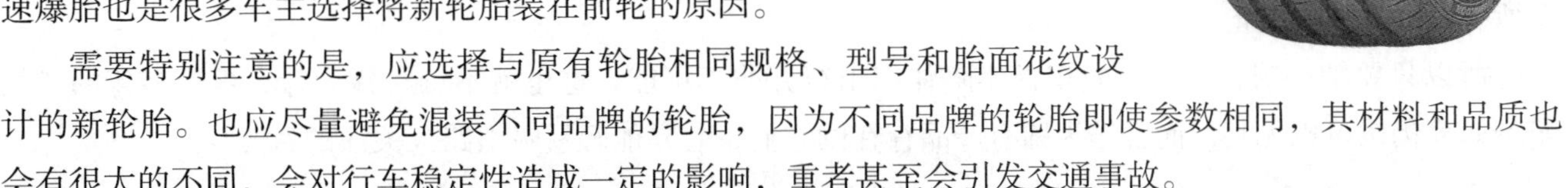

需要特别注意的是，应选择与原有轮胎相同规格、型号和胎面花纹设计的新轮胎。也应尽量避免混装不同品牌的轮胎，因为不同品牌的轮胎即使参数相同，其材料和品质也会有很大的不同，会对行车稳定性造成一定的影响，重者甚至会引发交通事故。

Q59 买了车损险，出了事故后向保险公司索赔时，却遭到了拒绝，这是为什么?

A 车辆损失险是车辆保险中用途最广泛的险种，无论是一般的剐蹭，还是严重的损伤，都可以由保险公司来支付维修费用，但是车损险也有除外责任，提问中的集中索赔被拒绝就属于“除外责任”的范畴。

常见的“除外责任”包括由于车辆本身质量问题造成的损失，比如发动机因其内部原因发生爆炸或爆裂等；车辆自然磨损、锈蚀造成的损失；玻璃单独破碎、轮胎单独损坏、由于夏季持续高温引起的自燃、车辆在水中起动而导致的发动机损毁等也都在此范围内，保险公司不负责赔偿。而且一般发生车辆碰撞事故后，如有继续使用致使损失扩大的情况发生，哪怕仅仅只是因为一道小小的划痕没有及时修复，也都会被保险公司拒绝赔偿。

Q60 为什么经常能在路上看见很多年前就已经停产的老款车型呢?

在我国，汽车有强制报废年限这件事早已成为历史。如果机动车到了使用年限而车况仍然不错，车主完全可以让它继续“发挥余热”。

根据《汽车报废标准》，我国现阶段对 9 座（含 9 座）以下非营运载客汽车（包括汽车、含越野型）使用年限的报废标准为：使用年限 15 年。达到使用年限后要求继续使用的，不需要审批，经安全性能和尾气排放等检测合格后可自动延长使用年限，每年定期检验 2 次。使用年限超过 20 年的，从第 21 年起每年需要定期检验 4 次。连续 3 次检验都不符合国家标准的，才会按规定收回号牌和行驶证，通知机动车所有人办理注销登记，即车辆报废。

所以只要细心呵护，想让爱车常年陪伴您出行并非不可能。这也就不难解释为什么停产多年的老款车型如今仍然可以见到，而且作为稀有产品存在的它们，总是能轻易吸引路人关注的目光。

Q61 “发动机转矩越大，车的动力越澎湃”这种说法对吗？

A 评定汽车动力性能的指标主要有3个，即最高车速、最大加速度和最大爬坡角。所以“发动机转矩越大，车的动力越澎湃”这种说法显得有些片面。

转矩在功率固定的条件下与发动机转速成反比关系，它反映了汽车在一定范围内的负载能力。转矩的大小直接影响汽车的加速性能。比较配备有同类型发动机的汽车不难发现，转矩越大，承载力越大，加速性能越好，爬坡能力越强，换挡次数越少，对汽车的磨损也会相对减少。尤其是在汽车零速起动时，更能显示出转矩大者起动提速快的优越性。这也证明了最大输出转矩的大小只能从一个侧面反映发动机的动力性。

Q62 制动真空助力泵在制动过程中能起到什么作用？

A 制动真空助力泵是应用于轻型车辆上的制动助力装置。由于目前大部分车辆采用的都是液压制动装置，单纯依靠驾驶人轻踩制动踏板的力度无法满足对制动力度的要求，因此需要通过真空助力泵压缩空气来提供动力，辅助驾驶人完成制动操作。它可以减轻驾驶人踩制动踏板的工作负荷，并能提高制动效率，缩短制动距离，进而提高整车安全性，降低行车事故的发生率。

当制动真空助力泵出现故障时，制动踏板会变得沉重甚至卡滞，此时要想获得充分的制动力，驾驶人就需要花费更大的力气踩制动踏板，导致车辆很难在安全距离内停住，其中存在的安全隐患不容忽视。

Q63 什么是钢管车？

A 钢管车是专业改装车中的特殊车种，多用于挑战崎岖路况的越野赛事。它的所有改装都围绕比赛考虑，一切以利于比赛为出发点。车体多采用极轻的管架车身及碳纤维外壳，大部分车体质量集

中在车身后部，加上超强的避振功能，完全可以说是将一辆貌不惊人的越野车打造成翻山越岭、过沟坎、走沙漠无所不能的“机械怪兽”。

“BUGGY”可以算是赛车史中最著名的钢管车之一。这款车为后轮驱动的两驱赛车，发动机、变速器、油箱、备胎等所有的重物都在后桥附近，使得70%以上的质量都分配在赛车的后部，这一特点可以令它避免像一般赛车那样由于前置发动机造成头重脚轻，在沙漠行驶时容易陷入坑洼地的状况发生。由于前部轻、前轮又比较窄，它在沙漠里加速、转弯异常灵活。在对付像达喀尔拉力赛这样的沙漠赛事时仍然可以表现出超凡的能力。

Q64 自动变速器出现换挡冲击是否都是由变速器油压升高造成的?

A 根据以往经验，一般的维修人员和用户在遇到换挡冲击时，往往会直接联想到变速器油压过高，其实这种过于主观的判断是不可取的。实际上，自动变速器出现换挡冲击包括系统油压正常而出现冲击和系统油压过高而出现冲击两种情况。对于系统油压正常出现的冲击，一般是机械零件没有得到缓冲或电控液压油路没有得到调节造成的。如果是自动变速器系统油压过高，则要找到导致油压过高的真正原因，一般导致油压过高的原因包括阀门卡滞、电磁阀阀芯卡滞或控制单元控制异常等。

Q65 电极材料为贵金属合金的火花塞使用寿命是否比普通火花塞长？其点火电压与普通火花塞相比有没有变化?

A 目前市场上火花塞的中心电极和侧电极一般都是普通镍合金，寿命一般为1.5万～2万km，而贵金属火花塞主要有铂合金和铱合金两种材质。贵金属火花塞由于其耐久性和耐腐蚀性突出，所以它们的使用寿命均比普通合金火花塞更长，市场上性能出色的贵金属火花塞的使用寿命最长可以达到 10 万 km。

贵金属火花塞由于材料本身的点火特性，其点火电压要求比较高，从而会导致火花塞不易点火，所以在设计时对火花塞点火端进行了结构上的特别处理，目的是降低点火所需的电压。通常做法是减小电极的直径，将贵金属加工成细电极，但是由于贵金属本身材料昂贵及加工复杂，因此目前大部分贵金属火花塞的成本很高。

Q66 作为车主，是否可以自己动手更换蓄电池？有哪些需要注意的地方？

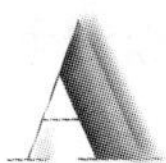

更换蓄电池时，如果不采取有效的防范措施便进行拆卸操作，很容易对电气系统造成不良影响，严重时甚至会导致故障。所以建议车主在自行更换蓄电池前注意以下 3 点：

（1）冒然拆卸蓄电池会影响汽车音响系统。很多车型配备的高档音响具有防盗设置，一旦音响脱离电源，当再次通电时会进入防盗状态，必须输入防盗密码才能恢复正常。车主事先应确认自己的音响是否具有防盗功能再更换蓄电池。

（2）冒然拆卸蓄电池会对故障诊断造成影响。汽车电控单元（ECU）会在汽车发生故障时记录故障信息，一旦 ECU 断电，会丢失已经存储的故障信息，对今后的维护，维修带来诸多不便。

（3）更换蓄电池时还需要注意，点火开关处于接通状态时，禁止拆掉蓄电池连接线；拆卸蓄电池连接线时操作要果断，避免连接线与接线柱多次触碰产生火花。总之，看似简单的拆装蓄电池的过程，实际上需要专业的知识和技术，车主在认真学习车辆使用手册和相关注意事项后才能进行实际操作，最好提前请教专业人员并养成安全操作的习惯。

Q67 汽车存在无法正常起动故障时，怎样区分是起动机故障还是蓄电池故障？

A 如果冷车起动时起动机无力，而热车时很容易将车起动，表示起动机正常，是蓄电池电力不足或电路中其他地方有故障；如果冷车或热车时起动机均空转良好，能听到起动机空转“哒哒”声，而无法正常带动发动机工作，则故障可能出自蓄电池；如果无论是冷车或热车时，起动机在通电后不空转或空转不自如，更不能带动发动机曲轴，表示故障可能出自起动机。

Q68 2008 年 11 月生产的一款现代途胜 2.0 L 车型，在去维修站维护时被告知发动机正时齿形带向带轮外侧跑偏，与正时罩摩擦产生异响，并且已经出现了轻微磨损，这个故障应该如何解决？

A 故障原因是因为发动机缸盖上固定正时齿形带张紧轮的安装平面加工不良，造成平面度误差，安装张紧轮后会出现侧斜，从而使正时齿形带向外跑偏。跑偏严重时可能造成正时齿形带外侧磨损撕裂。解决这个故障最好交由现代的专业售后服务人员处理，解决时可以拆下正时齿形带和张紧轮，用砂纸打磨不平整的接触面。注意打磨厚度以控制在 0.2mm 左右为宜，打磨后要注意整体平面的表面粗糙度和平面度，而且还要确认张紧轮与发动机缸盖是否能良好接触。最后装配正时齿形带和张紧轮，着车试验正时齿形带是否还有跑偏现象。

Q69 2008 年生产的马自达 2，带有自动空调装置，行驶里程超过 1 万 km，使用过程中发现空调鼓风机和后窗加热功能不起作用，在维修站检查所有空调控制面板上的控制按键和旋钮均无效，这种故障是什么原因引起的？

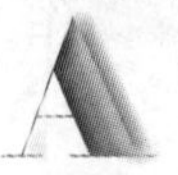

根据经验判断，类似的故障应该发生在空调线路和空调控制面板两个部位。检查时应该从和空调

A 系统相关的熔断丝和搭铁线路做起。马自达2在动力总成控制和车身控制等方面采用了大量的逻辑控制方式，虽然提高了操作的便捷性，但同时也增加了故障诊断的难度和专业性，检查该车的空调故障时可以针对空调控制面板的电源控制插头和线路连接情况进行，如果维修站检查后故障确认是存在于空调控制面板内部，则可以在维修站更换新的控制面板解决。

Q70 进口车在“4S”店的维修费用一般都比路边店高出好几倍，动辄上万元的价格常常叫人望而却步。进口车的维修费用为什么会这么贵?

A 进口豪华车的维修费用高主要是由以下两个原因造成的：

（1）“4S”店维修进口豪华车依赖厂家提供的电脑数据分析，因此经销商每个月都要向厂家缴付1万~2万元的电脑诊断检测费用。路边店虽然也可以更换一些配件，但往往不会考虑个别零件与整体系统是否兼容，这样做很容易引发其他问题。而经销商可以通过厂家提供的方案，给汽车故障一个最好的解决方法。

（2）就是进口豪华车的零配件贵，而且大部分只换不修。但是零件贵并不是贵在零配件本身，而是由渠道问题造成的。国外的原厂件安装到消费者的车辆上，要经过厂家→零配件周转中心→零件总进口商→“4S”店这样一个流程，除了关税、运费等必不可少的费用外，每一个环节多多少少都会为自己谋取一定的利润，因此当零配件到达中国消费者手里的时候，价格早已不是原来的样子了。而且因为很多技术是完全保密的，所以不是经销商不想修，而是没有能力修。路边店维修价格便宜，与它并未使用原厂配件有很大关系。

Q71 在加油站为什么不可以用手机打电话?

A 在加油站禁止用手机打电话主要是出于安全因素的考量。手机作为一种无线电通信工具，在使用时，无线电发射机发射出的无线电波能使接收无线电的天线感应射频电流。当射频电流在金属导体间环流时，如接触不良就会产生射频火花，它能引燃一定浓度的甲烷与空气的混合气。

而汽油是易挥发性物质，特别是当加油站通过油枪向油箱加注汽油时，原来空油箱内的油气便向外飘散，加之新注入的汽油向空中挥发，使加油的车辆周围油气浓度骤增，手机产生的射频火花很容易引起爆炸，导致灾害发生。

另外，因为手机本身并不具备防爆功能，如果手机使用时间较长或者手机本身质量较差时，手机内部芯片的电路很容易产生短路现象，这样手机在接听瞬间就能产生少量的火花，从而也会引起加油站发生爆炸。

Q72 大众TSI发动机号称目前世界上最先进的发动机，它到底先进在什么地方?

A TSI是一款涡轮增压汽油直喷发动机。它的字母缩写来源于两个方面：T代表Turbo-charging，即涡轮增压；SI来自于FSI，代表Fuel Stratified Injection，即汽油分层直喷。

从工作原理来说，TSI发动机是利用涡轮增压器加大发动机的进气量，使混合气更容易燃烧，从而创造出更大的功率和转矩。而汽油直喷技术则是直接将汽油喷到汽缸里，没有中间环节的损耗和滞后，燃油与空气的混合也更加均匀，与传统汽油发动机相比丝毫不会损失动力，同时还能大大降低燃油消耗。两者的结合改善了起步速度，也具有充足的后劲。

TSI 发动机最大的优点就是动力强劲且损耗小，可以在小排量的情况下获得较大的动力，同时又能做到节能环保。

Q73 车上的冷却液温度表经常提示冷却液温度过高，出现这种情况的原因是什么？

A 一般汽车冷却液温度过高是由于散热器中冷却液不足、散热器漏冷却液、电子扇转动异常、冷凝管堵塞等原因造成的，也有可能是因为温度传感器故障导致冷却液温度表不能正常工作。

如果冷却液温度持续偏高，而且不是因为散热器中冷却液不足或漏冷却液等原因而引起的，车主最好能到“4S”店或是专业的车辆维修维护中心进行一次全面检查。因为冷却液温度过高有可能引发很多问题，比如：加速活塞的磨损，造成温度变化不均匀，影响车辆动力；汽缸垫被烧穿；活塞环拉缸；最严重的情况甚至有可能造成发动机永久损害。

Q74 前轮驱动与后轮驱动各有哪些优点和缺点？

A 前轮驱动（FWD），英文全称 Front Wheel Drive，是指动力无需经过传动轴直接传递到前轮上，前轮既负责驱动车辆又负责转向。前轮驱动的优点主要有造价低、动力损耗小、驱动效率高、质量轻、牵引力大、内部空间大等。前轮驱动的缺点主要有操控性差、转弯时容易造成转向不足、前桥负荷过大影响驾乘舒适性等。

后轮驱动（RWD），英文全称 Rear Wheel Drive，是一种比较传统的驱动形式，其动力自发动机经由传动轴传递到后轮上，后轮为驱动轮负责驱动整个车辆，而前轮为导向轮负责转向。后轮驱动的优点主要有操控性好、起步加速表现好、舒适度高、维修方便等。后轮驱动的缺点主要有制造成本高、牵引力不足、动力损耗大、过弯时容易造成转向过度等。

概括来说，前轮驱动与后轮驱动的优劣之争难以定论，因为两者是对立的两端，此之优点即是彼之缺点，反之亦然，所以可谓是各有所长，难分伯仲。

Q75 车辆验尾气时 NO_X 值超标怎么处理？有没有针对这一问题的解决办法？

A 车辆尾气不合格的主要原因就是混合气过浓或过稀。如果出现 NO_X 值超标的现象，建议车主检查高压线电阻是否过大、火花塞间隙是否偏大、喷油嘴雾化状态和密封情况以及三元催化器和氧传感器是否出现故障。

如果进气系统和发动机燃烧室内有大量的积炭，积炭将在汽缸内形成多处明火，使汽缸内出现多处点火的现象，混合气在相当短的时间内快速爆震，容易促进氮氧化合物的生成。建议彻底清洗进气系统和发动机内部的积炭，使氮氧化合物的排放减少。

Q76 购买二手车之后需要注意哪些问题？

A 建议消费者在购买二手车之后先对车辆进行一次全面的维护和检查。如果不了解车辆以前的维护

周期，最好更换车辆的机油、变速器油、制动液、转向助力油及防冻液等，便于今后的维护，也避免由于油品使用不当造成车辆故障。对于车龄 5 年以上或行驶里程 7 万 km 以上的车辆，应更换正时齿形带及水泵。同时要特别注意检查轮胎，如果轮胎磨损严重应立即更换，对于二手车来说，看似毫无异常的轮胎可能也会存在胶质硬化等问题。

另外，买进二手车后应及时办理车险过户手续，以免发生意外时得不到保险公司的理赔。

Q77 一辆 2008 年出厂的别克凯越 HRV，怠速时抖动严重，在维修站检查了多次始终没有彻底解决，具体表现为，汽车起动后不到 1min 发动机转速升高到 3 000 r/min，且汽车抖动严重并伴随发动机故障警告灯亮。现在我的车刚刚行驶了 8 000 多千米，发动机内部应该不会有严重的积炭，故障可能是什么原因?

A 通过以上描述可以判断，这辆 HRV 怠速抖动是由发动机引起的，而发动机故障警告灯亮表明该车发动机工作确实不正常。排除积炭原因之外，节气门故障、发动机缺火、混合气比例失调和进排气系统漏气等都会间接导致发动机工作不良，进而出现怠速抖动的情况发生。建议车主可以多选择几家别克维修站进行检查，逐一排查可能发生的原因，并最终找到症结所在。

Q78 2007 年产的马自达 6，行驶了近 3 万 km，上个月去检测场例行年检，结果是尾气排放中的 HC 和 NO_X 不合格，对于这种问题应该如何解决?

A 对于购入时间较短、行驶里程较少的车辆，确实会出现年检尾气不合格的情况，主要原因多是由于发动机工作不正常、积炭过多等原因造成。很多车主或维修站工作人员认为只要清洗燃油系统和发动机积炭就可以顺利解决，其实根据经验，在清洗积炭后可以有效降低尾气排放中 HC 的指标，但是多数情况下 NO_X 仍然会超标。此时就需要从其他方面寻找导致 NO_X 超标的真正原因，车主们不妨关注一下三元催化器、氧传感器、废气循环控制阀等部件的工作情况，因为这些部位出现故障时都会导致 NO_X

超标，建议车主排除所有故障隐患后重新检测尾气排放。

Q79 普通盘式制动是否可以改成通风盘式制动？改装的难度是否很大？

A 通风盘式制动系统最主要的特点是制动盘的构造与普通盘式制动不同，某些型号的通风盘式制动盘表面设计有小孔或通风盘内部有孔，以便增加制动盘的散热能力。从目前的维修技术来看，普通盘式制动改为通风盘式制动并非不可能，而重点是关注改装过程中制动系统的整体协调性。例如，更换为通风盘后，所需的制动力矩增大，相应地需要对制动卡钳做出调整，以便适应制动盘改动带来的制动系统变化。因此，制动盘的改装难度虽说不大，但是仍然要专业的技术做保障，建议车主有此类改装想法时应该选择专业的改装企业或维修站。

Q80 什么是汽车风洞？

A 风洞，是指在一个管道内，用动力设备人工产生并驱动一股速度可控的气流，以模拟物体周围气体的流动，并可度量气流对物体的作用以及观察物理现象的一种管道状实验设备。汽车风洞是指以汽车为主要研究对象进行的风洞实验。

汽车风洞有模型风洞、实车风洞和气候风洞等种类。在模型风洞中只能对按比例缩小的汽车模型进行实验，其

实验精度相对较低。实车风洞可以直接对整车进行实验，但是它规模巨大，建造及使用成本相当高，所以目前世界上的实车风洞还不多，主要集中在德国、美国、日本等国的大汽车公司，其他大部分汽车公司，目前仍只能使用模型风洞。气候风洞主要用于模拟气候环境，是用来测定汽车一般性能的风洞。

Q81 除了给汽车玻璃贴膜，还能采取哪些防晒措施？

A 为汽车玻璃贴上防爆膜，就好比我们在烈日下出门都会提前为自己涂上一层厚厚的防晒霜，而遮阳用品则可以在此基础上为您的爱车提供双重保护。目前市面上常见的遮阳用品主要有以下3种：

（1）铝箔遮阳挡：分为气泡与横纹两种。这种遮阳挡可以展开，用吸盘吸在前窗或后窗内，通过反射阳光起到阻挡紫外线和隔热的作用。不用时可以折叠起来，不会占用过多空间。

（2）侧窗静电贴：靠静电贴在车窗上，并且可以反复使用。只需要将静电贴从上至下贴在车窗上，再揭下另一面保护用的玻璃纸即可。不用时清洗并平铺晾干即可，但不能折叠。

（3）抽拉式遮阳挡：形似卷轴，使用时将一头用吸盘固定在车窗上方，另一端可以拉到车窗下沿，不用时可快速卷起。但目前市场上这类产品大多做工比较粗糙，不够耐用。

虽然遮阳用品能够在一定程度上减少烈日对汽车内饰的直接暴晒，但实际效果并不明显。减少太阳的直接照射要比防晒更重要，建议车主在停车时尽量选择阴凉处。

Q82 现在很多车主都会对车辆进行改装，尤其喜欢加装汽车尾翼，汽车尾翼除了美观，还有什么作用?

A 汽车尾翼的主要作用是可以有效减小汽车在高速行驶过程中的空气阻力，并在一定程度上节省燃料。但并不是所有车都需要加装尾翼，汽车尾翼也并不是在任何条件下都会起到这样的作用。

根据空气动力学原理，汽车在行驶过程中遇到的空气阻力分为纵向、侧向和垂直上升 3 个方向，而且车速越快空气阻力就越大。一般情况下，当车速超过 60 km/h 时，空气阻力对汽车的影响就会表现得非常明显。为了有效减少并克服汽车高速行驶时空气阻力对它的影响，设计师研发出汽车尾翼，其作用是使空气对汽车产生第 4 种作用力，即对地面的附着力，这样做可以抵消掉一部分垂直向上的作用力，控制汽车上浮的趋势，减小空气阻力对车辆的影响，使汽车能紧贴道路行驶，从而提高行驶的稳定性。

Q83 什么是汽车安全玻璃？它为何安全？

A 在汽车上，有很多部位都采用玻璃材料，而且大多为安全玻璃。汽车安全玻璃主要分为夹层玻璃、钢化玻璃和区域钢化玻璃 3 种。

夹层玻璃是由 2 层或 2 层以上普通玻璃胶合而成的。夹层玻璃之所以安全，是由于在玻璃之间有一层 PVB

胶片，它是一种黏合性、柔韧性很强的高分子材料。当玻璃碎裂时，PVB 胶片可以把玻璃碎片粘在一起，不会散落伤人。

汽车前风窗玻璃普遍采用安全性更好的夹层玻璃，除前风窗玻璃之外，汽车玻璃几乎都是钢化玻璃。普通玻璃经“钢化”后，不但强度增加了，而且内部结构也发生了变化。当遇到有破坏性的外力冲击，造成玻璃破裂时，不会形成锋利的刀口，而是化为小碎片。也是因为如此，普通钢化玻璃不适宜用作前风窗玻璃。

区域钢化玻璃的安全性虽然不如夹层玻璃，但成本较低，所以也常被汽车厂商用作前风窗玻璃。区域钢化玻璃碎裂时，驾驶人视野部分的玻璃会形成类似眼镜片大小的碎块，保证驾驶人有一定的视野，防止二次事故的发生。

84 车内有异味说明车辆存在问题，真的可以根据味道来判断车辆故障么?

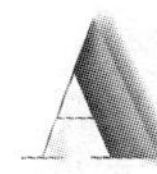

车内有异味说明车辆存在问题这种说法没有错，但这也不一定就是出现了严重到非得去修理厂不可的状况。一般情况下，车内异味主要有以下 5 种，我们可以据此来判断车辆存在哪些问题。

（1）烧焦的橡胶味：可能是由于频繁的紧急制动造成轮胎过热。

（2）烧焦的汽油味：可能是由于润滑油或变速器油太少，导致变速器过热，而且有润滑油滴在发动机上。

（3）刺鼻的臭味：如出现这种情况，最好用专业仪器进行彻底检查。过脏或品质不佳的机油、空气滤芯堵塞或者汽缸活塞环破裂等原因，也有可能导致尾气发出刺鼻的臭味。

（4）烧焦的塑胶味：多数是由于电气系统的电流短路造成电线外皮烧焦。

（5）浓重的汽油味：多数是由于油路系统有汽油泄漏的情况发生。

如果闻到车内有汽油味或者烧焦的塑胶味道，一定要立刻停车检查。因为出现这两种气味是危险的信号，车辆有可能着火。

Q85 开车久了常会觉得腰疼，能不能通过调整座椅位置来保护腰部?

A 保持坐姿时，上身所有的力量都集中在腰上，因此腰部常会感觉到酸痛。经常开车的人学会把座椅调整到最佳舒适度非常重要。骨科专家表示，在椅面和靠背保持大约 100° 位置时最护腰。这是因为，研究结果表明，人靠在倾斜 100° 的椅背上时，身体是稍稍后仰的，正好符合我们腰身微微后屈的自然曲线，而且此时汽车座椅腰背处的隆起设计最能减少腰部的压力。当然，我们不可能每天拿着量角器去精确测量这个 100° ，所以一般的做法是：先把椅背调直，然后让靠椅的头枕后倾一个拳头左右的位置。

Q86 应该什么时候加油？必须等油箱灯亮起再加油吗？如果加油时机不当，会对车辆造成什么影响？

A 油箱中还剩下 1/4 箱油的时候，一般被认为是比较合理的加油时机。每次不要加满油箱，八成满即可，这样做可以适当减轻车辆的负载。

虽然油箱灯亮起后，车辆还是可以维持正常行驶一定距离，但总让油箱灯亮着是十分危险的。当油箱中汽油减少时，油箱中的空气含量就会变大。因昼夜温差的影响，夜间温度降低，油箱中空气所含的湿气会凝结成水滴附着于油箱内壁，这些水滴会使油箱生锈，而且如果水分掺杂在汽油中被油泵抽到汽缸中，会对汽缸造成伤害。另外，如果油箱使用到一定长的时间，底部难免会积存一些杂质，如果油面过低，这些杂质很容易被抽到汽油滤清器中，进而引发供油不连续甚至供油中断的故障，使发动机熄火。

Q87 如果自己洗车，需要注意哪些问题?

A 如果选择自己洗车，需要注意以下问题：首先，一定要用清水冲洗车身，去除车辆表面的尘土和砂粒。然后用海绵沾上带有清洁剂的水对车身进行彻底清洁，尤其注意将未能被水直接冲刷掉的尘土擦掉。遇到很难清理的地方千万不要用蛮力硬擦，反复多次擦拭即可将顽固污垢去除。确认车身完全擦净后，用清水将残留在车身上的清洁剂泡沫冲洗掉。最后，用干净抹布将车身上的水擦拭干净，即完成整个洗车过程。需要特别注意的是，无论海绵还是抹布一定要使用干净的，否则，海绵或者抹布中哪怕极为细小的砂粒都会对车漆造成伤害，出现划痕。

Q88 车过积水路面时熄火了。这是由什么原因引起的？通过积水路面时应该注意哪些问题?

A 车辆涉水时熄火的原因主要有 3 个，即水通过发动机进气机构进入汽缸内部、水进入排气管以及电气系统浸水短路。

一般来说，车辆通过积水路面时的操纵要点是选择高转矩、低速通过，尽量选择一挡，并适度加大踩加速踏板的力度。当积水深度超过保险杠下沿或半个车轮高度时，建议车主不要冒险通过。因为此时车辆行驶会激起水花，水很容易通过发动机进气机构进入汽缸内部。由于水是液体，不可压缩，如果进入正在运转的发动机汽缸内，被压缩的水会产生巨大的反作用力，甚至有可能引发缸体爆裂等故障。另外，水如果进入排气管，会使发动机排气不畅，也可能引起车辆熄火。当车辆驶过积水路面出现熄火的现象时，不要再尝试点火，因为此时发动机汽缸内极有可能已经进水，一旦强制发动机运转，便会造成更严重的故障。

Q89 下雨天，汽车玻璃内侧总有雾气，而且即使擦掉也很快就会覆盖上新的一层。要彻底去除这层雾气，有什么好办法吗？

A 解决车内雾气无法彻底去除最好的办法是调低空调温度，采用空气内循环、大风量，并把吹风方向指向前风窗玻璃，使玻璃内外温度接近。如果有天窗，可以将天窗调整至“上翘”状态，这样做不会让雨滴落入车内，同时可以有效加强车内、外空气流通，使车内车外温度接近，从而去除雾气。此外，应注意时刻保持汽车玻璃的洁净，因为雾气很容易以污点为中心聚集在玻璃上。

Q90 以前一直都以为只有冬天才需要加防冻液，但是最近听说夏天汽车也应该加防冻液，真的有这个必要吗？

A 首先，应该明确一个概念，防冻液的全称是防冻冷却液，意为有防冻功能的冷却液，它并不应该只在寒冷的冬季使用，夏天汽车同样需要添加防冻液。这是因为目前大多数汽车都采用封闭式强制循环冷却系统，在这个系统中，水作为冷却介质，通过系统的强制循环，可以将发动机高温零件的热量带走并散发掉，使发动机时刻保持在正常的工作温度。但水中含有钙和镁等金属盐类物质，受热后容易生成水垢，附着在发动机散热器的内壁上，因阻挡热量散发而导致发动机过热。

防冻液与水相比有很多显著的优点。它能起到冷却和保护发动机的作用，更适合于现代汽车发动机冷却的需要。优质的防冻液还可以起到防腐蚀和防水垢的作用。

Q91 逛汽车装饰市场时看到很多车窗隔热膜品牌都宣称自己的产品是原装进口，并且在膜中加入了金属材料，这些说法都是真的吗？

A 目前国内汽车后市场中，车窗隔热膜的品牌林林总总，质量参差不齐，价格差异也十分大。而且大多数品牌在宣传上都有一个共同的特点，就是声称自己品牌的隔热膜是进口膜。面对这样不规范的市场环境，消费者很难辨清真伪。

从行业专业人员的角度来看，目前掌握高端车窗隔热膜技术的生产厂商主要集中在美国和欧洲的一些国家和地区。品质好的隔热膜需要严格的生产工艺标准及条件，并使用高投资的技术设备，才能达到精密的标准。

另外，正规生产工艺生产出的隔热膜一般是由 7 层膜高压复合而成，其中加入了金属涂层，主要作用是为了有效防止紫外线的穿透。

Q92 发动机进水后，在处理时应该注意哪些事项?

A 夏季是发动机进水事故的高发季节。在积水较深的路面行驶或汽车被水淹没后，容易导致发动机汽缸内进水，严重情况下将导致发动机报废。遇到此类情况时，应注意以下 5 点：

（1）发动机被水淹没导致熄火后，不可重新点火起动，应将事故车拖回维修站。

（2）处理水淹事故车时，首先检查发动机缸体外表面是否有破损情况。

（3）检查曲轴箱内的机油是否含水，检查空气滤清器是否进水，以便确定水是否已经进入发动机汽缸内部。

（4）拆除所有火花塞，人工转动曲轴，检查活塞上下运行是否顺畅，以便判断活塞是否咬死、发动机连杆是否变形断裂。

（5）根据检查结果逐步拆卸发动机进行维修，注意保留旧零件，以便保险索赔或确定事故责任等。

Q93 为了让轮胎具有更强的高速及安全性能，同时也为了使它显得更加时尚，现在很多车主买车后都会对轮胎进行升级，升级轮胎有哪些需要注意的问题?

A 很多人对轮胎的升级改装存在错误的认识，以为轮胎升级就是把车辆原配的轮胎换成直径更大、胎面更宽的轮胎，其实不然。好的升级方案会使车辆的行驶性能得到很大的提高，而错误的升级则有可能影响到行车安全。

首先我们应该明确轮胎升级的目的，是要通过升级轮胎提高品质，还是仅仅为了让外观看上去更加时尚，这也决定着如何对轮胎进行升级。之后就要考虑车辆的主要用途，比如对于每天都要使用的车来说，轮胎的耐磨性是最应该考虑的问题。如果车辆经常在多雨潮湿的地区使用，那么一套有良好的湿地附着力的湿地轮胎是不错的选择。

另外，提前了解伴随轮胎升级可能会出现的问题也很重要。比如运动型宽胎虽然有很好的地面附着力，但为了追求速度，胎面花纹会尽量减少，这样做的结果就是胎面磨损很快，这种轮胎在湿地上的表现也不会很理想；而胎面宽度大的轮胎虽然能够提高车辆的行驶稳定性，但它与地面之间的摩擦力大，随之而来的是油耗上升的问题，另外舒适性也会有一定程度的损失，而且这样的轮胎制造难度大，因此售价较高。适当的轮胎升级应当是在各项性能都得到提升的同时，将轮胎升级带来的负面作用降到最低。

Q94 为什么大多数汽车的前风窗玻璃都是倾斜的?

A 绝大多数汽车的前风窗玻璃都是倾斜的，这样安装的目的，除了可以减小阻力并使车身造型更加美观外，还有一个重要的原因就是为了行车安全。

在夜晚行车时，如果车内开着灯，而车外又一片漆黑，驾驶人座前的风窗玻璃就相当于一块平面镜，车内的乘客或一些物品就会被投射到玻璃上，呈现一个等大的虚像。如果前风窗玻璃垂直安装，会给驾驶人造成错觉，不易分清人或物品在车内还是车外，容易由此造成交通事故。而如果前风窗玻璃是倾斜的，车内的人或物的像就会呈现在车的正上方，这样驾驶人就不会混淆车内、外的人或物了。另外，夜晚行车时，前照灯射出的强光会被迎面开来的汽车前风窗玻璃反射，如果前风窗玻璃是垂直安装的，光线直接反射回来会使驾驶人看不清前面的路。而倾斜安装的前风窗玻璃可以将光线向上方反射。

95 新车磨合期需要注意哪些问题?

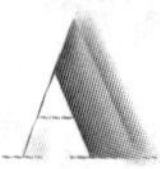

新车磨合的好坏直接关系到车辆今后的使用状况。事实上，磨合期对新车来说，可以算是一个后期的“制造”过程。

（1）不要让发动机转速过高。磨合期是发动机磨平、磨顺的过程，过高的转速会使本就不平的曲轴表面受损，所以更应该注意发动机转速。

（2）不要长时间保持在同一个挡位行驶。因为这样做会使发动机快速老化，正确做法是每一个挡位都要适当的照顾到，不要为了磨合而磨合。

（3）不要长时间换低速挡行驶。在磨合期内长时间换低速挡行使会给变速器带来损害，最好选择高低挡位相互交替配合来进行磨合。

（4）不要负重行驶。负载太重也会造成过度的磨损，因此在磨合期最好不要拉重物，也不要一下拉上好几个人共同乘坐。

（5）不要过早到“4S”店做首保。过早做维护其实对车辆本身并没有好处，首保里程的测算都是有科学依据的，因此提前首保并不可取。

（6）忌讳过长时间行车。

Q96 汽车遭受雨水的冲刷之后，维护似乎变得更加重要，雨季车辆维护应该注意哪些问题？

A 大雨之后，如果不对车辆进行必要的检查和维护，很容易埋下安全隐患，在日后的使用中发生故障。雨季维护应特别注意以下 7 点：

（1）检查机油、制动液、齿轮油等油液中是否混入雨水，进水会引起油液变质，进而失去其应有的作用，造成机械部件磨损；

（2）检查线路接头有没有被雨水浸泡，如果由此造成生锈会使车辆电器不能正常工作；

（3）如果排气管进了水，要尽快把积水排除，以免水中的杂质堵塞三元催化器或损坏氧传感器；

（4）检查蓄电池是否进水，必要时应更换电解液；

（5）自动挡车型要检查自动变速器和变速器控制电脑是否进水，如果发现有进水的情况，要立即切断电源，并迅速用电吹风吹干，以免发生短路，烧坏电脑；

（6）雨后应对车身进行彻底清洗，因为残留在车身上的雨水和泥点很容易使车漆变质，钢板生锈；

（7）雨后天晴时，最好能将所有的车门及行李舱盖都打开，通风排出湿气，将座套、脚垫拆下清洗晾干，用吸尘器将车内污物彻底清除。

Q97 夜间正确使用车灯对安全行驶很重要，到底应该如何使用车灯呢？

A 要确保夜间行车安全，确保视野清晰很重要。因此起步前就应打开车灯，以便看清行车路线，直到车辆停稳后再关闭。如果需要临时停车，应该打开尾灯，以此来引起外界注意，防止发生追尾等意外事故。

在有路灯的街道上行驶，车速在 30 km/h 以下时，可以使用近光灯或小灯。其他情况下则应使用远光灯。夜间通过繁华街道时，由于霓虹灯及其他各种颜色光线的交错反射，容易对驾驶人的视觉造成影响，另外沥青路面如有积水，夜间光线的反射也会很强，在此类路况下，要降低车速，改用近光灯或小灯即可。

Q98 试驾新车时，应该注意哪些问题？

A 虽然现在试驾活动已经很普遍，但通常都只提供简单的体验机会，绕着“4S”店划定好的路线缓慢开上一小圈了事，因此很多车主在试驾之后对车的印象还是很模糊。

首先，在试驾之前要详细查阅新车相关信息，如果有可能最好可以详细了解车内各项配置如何操作，尽量做到事无巨细，这样在试驾时能起到事半功倍的效果。正式试驾开始前先要观察车辆外观，虽然有大量的媒体资料会对此进行介绍，但它们大多与实际看到的新车有一定差距，尤其是车身颜色在不同光线下差别较大。坐进车内，调整好驾驶座的位置以后，不妨先感受车内空间是否够大，各种配置的舒适性及操控便利性怎样，另外也别忘记观察内饰做工如何。有了这些初步的体验，就可以正式开始试驾了。

着车之后，先别急着加速，感受怠速状态下的声音和振动，这个步骤可以检查车辆隔音效果。如果发动机怠速运转很平稳，车身振动小，则说明该车振动控制得不错。之后放下车窗，感受一下车内、外的声音的变化，以此来考察车辆的隔音密封性。最后才是开车上路，此时可以体验转向时转向盘力度是否适中、车身姿态是否正常，以及制动时制动力是否平稳等内容，并可以根据车辆加速时发动机声音的变化体会挡位是否清晰。最后别忘记向“4S”店打听车辆维护的情况，维护的价格、周期等都将关系到今后的用车成本。

Q99 受到台风的影响，连日的强风暴雨使得国内很多地区都陷入一片“汪洋”之中，在这样的气候条件下，车辆停放时应该注意哪些问题?

A 在台风登陆期间，停放车辆时需要注意以下几个问题：在听到台风警报时就应提前将车辆移至高处停放，避免将车停放于树下及围墙边；在台风登陆前后，避免进入山区，以防泥石流的侵害，即使必须去救车，也一定要先确保自身安全；起动车辆前，需要首先检查刷水器、车灯等电路系统是否可以正常工作，行驶时不要将车驶入积水路面，实在无法回避积水时，应以低挡位低速通过。

另外，如果您的爱车不幸泡水或者出现明显损伤，千万不要再尝试起动发动机，并应及时向经销商寻求帮助。

Q100 最近总觉得车内空气质量不是很好，不知道是不是车内空气循环系统出了问题，有没有什么办法可以测试车内空气循环速度?

A 夏季风沙大，同时也是细菌猖獗的时候，因此汽车通风系统的重要性就显露出来，它直接影响着车内的空气质量。

有一个简单的方法可以检测车内的空气循环速度：在封闭的车厢内同时点燃多支香烟，大约 2min 后，车内便会弥漫出浓浓的烟雾。此时，启动车内的空气循环系统，如果车内的烟雾可以迅速散去，那么便能说明该车的空气循环系统运转正常，且性能状况极佳。但如果烟雾很久都不能散去，则空气循环系统可能出现问题，此时应向“4S”店或专业的维修机构寻求帮助。

Q101 有没有什么简单的办法可以识别“假配件”?

A 判断“假配件”要从细节入手。首先是观察配件的外观，看商标是否齐全。正规产品的外包装质量和图案印刷效果一般都会比较清晰，一些重要部件（如发电机等）出厂时还会附带合格证和产

品说明书。接下来看配件上是否有锈蚀、老化、开裂、变形等瑕疵，单独看一个配件不太容易看出做工和材质的好坏，最好能将其与车上的原装配件进行对比。另外，一些可以活动的部件，如轴承、铰链等，最好可以试着运转一下，过松或过紧都是不正常的。橡胶部件的弹性好坏、光滑表面的光滑度等因素也是辨别配件真假的参考要点。

Q102 夏季汽车发动机温度过高与空调工作不良有没有直接联系?

A 维修工作中，经常会遇到发动机冷却液温度过高的故障，发动机温度过高不仅会通过冷却液温度表或指示灯来显示，有时也会通过其他系统的故障表现出来，其中空调系统不工作或间歇不工作就是发动机过热故障的特殊表现。

使用空调将迫使发动机在高负荷状况下工作，因为空调压缩机会增加发动机的负荷，在这种条件下，冷凝器需要通过冷却风扇增加其散热能力。一旦发动机温度过高，发动机控制单元会切断空调压缩机，通过减轻发动机负荷来降低冷却系统的温度。

Q103 新款蒙迪欧最近出现一些毛病，具体表现为维护更换三滤后，发动机怠速出现抖动现象，此故障并没有特定的规律可循，并非周期性发作，抖动明显时甚至会发生熄火，可能是什么原因呢?

A 如果故障是在更换完三滤之后才发生的话，建议应该着重检查更换三滤过程中所涉及的零部件。造成发动机怠速抖动的原因有很多，其中常规维护不善也会是众多故障原因之一，比如更换空气滤清器后进气口安装固定不到位，或者在安装过程损坏了相关传感器都可能导致发动机怠速抖动。另外，使用时间不长的车辆还应该检查油路是否存在积炭，这也会造成发动机工作不良。以上几点仅是常见的故障原因，我们建议车主尽快联系维修站进行检查，以免对车辆造成更大的故障。

Q104 汽车出现发动机过热的状况总是让车主束手无策，处理时该采取何种正确措施?

A 发动机过热十分危险，处理不好可能使发动机被彻底损坏。综合来看，发动机过热的表现有两种：一是冷却液温度表指针进入红区且始终居高不下；二是电脑系统报警显示发动机温度高。一旦发现发动机过热，车主应采取的正确措施是尽量选择阴凉和空气流通场所把汽车停止，打开发动机罩，等待发动机温度逐渐恢复正常。待发动机温度正常后，及时检查冷却液量，缺少的话适量补充。

另外还有一种方法可以缓解发动机过热，就是将汽车暖风全部打开。由于暖风能够帮助发动机冷却液散热，有利于发动机降温。但是请车主注意，发动机过热时千万不要采用冲水降温的方法，因为高温金属在瞬间被冷却的话容易出现变形、开裂等情况，这样做无疑会缩短发动机的使用寿命。

Q105 目前市面上存在很多品牌的汽车照明灯泡，这些产品都标明自己的灯泡具有媲美氙气前照灯一般的照明能力，因其能发出有别于普通白炽照明灯泡的蓝色灯光，故把这种灯泡形象地称为超蓝灯泡。这些灯泡与普通白炽灯泡有何不同，且有哪些特性?

A 蓝光灯泡虽然与普通白炽灯泡产生的灯光颜色不同，但发光原理和基本结构大致相同，只是由于蓝光灯泡在制造过程中采用了特殊技术，使灯光色温比普通灯泡更高，通过人眼观看会呈现出微蓝色的灯光。这种灯泡因为采用了和普通灯泡几乎相同的制造工艺，因此价格便宜，容易被大众消费者接受。蓝光灯泡能产生更高的亮度，安装在汽车照明系统中能使左右灯光分布更均匀；蓝光灯泡灯光色温约为4 500 K，微蓝的灯光接近日光且灯光颜色稳定持久，避免造成炫目的强光，从而更具安全性；蓝色照明光对驾驶人来说具有更佳的舒适性，可以缓解驾驶过程中的眼部疲劳。

Q106 大众迈腾近期出现了倒车雷达异常报警的情况，明明距离后方障碍物还有很长一段距离，可倒车雷达却报警响个不停，这是什么原因？

A 很多车型的倒车雷达都存在类似问题。首先这不是迈腾车型特有的故障，而且也并非是产品质量原因造成的。出现故障的道理其实很简单，目前很多汽车安装的倒车雷达普遍为超声波传感器型，仔细观察的话可以发现，雷达传感器安装时通过橡胶垫圈与保险杠连接。这种结构保证传感器发出的超声波尽量少地传递给保险杠，避免超声波损失或因保险杠对超声波反射造成的误报警。

但是在某些特殊情况下，由于天气或洗车等因素，在雷达传感器和保险杠孔之间容易形成一定的积水和灰尘组成的夹层。该夹层的存在容易导致传感器和保险杠之间形成传递超声波的通道，传感器发出的超声波会通过该夹层向保险杠传递，而且由保险杠重新反射给传感器，使个别车辆的传感器误认为近距离内存在障碍物，从而引发误报警。只要定期清洁雷达传感器，便可以消除故障。

Q107 在路上开车的时候，发现前面的车加油口盖没有关上，想告诉他又不知道怎么办，总不能让我超过去让他停下来吧？在船上用旗语，开车的时候是不是也有什么方法进行示意呢？

A 开车的时候也有非常浪漫的交流方式，虽然它尚不普及。我们暂且称之为“车语”：

祝福你 = 两声鸣笛两下远光；

对不起 =3 下双闪或 3 下远光；

没关系 =3 下双闪或 3 下远光；

谢谢你 =3 下双闪或 3 下远光；

不客气 =3 下双闪或 3 下远光；

紧急求助 =3 下远光 3 下双闪；

车有问题，请停车检查 = 一声鸣笛，3 下远光；

请注意你的行为 = 长按远光 3s ；

我有急事，请让一让 = 一声鸣笛，一下远光。

其实我们可以有更为科技的交流方式，早在 2001 年，丰田与索尼公司联合研制的“POD”概念车就已经通过 2.5GHz 频带的无线电话实现了车车交流。

Q108 真皮座椅在挑选、使用及维护的过程中应该注意些什么问题?

A 汽车座椅最好选用牛皮，皮质的优劣可以通过亮度、厚度、柔软度、饱满度等几个指标来衡量，优质牛皮皮面光滑、纹路细致、色泽柔和、薄厚均匀。而拆装座椅是一项技术含量相当高的工作，为了达到理想的效果，最好请专业的技师来操作。

真皮座椅长期使用会出现褶皱、脱色、老化等问题。为了防止出现此类状况，平时，车主可以用真皮护理剂简单擦拭，并在进行内饰美容时做彻底的清洁和上光维护。但简单的清洁和上光仅能维持短暂的美观，而且过于频繁的清洁有可能会影响真皮座椅的质感。车主也可以通过真皮座椅镀膜等方式，为真皮座椅进行一次深层维护。

另外，需要特别注意的是，真皮受热很容易干裂，因此为车辆配备真皮座椅时，同时要注意防止过于强烈的紫外线等对皮革造成的损伤。在车内一定不要吸烟，让真皮座椅远离一切热源。

Q109 轮毂维护需要注意哪些问题?

A 轮毂，是在车辆维护中最容易被忽略的地方，可是它的作用却不容小视。轮毂养护需要注意以下问题：

（1）当轮毂温度较高时，应让其自然冷却后再进行清洁，千万不能用冷水清洗，否则，会使轮毂受损，甚至影响制动效果。另外，在高温时用清洁剂清洁轮毂，会使其表面因为发生化学反应而失去光泽。

（2）当轮毂上粘有难清除的杂物时，可以尝试用刷子清除，但切勿使用过硬的刷子，以免损伤轮毂。

（3）如果车辆所在地区临海，或者常年潮湿，轮毂更应该勤维护，以避免盐分对轮毂表面金属的腐蚀。

（4）必要时，在将轮毂清洁干净后，可对其进行打蜡维护，以常保光泽。

Q110 如何保持正确的轮胎气压?

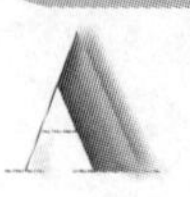

举一个很简单的例子：我们给篮球充气的时候，打气过足或者不足都不利于我们控制篮球，为轮

胎充气同样也是这个道理。轮胎对于汽车来说，不仅仅是行车安全的有力保障，还时刻影响到驾乘的舒适性，所以保持正确的轮胎气压是非常重要的。我们这里有这样一组数据：如果将轮胎的标准气压值降低25%，轮胎的寿命将下降30%；如果将轮胎的标准气压值提高25%，轮胎的寿命也将降低15%～25%。对于那些经常行驶在路况比较差的车辆来说，从安全的角度考虑，我们建议车主在标准胎压值的基础上，将轮胎气压适当提高20～30 kPa，以保证轮胎的使用寿命和行车的安全性。

针对轮胎气压的高低，我们不能仅凭目测来判断，现在很多轮胎店里都有面向车主销售的胎压表，如果车主平常比较关注轮胎气压，却又对轮胎是否亏气拿捏不准，可以考虑购买一个胎压表，时常测量一下也不是什么坏事。

Q111 雅阁定速巡航系统总是设定不上，偶尔又能恢复正常，这是什么原因?

A 汽车的定速巡航系统发挥作用需要以下前提条件：一是车速必须达到40 km/h以上，这个数值随着车型的变化会发生改变；二是定速巡航系统的执行部件和控制部件全部开启并且处于完好的状态。至于您提到的偶尔又能设定上的情况，问题可能出在控制部件上，也有可能是因为制动踏板的开关处于打开的状态，建议您还是到“4S”店去检查一下，以免影响正常使用。

Q112 自动挡车在行驶过程中出现顿挫感，有没有什么办法解决这个问题?

A 自动挡车在行驶过程中存在一个信号的传输过程，变速器会根据这个信号自动地进行换挡操作。一般来说，由1挡到2挡会有轻微的顿挫感，如果感觉很明显时就说明线路存在一些问题，需要

到“4S”店去检查一下。二挡之后这种顿挫感就会消失了。

为了消除这种顿挫感，一些汽车厂商已经研发出拥有2个离合器的变速器，大众的DSG就是其中最好的代表。DSG变速器在工作时，一个离合器与变速器的挡位接合，另一个离合器则与变速器的下一挡位进行预接合，为接下来的换挡做准备。因此，DSG变速器的工作过程中总是有2个挡位是接合的，一个正在工作，另一个则为下一步做好准备，这样就消除了换挡时的顿挫感。

Q113 新车开关车门的时候感觉不是很顺畅，出现这样的问题是什么原因?

A 如果是新车出现车门开关不顺畅的问题，很有可能是由于新车在做装饰的时候，操作人员出现操作失误造成的。一般来说，车主在购买新车的时候都会铺地胶或者贴车膜，铺地胶的时候，操作人员需要将地板压条翘起，以便进行施工作业。铺完地胶之后，如果地板压条仍然存在翘起的现象，就会对车门的开关过程产生影响。

Q114 驻车制动器的使用频率较高，而且效能会随着使用次数的增加而下降。对于普通车主来说，应该如何检查驻车制动器的效能?

A 与制动踏板一样，驻车制动器手柄也有一个拉动行程。通常规定，当手柄提拉到整个行程的3/4时（可以通过数棘轮的响声来确定该位置，也可以用粉笔在手柄的滑轨上画上记号），驻车制动器就应该处在正常的制动位置上了。接下来就是检查驻车制动器的效能。把汽车开到坡度较大、路面状况良好（最好是柏油路）的斜坡上，踩住制动踏板，挂空挡（如果是自动变速器则挂在N挡），将驻车制动器的手柄提拉到刚才确定的工作点位置，然后慢慢松开制动踏板，如果汽车没有发生滑动，说明驻车制动器的效能良好。由于驻车制动器内部存在间隙，有时释放制动踏板后，汽车会轻微滑动，然后才停住，只要这个滑动的距离足够小，驻车制动器的效能就属于正常。上坡和下坡应该各做一次。

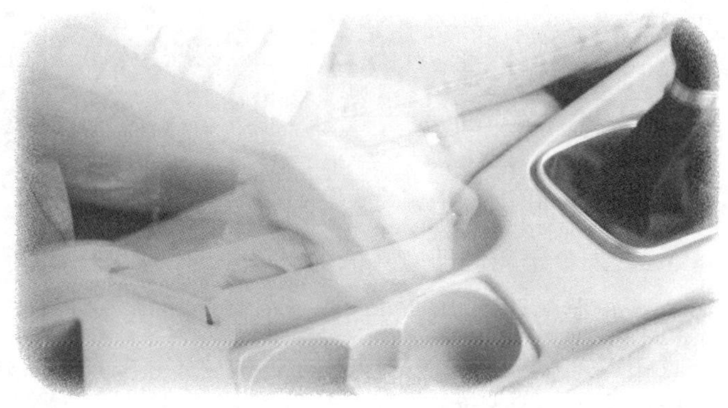

除了制动效能以外，还应该检查驻车制动器的灵敏度，这对斜坡起步特别重要。在没有坡度的路面上慢速行驶，缓慢地提拉驻车制动器的手柄，感觉手柄的灵敏度和接合点。不过，这种检查方法容易导致驻车制动器产生早期磨损，所以检查的次数不宜过多。

Q115 雪地轮胎跟普通的轮胎有什么区别吗？一定要更换吗？

A 与普通轮胎相比，雪地轮胎通过特殊的配方来增大与冰雪路面的摩擦力。它的优点在于提高车辆在冰雪路面的通过性和安全性。雪地轮胎胎面的材质更软，精心配制的二氧化硅混合物橡胶配方能与光滑冰面接触得更紧密，从而产生比四季轮胎更大的摩擦力，使得车辆在光滑冰面上的操控性和安全性大大提高。当温度低于 10 ℃时，雪地轮胎的表面变得更软，从而获得更好的抓地力。

如果您所在的地区不是频繁下雪且清理工作做得十分到位的话，一直使用四季胎也是没有问题的，但是如果您所在的地区路面上经常有冰雪残留，那么更换雪地轮胎还是十分必要的。

Q116 有一天下雪，早晨我从地库出口的坡道上坡起，车内电子稳定系统提示灯频繁地闪，车就是爬不上去，这个问题怎么解决?

A 首先我们知道，这是ESP（车身电子稳定程序）在工作中。在干燥的路面上，ESP系统会强制给某个车轮制动力并减少对该轮的动力输出以保证车身姿态。在雪天行车时，在雪很瓷实或虚厚的地方，轮胎的附着力其实很低，车辆行驶很难避免轻微的滑动，尤其在雪地中坡起时，路面湿滑同时还带着角度，ESP系统一旦检测到主动车轮滑动时，它会降低发动机转矩，以避免失去牵引力，这就发生了车辆爬不上去的情况。

在这时，我们可以试着关掉ESP，通过不受干扰的方式爬升，这样多半可以解决问题。如果还不行，就下车铲雪或者找人推车吧。

Q117 汽车陷进坑里，1挡起步时闻到什么烧焦的气味是怎么回事?

A 你说的应该是手动挡车型，从车辆所处的情况来看，应该是离合器片打滑造成烧蚀，进而产生焦糊味道。之所以打滑是因为驱动轮受到的阻力太大了，阻力传导至变速器输入轴，变速器输入轴与离合器片相连，离合器片又是通过压盘紧靠在发动机飞轮上，由于阻力过大，造成了离合器片与发动机飞轮之间相对运动，也就是打滑，高速转动的飞轮与离合器片相互摩擦产生高温，进而使离合器片上的摩擦片温度急剧升高直至烧蚀，所以产生了烧焦的气味。遇到这种情况不要盲目踩加速踏板，要想办法增加驱动轮的摩擦力，有效地发挥驱动力。

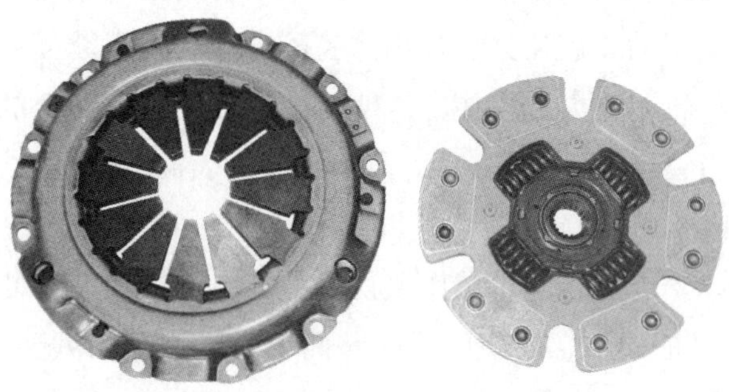

Q118 我要出差半个月左右，据说车不适合长时间闲置，但又不放心放在朋友那儿，能否让不会开车的亲人隔段时间帮我热热车，应该隔多长时间让他热车一次，每次热车多久?

A 你问的这个问题属于停驶车辆维护的问题。首先你的想法值得肯定，那就是车辆最好不要闲置，不过通过热车的办法解决车辆停驶造成的损耗作用不大。因为车本身是复杂的机电综合体，长时间停驶会造成整体伤害而不仅仅是发动机。

另外，如果仅仅是热车的话，发动机一直处于怠速运转，对于保持发动机的性能也没好处，长时间的怠速反而会增加积炭。最好的办法是每天开出去跑一圈，这样车辆的整体性能会保持良好。鉴于你苦于找不到合适的人帮你开车的情况，结合你出差仅半个月的时间，即便是停驶也不会有什么大的影响，如果你非要让你亲人帮你维护的话，建议热车到发动机冷却液温度正常即可，同时前后推动一下车辆，防止长时间不动造成轮胎变形。

Q119 我的轩逸2009年1月买的，目前行驶了11 000 km。入冬以来开始出现冷车不易着车的现象，多打几下也能打着，但还是觉得新车不该这样。去“4S”店问了一下，说是节气门脏了，要清洗积炭。回来问同事，他们有的说需要洗，有的说去跑高速就能没事，到底是什么原因导致打火打不着，洗节气门应该注意什么，这种情况是否需要清洗?

A 按照你说的情况，如此短的行驶里程如果是正确使用的话不应该出现这个问题。在这个里程出现冬天不好着车的原因通常有两种：一是加了不清洁的汽油，造成喷油器雾化不好或积炭过多；二是由于冷却液温度传感器工作异常，造成发动机冷起动工况变差。如果不是经常去灰尘非常大的地区，

节气门脏的可能性不大，这个里程节气门脏的程度应该达不到导致起动不好的现象出现。

对于你的车出现的情况，首先你要回忆一下有没有在非正规小加油站加油的经历，如果有，基本上可以判定是燃油系统的问题。如果加了不干净的汽油，很快就会出现积炭多的情况。解决的办法是进行发动机免拆清洗，清洗燃油系统。如果是冷却液温度传感器的问题，那就要进行检查更换。

比较有效率的办法是，你到“4S”店检查一下，首先检查冷却液温度传感器工作是否正常，如果不正常则需更换。如果检查过冷却液温度传感器，发现没问题，那就要进行免拆清洗了，一般会解决问题。

对于何时该清洗节气门，通常维护手册上都有建议，不过要根据你用车的具体环境来定，具体情况要咨询“4S”店。

至于拉高速，其实对清除积炭作用不大，只是在过了磨合期之后让发动机与变速器更好地磨合匹配，有利于发动机发挥最大的效能。

Q120 我的卡罗拉 1.6 L 手动挡开了半年了，总共才跑了 3 000km，给“4S”店打电话咨询首保的事，被告知已经到了首保的时候了。我查了一下维修手册，规定的是 3 个月或 5 000km，我可不可以跑到 5 000km 再去维护?

A 首先需要肯定的是你应该马上去首保了！卡罗拉规定的首保里程 / 时间为 3 个月或 5 000 km，要求的是以先到者为准。即便是你的车行驶里程还没有达到 5 000 km，但是时间上已经超过了首次维护要求的期限，因此必须马上去进行首保。

不只是首保这样要求，其后的常规维护也要遵循这个原则，即便是里程没有达到规定值，但时间期限到了也要维护。或许很多人认为这么做是一种浪费，但实际上这是与实际用车息息相关的。车即便是闲置也是有损耗的，比如机油会变质、轮胎会变形等，因此有必要进行常规维护。在此给大家一个建议，那就是车辆尽量不要长时间闲置，这样反而会比每天都正常使用的车辆寿命低。

Q121 听“4S”店里的人说维护时机油中要加入一种添加剂，加速机油的润滑，不知是否一定需要，用与不用各有什么优缺点？

A 加入机油添加剂的做法是不可取的，如果加入的添加剂与机油产生不良反应，反而会降低机油的使用寿命。

其实道理很简单，机油中本身就有各种添加剂，再加入的话多此一举。准确的说法应该将机油称为润滑油，通常由基础油和添加剂构成，其中基础油有矿物基础油和合成基础油两种，而添加剂有清净分散剂、抗氧化剂、抗氧抗腐剂、黏度指数改进剂、油性添加剂与极压抗磨剂等种类，主要是用以改善机油的各种性能，让机油具有适当的黏度、良好的低温流动性能、抗氧化性、热稳定性、清净分散性能、抗磨损性能、防腐蚀和抗锈蚀性能等，以适应不同的润滑环境。以上提到的添加剂并不是都添加，要根据具体车辆的需求进行适当添加。你所说的机油添加剂可能是用以改善某一方面的性能，但不一定是你的车需要的，前面也提到过，如果添加不当反而会与加入的机油发生不良反应，因此建议你不要添加。

Q122 我2008年买的新嘉年华手动挡，2009年入冬后发动机怠速的时候变速器部位会发出“咔哒”的响声。冷起动后，发动机怠速转速从较高降到较低后，异响会更明显。当行驶后声音会消失，是怎么回事？

A 这个问题是一个批次的新嘉年华的通病，生产日期是在2009年1月29日之前的，主要的问题是由于离合器摩擦片受温度影响变形较大造成的。对于这个问题，你可以去“4S”店检查。首先确认你爱车的生产日期，如果生产日期在规定的时间段，厂家会免费更换离合器摩擦片。如果是离合器摩擦片发出的异响，则踩下离合器踏板之后异响应消失，否则应检查其他部件。如果你的车不在规定的生产日期内，那么就要考虑其他方面的原因了，比如变速器内部的问题等。

123 经常会看到轮胎充氮的招牌，偶尔轮胎亏气去充气时也会被推荐充注氮气，充氮气真的像介绍的那么好吗?

A 轮胎充氮最早应用在军事和某些特殊行业使用的轮胎上，为一般车辆轮胎充氮是近几年的事。据介绍，轮胎充氮会使行驶更安全，因为氮气化学性质稳定，渗透率低，易于保持胎压稳定，减少爆胎概率，并降低油耗；减少氧化，延长轮胎寿命；声音传导率低，降低行驶噪声等。看似轮胎充氮好处多多，但实际上并没有宣传的那么好，如果真的那么好的话，国家会大力提倡的。

氮气渗透率低于空气没错，但究竟低多少没有具体的验证数据，所以无法考证保持胎压的时间比充空气长多少。说充氮后氮气传热率低，会防止由于高速行驶时轮胎过热导致的胎压升高造成爆胎，这个说法站不住脚，因为氮气和空气的传热率相差无几。轮胎充入氮气后里面少了氧气和水蒸气等，会在一定程度上减缓轮胎的氧化，但是实际上是减少轮胎内壁的氧化，从实际使用上看，直到轮胎报废，其内部也不会氧化到影响轮胎性能的地步。至于行驶噪声低的问题，即便是轮胎内部不传导声音，胎噪也会通过空气和轮胎本身传导到车内。

说了这么多，想必大家会清醒些了，事实上轮胎充氮的确会比充空气好些，只是没有那么好而已。

124 我的车前一阵有点向右跑偏，去“4S”店检查，维修技师先是做了一个四轮定位，然后把轮胎换了一下位就好了，这么做对吗？是不是太简单了?

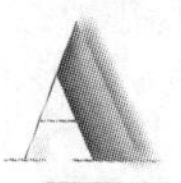

维修技师的做法没错，车辆跑偏通常是由于四轮定位参数失准、车架变形或者轮胎偏磨造成的。

先做一个四轮定位就是要检查一下定位参数对不对，但是并不是做完四轮定位就可以解决跑偏的问题，通常情况下车辆跑偏的原因是综合的，比如轮胎偏磨也是主要的原因之一。

一般来说造成定位参数不准的原因是由于单边过沟坎、碰撞或者上路阶造成的。很多人在过减速带的时候习惯一个车轮压减速带，另一个车轮从边上绕过去，这么做感觉上颠簸小了点，但实际上是在破坏四轮定位，建议两边车轮同时压过去。

另外轮胎偏磨也是常有的事，由于路面的拱形形状有差异，长期在这样的路上行驶会造成轮胎不均匀磨损，严重了就会造成跑偏，因此要定期进行轮胎换位，这项工作其实自己就可以完成，在平坦路面即可，注意轮胎换位时要把千斤顶支在正确的位置，防止滑脱。

Q125 有个朋友想对自己的车辆进行改装，他不想改装车辆动力却想让车的性能提高，应该怎么做?

A 在我看来，如果想提升性能又不愿意增加动力，对车辆进行轻量化处理是一个非常好的解决方案。通过轻量化改装的车辆能在提升动力性能的基础上，在降低油耗、提升车辆操控性等方面有所改进。

对于轻量化，要做的是：第一，换装铝合金轮毂，轻量化的轮毂可以减轻悬挂的负担，还可以减小

轮胎的转动惯量；第二，换装质量更轻的制动盘；第三，更换质量更轻的铝合金材质发动机飞轮，不仅能减轻质量，还可以减轻飞轮带给曲轴的负担；第四，更换赛车座椅、转向盘；第五，如果您的手头很富裕，那么将发动机罩、行李舱罩等车体部分改装为碳纤维材质，都能很大幅度的减轻车辆的质量。

Q126 对讲机在外出旅游时非常有用，可以使旅游变得更加轻松、惬意，我也想购买一台对讲机，请问应该如何选择呢?

A 由于我国对于业余无线电有明确的规定，公众对讲机发射功率不得高于0.5 W，如果想使用更大输出功率的对讲机则需要考级，下面我来说一下选购公众对讲机时需要注意的要点。第一点，电池。常用的对讲机电源有：锂充电电池、镍氢充电电池、AA碱电池。使用锂电池和镍氢电池的对讲机功率通常比较大，但是备用电池则是个问题，而采用碱性电池的对讲机则恰恰相反。第二点，频点。建议购买带有设置频率功能的对讲机，最好能有扫频功能。第三点，功率。理论上，0.5 W的对讲机直线通话距离为3.2 km左右，但是障碍物会对通信距离造成影响。功率越大耗电量越大，所以做到合理选购，不要盲目追求大功率。第四点，波段。建议选购覆盖VHF和UHF两个波段的对讲机，以便可以和更多人通信。第五点，坚固。对讲机作为一种手持的工具，难免会有磕磕碰碰，坚固的对讲机可以使它伴随您更长的时间。

Q127 前几天开车去工地，右前轮轮胎胎面被碎玻璃扎了一个3cm长、较深的口，但缝隙很窄没有漏气。当时我把大部分玻璃挑出来，里面还有一点没弄出来，开到轮胎店，补胎的师傅把缝隙里的玻璃挑出，并告诉我不需要补胎，也不会有什么影响。但是我总是不放心，对轮胎结构不了解，不知是不是没有问题?

补胎的师傅说的基本上是对的。因为轮胎中对强度起作用的是帘布层和钢丝，你的车轮胎损伤的

是胎冠部分，主要是用来与路面产生摩擦力，驱动车前行。这样的轮胎使用起来不会出什么安全问题，如果你不放心的话，就把这条胎当做备胎。如果你心里还是别扭，又有经济实力，换一条胎也不是不可以，但问题是新轮胎与其他轮胎附着力不一致，最好将前面两条轮胎同时更换。

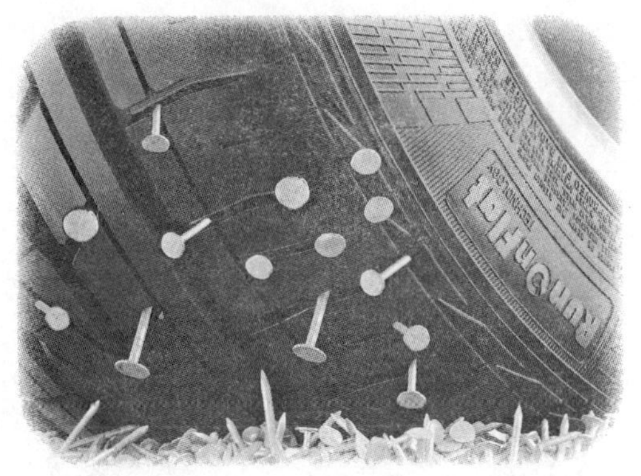

Q128 **我的车是现代御翔自动档，刚买不久，行驶了不到500km。听说没过磨合期不能跑长途，是这样吗？如果跑500km以内的长途可以吗？**

A 并不是磨合期不能跑长途，只要你控制好车速就行。一般来说，磨合期发动机转速不能超过3 000r/min，车速不能超过80km/h。你只要在跑长途的过程中按照磨合期的要求做就行了，另外注意千万不要超载。

Q129 **我是新手，起步的时候总是熄火，不知老手们有啥好办法啊？我开的是帝豪，有人说是发动机排量太小了，动力不足，带大车费劲，是这样吗？另外，总是起步熄火，对车子本身有什么影响？**

A 起步熄火是典型的加速踏板和离合器踏板配合不熟练。加速踏板和离合器踏板配合不熟一方面是由于对车不熟悉，另一方面是驾驶技术不过关。解决这个问题没有什么捷径，只能是多练习。练习的时候要着重一个“缓”字，就是要缓抬离合器踏板，当感觉到车身有抖动前行的趋势时，缓踩加速踏板，在缓踩加速踏板的过程中离合器踏板一直要缓慢抬，很快车就会平稳地慢慢前行了。

对于你说的发动机排量小，动力不足的情况，是不会存在的。只要加速踏板和离合器踏板配合好了，车子一样会平稳起步。频繁的起步熄火，不但会影响发动机的寿命，而且也会增加油耗，对离合器也是有很大损伤的，因此要高效率地练好起步时的加速踏板和离合器踏板配合，尽量减少对车辆的伤害。

Q130 **最近天气较冷，我每次停车都会把车门打开让冷空气进入车里防止起雾，但不知为什么我的车总是前风窗玻璃内侧结冰，很是烦人，早上结冰不说，晚上下班时也是一层冰，怎么防止这种情况发生？**

A 车窗结雾和结冰是在寒冷地区常见的现象，主要是车内人员呼出的水蒸气在车窗上凝结造成的。你肯定是光用暖风吹散了玻璃上的雾，而忽略了车内通风，使水蒸气无法散到车外。一旦停车，车内失去了热源，多余的水蒸气将变为冷凝水凝结在车内最冷的地方（前风窗玻璃面积最大，也是最冷的），当外边的空气进一步变冷就会结冰。

这个问题至今没有根治的办法，但是可以通过加大车内外空气交换来减小结冰的程度。只要把通风的形式改为外循环就可以了，如果外面的温度不是很低的话，可以考虑将车窗开一个小缝，加速车内湿气的排出速度，再结合你的做法，也就是停车后将车门多开一会儿，同时把暖风开到最大，最大程度地换气。

Q131 我的车在行驶时速为80~90km/h时，出现转向盘抖动现象，时速超过90km/h则恢复正常，这是怎么回事，怎样才能解决这个问题？

A 这种情况是由于轮胎动平衡问题造成的。通常情况下，如果轮胎动不平衡，在一定的行驶速度下，转向盘和车身就会出现比较明显的抖动现象。过了这一转速就会正常，因此你去做一下轮胎动平衡就行了，不一定非得去“4S”店，很多轮胎店都可以做。

Q132 我的科鲁兹在行驶过程中，驾驶室右侧总是有“咚咚”的响声（储物箱上方），不知怎么解决？还有驾驶座位在调整位置后会有响声，这又是为什么？

A 这种异响肯定不是发动机的问题，一般情况下是底盘和行驶系统存在故障。很可能的原因是轮胎鼓包，或者由于使用不当（如经常上路阶）导致的前悬架和转向拉杆变形，进而造成行驶异响。不过第二种可能性不大，因为如果那样的话行驶稳定性会很差，而且会出现转向盘抖动或跑偏的现象。

对于驾驶座位调整位置后有响声，这个问题不太好判断，因为不清楚具体什么时候发出响声，什么样的响声。如果是由于调整不到位导致的复位响声，就不需担心。其实判断起来很方便，就是调整完座椅位置后，坐在座椅上前后移动一下，如果发出一声响声之后就不再出现，说明没有调整到位。

Q133 **比亚迪 F3-R 在路口空挡等红灯时，怠速突然升至 3 000r/min，我还以为是误踩加速踏板了，或是加速踏板未弹起，赶快用脚勾起，但仍然不见怠速降下来，这才熄火，等了几秒后，重新点火起动，怠速正常，请问这是怎么回事？**

A 引起怠速转速过高的原因通常是由于发动机吸入过量的空气和燃油，已经超出了怠速工况需要的量，因而怠速转速升高。一般是由于控制空气流量信号的传感器失常，或者节气门体脏污造成的。

从你描述的情况来看，节气门脏的情况不太可能。如果由于节气门过脏导致节气门卡滞，即便是再起动转速还会高。

建议你去“4S”店检查一下控制空气量的传感器，如果是坏了，更换后就正常了。顺便检查一下节气门体的脏污情况。

Q134 **我的手动挡骊威是 2009 年 3 月买的，起步时当离合器踏板再抬起后感觉似有轴承响，踩下离合器踏板后异响消除。请问是否正常，如何解决？**

A 你说的这个问题肯定不是离合器分离轴承响，很有可能是变速器内的响声。道理很简单，当你踩下离合器踏板后，离合器分离轴承与离合器压盘弹簧紧贴着，与发动机飞轮一起转动，如果是分离轴承有问题，这时分离轴承依然会响。当抬起离合器踏板后，离合器接合，此时不论变速器处于何挡位，变速器输入轴都会与发动机飞轮同步转动，此时的异响很可能就是变速器的响声。对于这个问题需要拆检变速器进一步判断。

Q135 我的车是第八代雅阁2.4，冬天早上起动后热车时，在怠速下为什么车后有汽油味，而且排气管冒出大量白烟?

A 首先需要说明的是，冬天冷起动的时候有汽油味和排气管冒白烟是正常的。冬天冷起动的时候由于温度低，进气道和汽缸壁的温度都很低，汽油的挥发和雾化效果很差，为了获得理想的空燃比，也就是获得容易点燃的可燃混合气，在起动的时候要额外多喷油。发动机起动后，过多的汽油并不能完全燃烧，随着排气过程进入排气管，虽然经过三元催化转换器时大部分未燃烧的汽油会烧掉，但仍然有部分汽油排入大气，因此在车后会闻到汽油味。随着发动机温度升高，汽油的挥发和雾化会越来越好，发动机控制系统会将喷油量控制到正常水平，也就不会出现汽油味了。

至于排气管冒出大量白烟，是由于排出的废气中含有大量水蒸气遇冷凝结成雾气，这种现象不仅是起动时有，只要天气寒冷，发动机运转的时候一直会有这种现象。

Q136 我的别克凯越，行驶了11万km，车子只要发动后就会抖动。去了一家修理厂，检查后说是一个汽缸不工作了，还说火花塞断了一个，把16根气门都弄坏了，要换掉16根气门和里面一些其他小配件，共1 600元；还说要我把车子放在他们那里两天，他们要试车，再调校车辆，需要这样吗?

A 根据你说的情况，修理厂的说法是不对的，火花塞的问题绝对不会导致气门损坏。导致气门损坏的原因通常是配气机构出现了故障，正时乱了才会使气门顶弯。

由于你的车进厂前是可以起动的，修理厂说的一个汽缸不工作了造成抖动可能是正确的，但是火花

塞断是很罕见的。在16根气门损坏的情况下发动机根本不可能起动，最可能的原因是修理厂对发动机进行了拆检，然后在安装的时候正时装乱了，再次起动的时候造成气门顶弯，同时导致了火花塞折断。从修理厂所修的项目来看，相当于大修发动机了，而收费却很低，所以基本上可以断定是修理厂的人为失误造成了你的车辆损坏。对于这种情况，你可以对修理厂进行投诉，让专家鉴定，要把维修工单留好，作为凭证。最后提醒你要汲取教训，不要随意找修理厂修车，要去有相当维修资质的一二类修理厂，或者去“4S”店维修。

Q137 高尔夫1.6自动，早上第一次发动，很困难，要发动好几次才能发动起来，这是什么原因呢？

A 你说的这个问题是典型的冷起动困难。通常造成这种故障的原因有节气门体脏、蓄电池电量不足、火花塞跳火弱、冷起动加浓失效等。具体的原因需要经过检测之后才能确定。

Q138 新宝来行驶里程为3 000多千米，当车速超过70km/h时，左侧B柱上部就会传来“嘶嘶”的声音，70km/h以下时基本听不到，所有包装膜都已经撕掉，究竟是什么原因？

A 从你描述的情况来看，应该是高速行驶时空气在车身接缝处形成湍流发出的声音，原理跟我们平常所见的哨声是一样的，这种情况不会影响正常行车。根据你的描述，发生部位在左侧B柱上部，很可能是左侧前后门之间的缝隙不正常，你可以让修理厂的钣金工调整一下车门的角度，再试车检验。

Q139 **我是 2009 年 10 月 27 日从外地购的海福星，车开着还可以，就是风扇胶带和轮处早晨起动的时候声音特别大。首保的时候我向维修人员讲了，给紧了一下胶带，当时好了，回来后还是响，行驶一会儿就不响了，但拐弯的时候有时候还响，不知是什么原因？**

A 根据你说的这种情况，基本上可以判定是胶带响。有 3 种可能：①胶带磨损了；②胶带松旷；③胶带轮位置偏差或松旷。建议你还是要去一趟“4S”店，让维修人员检查一下胶带的张紧度和胶带轮，如果不合适就按照标准调整并紧固。根据你购车的年限，你的车行驶里程应该不会出现胶带轮磨损的情况。

Q140 **我的后面两个车门冻死打不开了，此前都很好用，昨天洗车后就出现了这个问题。并且车内温度已经很高依然没有溶化，不知道如何处理？**

A 在寒冷的北方，冬季洗车是件很麻烦的事，一不小心就会被冻住车门。为了防止这种情况的发生，很多洗车房都用温水洗车，或者保持室内温度高于冰点，洗完车后必须把水吹干擦干，特别是车门、钥匙孔等需要经常开关或转动的部位。

你说的这种情况肯定是车门密封处的水没有擦干，以前没有出现过这种情况有两种可能：一是洗车后车门密封处的水擦干了；二是车身温度不足以让水结冰。车门冻上了不用着急，如果有地库，把车停在地库一晚就可以了。如果没有地库，用暖风机反复吹车门与车身接缝处，注意不要长时间吹一个地方，免得热风损伤车漆。另外需要注意的是千万不可野蛮操作，生拉硬拽很可能造成门把手或者车门密封胶条损坏。

Q141 年检合格是否等于车辆很安全，暂时不需要维护了？

A 这种观点是完全错误的，车辆维护和年检是风马牛不相及的两件事。何时维护是根据维护计划和车况来制定的，到了维护里程就需要维护。而车辆年检是交通安全部门为了确保车辆安全环保而采取的强制性检验，只有年检合格的车辆才有资格上路行驶。

Q142 汽车玻璃贴膜好，还是不贴膜好？

A 贴膜好与不好这个问题其实无须回答，你只要看看路上行驶的车辆就知道了。绝大多数汽车都会贴膜，因此可以明确地说贴膜利大于弊。贴膜的主要好处在于遮光隔热，阻挡或反射紫外线。但是贴膜之后也会造成视线变差，除了前风窗膜之外，其他车窗的车膜都是有颜色的，会遮挡视线。评价车膜好坏的标准通常有两个，隔热率和透光率。

Q143 我的车使用6年了，该怎么样维护？该不该做什么大更换、大检查、大维护？

A 不论是新车还是旧车，维护都是要按照维护周期来进行的。汽车厂商针对每款车辆都有相应的参考维护计划，按照一定的维护里程间隔（里程或时间）进行维护。对于常规的基本维护项目，比如更换机油“三滤”等，新车和旧车没有什么区别。对于行驶多年的旧车来说，维护的时候要更加仔细，要适当缩短清洗的周期，比如节气门体、进气道等。另外对冷却液、转向助力油、变速器油、制动液等全车油液也要加强检查。随着车辆使用年限的增加，很多平时维护时不注意的项目也要着重检查，比如减振器、制动盘、蓄电池等。

至于该不该做大更换、大检查和大维护，这个说法不够科学，该维护什么，该换什么，要根据车况来确定，平时驾驶的时候要注意车辆状况的变化，一旦发现异常要及时检查，有必要更换则最好及时更换。

Q144 我对改装车辆很有兴趣，平时看到公路上那些车身矮矮的改装车就会感到很兴奋，所以也想给自己的车子降降“身高”。听朋友说，可以通过更换悬架上行程更短的弹簧来实现，而且花费非常小，不知道是否可行？

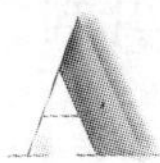

我们不推荐这种做法，为悬架更换行程短的弹簧确实可以起到降低车身高度的效果，但是在操控

等方面却可能出现问题。因为，弹簧的压缩行程变短了，其弹性模量必然要提高（即弹簧变硬了），但是由于我们仅仅更换了弹簧，减振器还是原来的性能，其减振器的阻尼必然与新更换的弹簧不匹配，这样会使车辆的操控性大不如前。我们的建议是更换整套减振器设备，包括减振器和弹簧，这样不仅可以达到降低车身高度提高视觉冲击力的目的，还可以切实提高车辆操控性能。

Q145 过年的时候小区里的邻居放鞭炮，鞭炮崩得我车上全是土之类的东西，又赶上那两天下雪，我的车显得非常脏，看得我很心疼，在车漆的维护中我都应该注意哪些问题？

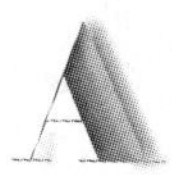

在车漆的维护中我们需要注意以下 5 个方面：

（1）及时清除车体上的灰尘，尽量减少车身静电对灰尘的吸附。

（2）雨雪天气后及时洗车。雨后车身上的雨渍会逐渐缩小，雨水中酸性物质的浓度会逐渐增高，如果不尽快清洗，时间久了就会损害面漆。

（3）洗车应等发动机冷却后进行，不要在烈日或高温下清洗车辆，以免清洁剂被烘干而留下痕迹。洗车时尽量使用专用的清洗剂，避免使用碱性或脱蜡洗涤剂。

（4）擦洗车辆时，要使用干净、柔软潮湿的抹布或海绵，切勿使用干抹布、海绵擦车，以免留下划痕。擦拭时，须顺着水流的方向自上而下轻轻擦拭，不得画圈和横向擦拭。

（5）如遇到沥青、鸟粪、虫尸等腐蚀性极强的东西，应使用专用清洁剂及时清理，不可使用刀片刮、汽油擦等方法，避免损伤漆面。

Q146 我的车是一款挺老的车，音响系统只支持播放 CD，不能播放 MP3 光盘，也没有 AUX 音频接口，我想听 MP3 的话，应该怎么做?

A 可以购买一种车载 MP3 来解决您所说的问题。现在车载 MP3 有多种形式，有的采用点烟器供电，有的采用电池供电，各有利弊。采用点烟器供电的可以节省电池方面的开支，但是点烟器缺少稳压功能，所以有可能对车载 MP3 以及点烟器本身造成损害，电池供电的车载 MP3 则恰恰相反。车载 MP3 的输出是通过发射无线电信号，再使用车辆的 FM 收音功能，最后从音响中发出声音。该发射装置有内置和外接两种，内置的可以做到使用方便，而外接的则可以用到各种不用的设备上，如 PDA、PSP、MD 等设备上。现在车载 MP3 多采用点烟器供电、内置发射装置的组合。

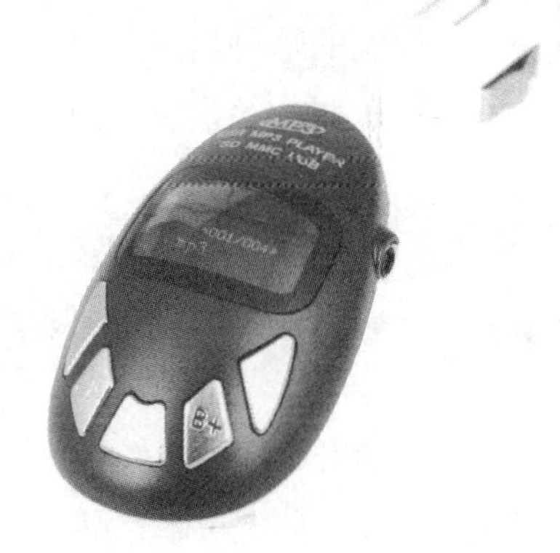

Q147 前轮右转时打死方向，轮毂撞到石阶，边上擦掉手指甲长的铝合金，过程中，车子振动了一下，不知道哪里的报警，也响了一下，现在担心这样的撞击对前轮的车轴和方向机会不会有伤害?

A 这样的撞击一般对车轴和方向机不会造成多大的伤害，但是很可能破坏四轮定位，因此你最好做一下四轮定位。如果不做四轮定位，那么撞击产生的前轮前束和车轮倾角变化会导致轮胎偏磨，而且会造成行驶当中车身和转向盘异常抖动。

至于轮毂上擦掉的铝合金是很难修复的，如果你觉得不美观，那就只能更换了。

Q148 **我的大众 POLO 自动挡，行驶了 10 万 km，开低速较多，最近发现机油加注口有机油和气体喷出，去修理厂检修，修理工说是烧机油和 EGR 阀堵了，但排气管没有冒蓝烟，动力感觉没变化，这到底是怎么回事，该怎么办?**

A 你说的这种情况应该不是烧机油和废气再循环 EGR 阀堵塞，机油加注口有机油和气体喷出说明发动机曲轴箱内压力过高。因此，很有可能是曲轴箱强制通风 PVC 阀堵了。

Q149 **我的天籁开空调制冷时，有一股异味，空调滤芯已经换了，开空调制热都没有问题，就是偏偏制冷的时候就会有异味，而且味道还比较重，怎么去除?**

A 既然开暖风的时候没有异味，则说明异味不是来自空调风道，最有可能的故障部位是空调蒸发器。空调蒸发器上黑暗、潮湿、温暖的环境给霉菌生长提供了绝佳的条件，几乎所有汽车空调都无法避免蒸发器上霉菌的生长。如果长时间不清洗，肯定会产生异味，因此使用 1 ~ 2 年后就应该清洁汽车空调蒸发器。

建议你先清洗一下空调蒸发器，如果还解决不了问题，那就要彻底拆检空调系统，看看系统内有无异物进入，长时间后腐烂发臭。

Q150 我的马自达3手动豪华型换倒挡或1挡时会很卡，离合器也踩到底了，有时候需要踩两次离合器才顺利入挡，能否帮助分析一下是什么原因？

A 这个问题可能的原因有很多，可能是由于操作不当造成的；也可能是由于离合器和变速器的故障造成。从你说的情况来看，人为操作不当的原因可以排除，很可能是离合器切不开或者变速器内部同步器工作不良造成的。

Q151 刚买的黑色奥迪A6L，要不要打蜡？另外，听人说黑色汽车的车漆都很薄，是不是真的啊？

A 新车不要随便打蜡。因为新车本身的漆层上已有一层保护蜡，过早打蜡反而会把新车表面的原装蜡除掉，造成不必要的浪费，一般新车购回5个月内都不必急于打蜡。

另外黑色车漆薄的说法不可信，并不是车漆越厚越好。要看车漆的光亮度、漆面致密程度、耐磨性和防褪色性能。

Q152 标致307开起来有汽油味，停下来就没有，好像不是油箱漏油，请问是什么原因？

A 车内有汽油味很可能是由于炭罐活性炭饱和或失效造成的，你不妨打开发动机罩检查一下。另外为了安全起见，还要查看一下燃油管路，看看有没有渗漏的地方。检查的时候最好让另外一个人在原地踩加速踏板，这样故障再现的概率会增大。

Q153 汽车经常在砂石路上行驶会对轮胎有什么影响?

A 砂石路面的附着力要小于柏油路，因此在砂石路上行车会更加费油。砂石路对于轮胎的磨损会比柏油路严重，一方面砂石路上的石子容易进入轮胎胎纹中，另一方面轮胎碾轧在石子上面时，石子会移动，加剧轮胎磨损。

Q154 我买了一辆车，“4S”店的销售顾问承诺给我送全车贴膜，但是我当时忘记和他谈好送什么牌子的车膜了，请问送的是原厂车膜吗?这种膜很差吗?

A 首先可以肯定的是，没有原厂膜的说法。汽车生产厂不生产车膜，而“4S”店送贴膜完全是促销行为。一般来说车膜是“4S”店从与其合作的汽车用品商处购得，或通过其他合作形式，由用品商免费提供。一般来说，这种膜的品质都不会很好，作为一种噱头吸引消费者。假如你要求“4S”店把送你的车膜折合成现金给你从车价中优惠出来，估计经销商是不会答应的，可见这种车膜在“4S”店眼中的价值不高。

遇到这种情况，你可以与“4S”店商量，能不能不要赠送的车膜，而选择多送几次免费维护。

Q155 2009年买了辆迈腾1.8T，加装了可视倒车雷达和氙气灯后毛病不断。先是可视倒车雷达装在车尾的摄像头里面进水了，雾蒙蒙的，看不清楚；接着是改装的氙气灯在行驶过程中，开一段时间右边的灯就会闪，然后熄灭，但是关一段时间之后再打开又恢复了。每次开去“4S”店修理，碰巧那时又没有以上毛病，开走了又出现毛病了，真是郁闷！

A 你说的这些问题是不属于“4S”店保修的，你应该找给你改装的店去解决。摄像头进水应该是产品质量问题，换一个防水的摄像头就行了。而氙气前照灯的问题就相对复杂些。

改装氙气前照灯不像更换个灯泡那么简单，通常汽车氙气灯电压为12 V，功率为35 W和55 W，绝大部分车用35 W，少数55 W的灯大多数安装在远光灯上。氙气灯启动瞬间需要3.5万V的高压，需要在线路中加装升压器和稳压器，有的车还需要把控制单元中前照灯控制程序重新设定。如果选装的电气设备不合适，或者调整不好都会出现问题。因此前照灯改装需要在专业维修店进行。估计你去的这家店不够专业，仅仅做到了形似，技术并不过关。

Q156 我的车高速过坑后转向盘有些抖，当时应该对右侧两个轮冲击都比较大，四轮定位可以解决吗？轮毂不会有问题吧？

A 首先可以肯定的是，你的车四轮定位参数肯定是被破坏了。如果是简单的参数变化，通过四轮定位仪或许可以解决问题，但是如果由于冲击导致悬架摆臂变形，或者是其他拉杆变形的话，四轮定位就解决不了问题了，要先检查悬架拉杆等的变形情况，如果有变形，需要校正或更换，之后再进行四轮定位。通常来讲，一般颠簸对轮毂是不会产生形变的，这点请放心。

Q157 **我的车最近时常出现起动不了的现象。拖到修理厂后被告知蓄电池不行，要换。我也不懂，就让他们换了一个新的，不过接下来还是出现了老问题**（汽车起动不了），**钥匙插进去一点反应都没有。然后叫修车的过来给蓄电池充了一下电，继续开到晚上，晚上锁车之前我是仔细检查过灯，都没开着，过两天再去开就又起动不了，这是怎么回事？**

A 按你描述的情况来看，很有可能是发电机的问题。如果发电机不能正常发电，也就不会给蓄电池充电。正常使用的汽车，蓄电池是需要发电机不断充电才能正常使用，即便是你换上了新的蓄电池，电量充足，但是由于在使用过程中无法充电，所以蓄电池的电量一点点被耗没了，当然就不能起动了。

另外一个可能的原因是你的车可能存在虚接短路的地方，或者有用电器没关的现象。

还有一个容易让人忽视的原因是新蓄电池有质量问题，现在的汽车配件种类繁多，有很多蓄电池是假冒的，或者翻修再生的，质量不过关。

Q158 **悦动是不是每隔一定的公里数都维护一次，有些是维护项目一定要在“4S”店做，否则不予保修，有些维护项目可以不在“4S”店做，省一点钱，免得挨宰，哪些维护项目可以不去“4S”店，而且还不会违反厂家保修政策？**

A 所有的汽车都要定期维护，悦动当然不能例外。对于常规维护，所有厂家都会规定维护间隔里程/时间，悦动执行的是每 5 000 km/3 个月（以先到者为准），随车的使用维护手册上都有具体的维护间隔规定，按照厂家建议的方法维护车比较稳妥，但是价格不菲。

其实并不用所有的维护项目都去“4S”店做，如果你找到价格公道，而且可以保证质量的修理厂，有些项目可以换地方做，即便是在质保期内也可以换。常见的项目有清洗、轮胎换位等。这里面要把握一个原则，那就是最好别换件，比较可行的是清洗项目，比如清洗进气道等。

Q159 我听很多人说比亚迪 F6 的车身漆太薄了，是否可以到修理店再重新喷漆?

A 首先对于你所说的比亚迪 F6 车漆薄的说法不太准确，车漆一方面是为了美观，更重要的是用于防腐蚀。并不是车漆越厚越好，只要能起到防腐作用就行。通常厂家在生产汽车的时候，涂装都是按照规定的流程进行，车漆有很多层，包括底漆和漆面等。车漆的薄厚与车漆种类有关，通常金属漆会相对厚一些，具体的厚度以坚固耐用、保证防腐效果、够用为原则。既然是推向市场的成熟产品，你没有必要再次喷漆。

至于是否可以重新喷漆的问题，当然可以喷，只要你愿意为此支付费用。

Q160 刚买半年的凯美瑞，晚上刚贴完膜，回家，熄火后还特地检查过车（确认车门关好，前照灯已关），第二天早上居然前照灯微弱的亮着，蓄电池完全没电，不知道跟贴膜有没有关系？

A 你说的这种情况与贴膜关系不大，因为车膜与电路没有关联。既然你第二天发现前照灯微弱亮着，说明照明电路是接通的，进而导致蓄电池的电量被消耗殆尽。

对于这个问题，首先你需要再次确认是否真的完全将车灯关闭。如果确实关闭了，那么就要检查照明电路有无故障点。另外，也不排除前照灯开关内部短路的问题。还有一种不常见的情况就是贴膜时操作不规范，导致清洗车窗的水渗入电路，造成漏电。

Q161 我的POLO保险过期了，如何续保？另外，前保险杠上还有一块剐蹭的痕迹，会不会影响续保？

A 对于已经过了保险期限的车辆，在续保的时候要出具车主的身份证复印件、驾驶证和行驶证的复印件。另外，还必须上传车辆外观照片，包括左前、左后、右前和右后照片，照片上要有拍摄日期。只有通过保险公司的审核之后，你才能顺利续保。

如果你的车身上有划痕或者其他明显的缺陷，肯定会影响续保，遇到这种情况，你必须先把车修好，然后再拍照片。修车的费用当然由你个人承担了，所以建议所有车主尽量在有效

保险期限内续保，这样就省去了审核的程序，直接交费拿保单就行了。

Q162 我感觉我的轩逸转向助力油和变速器油应该换了，想请教的问题是：转向助力油和变速器油是一样的吗？可以通用吗？

A 转向助力油和变速器油是两种完全不同的润滑油，主要是润滑的环境不一样，因此对润滑油的性能要求也不同。转向助力油的黏度要高于变速器油，两种油不能互换。两种油的颜色上也有区别，通常变速器油是桃红色，而转向助力油的颜色偏蓝，不能混用。

Q163 新版进口马自达3前些日子上市了，我很想购买。我在网络上搜索马自达的时候，看到马自达的跑车RX-8采用1.3L的转子发动机，转子发动机有什么优点吗？

A 马自达RX-8跑车搭载的是1.3L的RENESIS转子发动机，转子发动机最为明显的优点是以较小的排量在高转速时输出大功率，但是其在低转速时的转矩表现却不尽如人意。与相同功率的往复式活塞发动机相比，转子发动机具有质量轻、体积小的优点，这对减轻车身质量做出了不小贡献。由于转子发动机 1 个汽缸同时有 3 个工作腔处于工作状态，所以转矩输出较往复式活塞发动机更加均匀。对于往复式活塞发动机，活塞运动本身就是一个振动源，而转子发动机平稳的回转运动产生的振动相当小，因此能够更平稳和更安静地运动。

Q164 前些日子我开车跑了趟长途，在一些稍微偏远的地方加不到 97 号的汽油，只好加了 93 号的汽油，回到北京后我换回了 97 号汽油，可是总觉得车子没劲儿，不知道是我的心理作用还是车出了什么问题？

A 对于这个问题您大可放心，只要您不是汽油车错加了柴油，基本上是不会有大问题的。对不合格的脏油您需要做的就是尽量用尽这一箱 93 号汽油，然后在您通常加油的加油站加入 97 号汽油，反复几次之后就不会出现任何问题。如果您还觉得车子有不正常的地方或者确定加入的是混有很多杂质的“脏油”，您可以到“4S”店将油箱中的 93 号汽油放干净，并清洗油箱和燃油供给系统。

Q165 我跟一个朋友差不多同时买的车，我刚刚更换了轮胎，可是朋友的轮胎却还能正常使用，而且两辆车行驶的里程数也差不多，这是为什么？怎么让我的轮胎跑得远一点儿？

A 轮胎的使用周期与车况、驾驶方式和道路情况息息相关，如果要提高驾驶安全性、减少轮胎的非正常磨损，需要注意以下 5 个方面：

（1）缓慢起步，以免因为牵引力过大造成轮胎与地面的滑动摩擦，也就是我们通常说的“烧胎”；

（2）车辆转弯时应根据弯道路况及角度控制车速，以免对外侧轮胎施加过大压力；

（3）控制车速，避免出现紧急制动，给轮胎过大摩擦力；

（4）在道路状况较差的路面行车时，一定要慢速并选择相对较好的路面，减

轻轮胎与路面的碰撞；

（5）在靠边停车时要小心驾驶，远离路阶，以免伤及胎壁。

Q166 "全尺寸 SUV"是怎么界定?

A 全尺寸 SUV 是指那种车长超过 5m、车宽超过 2m、车高在 2m 左右，拥有第 3 排座椅的 SUV 车型，大排量、大块头、大空间是他们的特征。全尺寸 SUV 第三排座椅的头部和腿部空间都可以与前两排座椅媲美，发动机的调校和设计多偏向于低转速时的转矩表现，而功率的峰值表现则不是它的特点。现在比较典型的全尺寸 SUV 有奔驰 GL、英菲尼迪 QX56、林肯领航员和凯迪拉克凯雷德等。

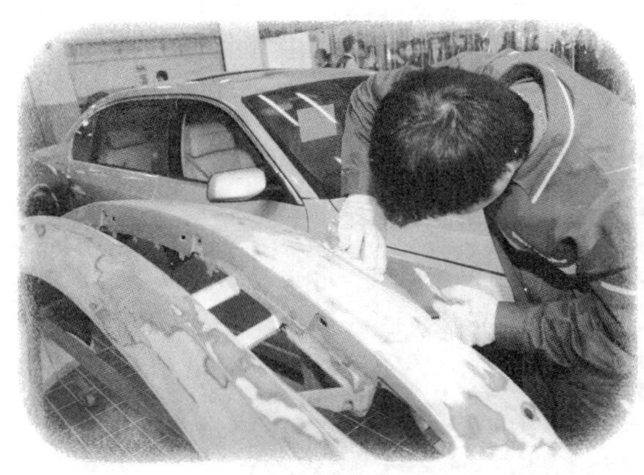

Q167 车辆出险后能要求去指定的"4S"店维修吗？维修完以后会不会自己还要出钱？

A 车辆出险后你去哪儿修都可以，但前提是你得先问修理厂能不能在保险公司定损的价格下修好车，如果超出了保险公司定损的价格，你就得自己掏钱了。否则你就别在那修，找一家便宜点的修理厂，很多一类修理厂都可以选择，技术上没什么问题，关键是问清楚配件是不是正品或原厂的。

Q168 车辆起步时先抬离合器踏板再踩下加速踏板，这正确吗？是不是容易熄火？

A 对于手动挡车型，平稳起步是要靠娴熟的加速踏板和离合器踏板的配合来保证的。先抬离合踏板再踩加速踏板是不对的，这么做通常会熄火。正确的做法是，在缓慢抬离合器踏板的同时，缓慢踩下加速踏板，抬离合器踏板的速度可以稍快于踩加速踏板，等车身出现振动有运动趋势时，先加快加速踏板踩下的速度，然后再加快离合器踏板的抬起速度，直至车辆顺利起步。

Q169 我的轩逸行驶了不到 4 万 km，一直在“4S”店维护，前几天天气热，开了空调后等了 10 多分钟都不凉，不知道是什么原因？

A 一般引起空调不制冷的常见原因有：①制冷剂不足；②膨胀阀堵塞或蒸发器堵塞；③冷凝器片堵塞或系统温度过高，制冷效果差；④空调系统管路泄漏；⑤空调压缩机压力不足；⑥空调熔断丝烧断，线路破损、短路或者接插件不良。

对于行驶里程不到 4 万 km 的车，如果正常维护，前 5 个原因应该可能性不大，所以首先应该检查电路原因，如果电路没问题，空调压缩机正常工作，那就要检查其他方面的原因了。比如清洁冷凝器片表面，保证散热效果；检测系统压力，确认制冷剂加注量及管路是否畅通等。

Q170 打算买一辆宝马 6，“4S”店告知必须在店里投保，且车损险必须要保，不然保单出不来，“4S”店的做法合理合法吗？

A 一般情况下，在哪投保是车主自主决定的事情，除非你的车是贷款购车，有些经销商和金融机构会有附加条件。

对于全款购车的车主，如果“4S”店要求你必须在店里投保，你完全可以不理会，因为那是无理要求。另外，对于选择什么样的险种，除了交强险必须选择外，其他商业险均可以自主选择。以平安保险为例，商业险有基本险和附加险，基本险包括商业第三者责任保险、车辆损失险、全车盗抢险、车上人员责任险共 4 个独立的险种，投保人可以选择投保其中部分险种，也可以选择投保全部险种。附加险不能单独投保，要与相应的基本险连带的，比如玻璃单独破碎险、车身划痕损失险、自燃损失险等附加险是已投保车辆损失险的车辆方可投保的。所以“4S”店说的车损险必须投保是不对的，但如果要选择车身划痕险这样的附加险，你就必须上车损险。

在“4S”店投保的好处是方便，因为绝大多数“4S”店通过与保险公司合作或整车厂家推出了品牌保险，具有投保、定损、维修和理赔“一条龙”服务，车主只需将事故车交给“4S”店，然后约定时间取车就行了，坏处是价格比电话车险要高一些。

Q171 我的雅阁是2010款的，原配轮胎型号是215/60 R16，我想升级轮胎和轮辋，主要是想胎面加宽，轮辋加大，该如何选择？轮毂的尺寸最大能升级到多大？另外升级后会对油耗有什么影响？

A 轮胎升级通常是指在原配胎基础上，安装较低扁平比轮胎和较大直径轮辋。如果仅仅是升级轮胎和轮毂，那么通常把握的原则是保持轮胎整体直径大致相同，轮胎的宽度不超出车身，不会造成轮胎与车体其他部位相互干涉。另外，还要注意轮胎的速度级别和载重指数，不能低于原配胎。

215/60 R16的轮胎升级有多种选择，可供参考的升级轮胎型号为235/50 R17、235/45 R18、245/45 R17、255/45 R17、255/40 R18、265/40 R18，轮辋尺寸最大可升级到18in（1in=0.0254m）。胎面的宽度要根据轮胎安装位置的宽度和车身宽度而定。

轮胎和轮辋升级后由于胎面加宽，因此滚动阻力加大，会比升级前费油，但是会加强驾驶稳定性、提高操控性和增强制动性能。另外，由于轮胎直径多少会有些变化，因此速度指示和里程指示会有些变化，最好利用GPS测一下升级前后实际车速和车速表显示车速的差异。

Q172 我的赛拉图行驶了18万km了，最近发现冷却液温度容易高，前几天跑了十几千米就开锅了，冷却液从冷却液罐冒了出来，请问是不是汽缸垫坏了？

A 你说的这种情况并不能说明是缸垫坏了。缸垫坏了的确可以导致发动机冷却液温度高，但是缸垫坏了会有部分冷却液进入润滑系统，因此机油里会有冷却液存在。所以你可以先检查一下机油里是否含有冷却液，如果没有，就要详细分析其他导致冷却液温度高的原因了。

通常导致冷却液温度高的原因有：①散热器或缸体水道堵塞；②电子扇不转；③节温器损坏；④散热器外部被杨絮或柳絮等杂物附着。由外向内检查这些问题存在的可能性，很快就会找到症结所在。

Q173 我的朗逸原厂刮水器使用时总是有抖动的情况发生，而且在高速上时速在 100~120 km 时，刮水器和玻璃就贴得不是那么紧了，刮起来抖动非常大，这个问题怎么解决?

A 刮水器刮水时抖动很可能是刮水臂变形导致的振动。刮水臂发生变形后，导致刮水片不能与风窗玻璃均匀紧密贴合，刮水的时候由于刮水片压紧力不均匀而导致所受阻力不同，进而产生振动。而当高速行驶的时候，由于迎面风的作用加强，对刮水片有向上抬起的作用，因此与玻璃贴合不那么紧密。另外，随着刮水器的摆动，刮水片与迎面风的角度随时发生变化，作用在刮水片上的风力不断改变，因此，加剧了刮水片的振动。

对于这个问题解决起来并不是很难，对刮水臂进行微调，调整角度，并随时检验，直到不发生异常抖动为止。而对于跑高速时抖动加剧的情况，你可以选择带导流板的无骨刮水器，效果要好得多。

Q174 前些天参加了一个保时捷在金港汽车公园举行的活动，观看了亚洲卡雷拉杯的比赛，比赛中看到一辆赛车冲出了赛道，在沙地上打了几个滚，可是赛车手居然没事儿，从里面完整的走出来了！这是怎么做到的?

 赛车有力的加速和风驰电掣般的速度让您感到了激情，同时也对赛车运动安全产生了一种错觉，

就是赛车不安全，其实不然，经过专业改装的比赛用车，远比我们平时开的私家车要安全得多。在国际汽联的强制规定下，为了应对可能出现的碰撞、翻滚、失火等情况，所有参加正规比赛的赛车都必须配备国际汽联注册的防滚架、安全座椅、快速安全带、自动灭火器、快速电路开关等在意外发生后能减轻伤害的安全装备，而车手也必须穿着头盔、手套、赛车服、赛车鞋等有效防止发生意外。

Q175 我的荣威550前照灯下有一道划痕，已经露白了，用手能感觉到有刮伤，怎么办？打蜡可以吗？

A 你说的这种情况是属于比较深的划痕了，所谓“露白”就是已经伤到底漆了，所以打蜡肯定不行了。用一般的漆笔和自喷漆也不能够解决问题，而且还容易造成明显的色差。最妥当的办法就是要重新喷漆，需要将有划痕的部件整体进行重新喷漆。要先将整个漆面进行打磨，用腻子将划痕修复，之后再进行打磨，最后喷漆。一般正规的修理厂都能完成这个工作。

车 价 表

技术参数栏 L：发动机汽缸直列。V：发动机汽缸呈“V”形排列。W：发动机汽缸呈“W”形排列。L、V、W 后面的数字为汽缸数。M：手动挡。A：自动挡。M、A 后面的数字为前进挡挡位数。CVT：无级变速器。M/A：手自一体。

注：本表数据仅供参考，具体情况请与当地经销商联系。本信息截至 2010 年 6 月 20 日。

关于车价表的问题和指正意见请发送到 ads-carprice@163.com。

装备配置栏 A：ABS，制动防抱死系统。B：安全气囊 / 帘，包括车内各个朝向的气囊及气帘的数目。C：CD，为原车主机可容纳的光盘数目。如果写作“S”，则表示有该配备但官方数据未提供具体数据，或拥有 DVD 设备。D：倒车雷达。E：ESP，电子稳定程序。G：GPS。H：电动后视镜。K：遥控钥匙。T：电动天窗。S：具有该配置。–：没有该配置或官方数据未提供。

款型	厂家指导价（万元）	发动机（mL/类型）	变速器形式	最大功率（kW）	最大转矩（N·m）	最高车速（km/h）	整备质量（kg）	90km/h 百公里油耗（L）	油箱容积（L）	排放标准	轮胎规格	装备									备注
												A	B	C	D	E	G	H	K	T	
	北京奔驰-戴姆勒·克莱斯勒																				
	E 级 车身尺寸 (mm)：4 525 × 1 775 × 1 490（▲为 5 012 × 1 855 × 1 464） 轴距 (mm)：2 650（▲为 3 012） 整车保修期限（km/month）：不限公里数 /24																				
E200K 优雅型	49.8	1 796/L4	A5	135	250	227	1 660	8.5	65	欧Ⅲ	225/55R16	S	S	6	S	S	–	S	–	S	
E230 时尚型	54.8	2 496/V6	A7	150	245	241	1 730	9.4	80	欧Ⅲ	225/55R16	S	S	6	S	S	–	S	–	S	
▲ E260L CGI 优雅型	51.5	1 796/L4	M/A	150	310	238	1 750	8.8	80	欧Ⅳ	255/45R17	S	S	6	S	S	–	S	S	S	
▲ E300 时尚型	67.5	2 996/V6	M/A	180	300	245	1 845	10.4	80	欧Ⅳ	255/45R17	S	S	6	S	S	–	S	S	S	
	克莱斯勒铂锐 车身尺寸 (mm)：4 842 × 1 808 × 1 498 轴距 (mm)：2 765 整车保修期限（km/month）：8 万 /36																				
2.0 舒适型	18.2	1 998/L4	M/A	115	190	202	1 525	5.9	64	欧Ⅳ	215/65R16	S	S	S	–	S	–	S	S	–	2008.03
2.0 豪华型	19.9	1 998/L4	M/A	115	190	202	1 525	5.9	64	欧Ⅳ	215/60R17	S	S	S	S	S	–	S	S	S	2008.03
2.4 豪华型	21.5	2 360/L4	M/A	127	217	202	1 538	6.1	64	欧Ⅳ	215/60R17	S	S	S	S	S	–	S	S	S	2008.03
2.7 豪华型	22.7	2 736/V6	M/A	142	258	206	1 584	6.6	64	欧Ⅳ	215/55R18	S	S	S	S	S	–	S	S	S	2008.03
	北京现代																				
	SONATA 领翔 车身尺寸 (mm)：4 815 × 1 832 × 1 475 轴距 (mm)：2 730 整车保修期限（km/month）：6 万 /24																				
2.0 手动舒适型	15.58	2 000/L4	M5	121	197	204	—	8	70	国Ⅳ	215/65R15	S	3	1	–	–	–	S	–	–	2008.12
2.0 自动豪华型	16.98	2 000/L4	M/A	121	197	190	—	8.2	70	国Ⅳ	215/65R15	S	4	1	S	–	–	S	–	S	2008.12
2.0 自动尊贵型	17.48	2 000/L4	M/A	121	197	190	—	8.2	70	国Ⅳ	215/60R16	S	4	6	S	S	–	S	S	S	2008.12
2.4 自动豪华型	18.38	2 400/L4	M/A	128	227	206	—	8.5	70	国Ⅳ	215/60R16	S	4	1	S	–	–	S	–	S	2008.12
2.4 自动尊贵型	19.88	2 400/L4	M/A	128	227	206	—	8.5	70	国Ⅳ	215/60R16	S	4	6	S	–	–	S	S	S	2008.12
2.4 顶配型	22.88	2 400/L4	M/A	128	227	206	—	8.5	70	国Ⅳ	215/60R16	S	6	S	S	S	–	S	S	S	2008.12
	名驭 车身尺寸 (mm)：4 770 × 1 820 × 1 420 轴距 (mm)：2 700 整车保修期限（km/month）：6 万 /24																				
手动舒适型	11.68	1 975/L4	M5	101	180	192	—	6.2	—	国Ⅳ	205/60R16	S	2	S	S	–	–	S	–	–	
手动豪华型	12.18	1 975/L4	M5	101	180	192	—	6.2	—	国Ⅳ	205/60R16	S	2	S	S	–	–	S	–	S	
自动舒适型	12.78	1 975/L4	A4	101	180	185	—	6.5	—	国Ⅳ	205/60R16	S	2	S	S	–	–	S	–	–	
导航版	13.98	1 975/L4	A4	101	180	185	—	6.5	—	国Ⅳ	205/60R16	S	2	S	S	–	–	S	–	S	
	索纳塔 车身尺寸 (mm)：4 747 × 1 820 × 1 420 轴距 (mm)：2 700 整车保修期限（km/month）：6 万 /24																				
2.0 GL 手动标准型	12.38	1 975/L4	M5	101	180	188	1 444	7	65	欧Ⅱ	205/65R15	S	2	1	S	–	–	S	S	–	
2.0 GL 自动标准型	13.88	1 975/L4	A4	101	180	180	1 487	7.5	65	欧Ⅱ	205/65R15	S	2	1	S	–	–	S	S	–	
2.0 GLS 手动舒适型	14.18	1 975/L4	M5	101	180	188	1 444	7	65	欧Ⅱ	205/65R15	S	2	1	S	–	–	S	S	S	
2.0 GLS 自动豪华型	16.18	1 975/L4	A4	101	180	180	1 487	7.5	65	欧Ⅱ	205/60R16	S	2	8	S	–	–	S	S	S	

续上表

款型	厂家指导价（万元）	发动机（mL/类型）	变速器形式	最大功率（kW）	最大转矩（N·m）	最高车速（km/h）	整备质量（kg）	90km/h百公里油耗（L）	油箱容积（L）	排放标准	轮胎规格	装备 A	B	C	D	E	G	H	K	T	备注
ix35　车身尺寸 (mm)：4 420 × 1 820）[▲为 1 690（带行李架）] × 1 660　轴距 (mm)：2 640　整车保修期限（km/month）：6 万 /24																					
2.0 GL 2WD MT	16.98	1 99 8/L4	M5	120	194	185	—	7.1	55	国Ⅳ	215/70R16	S	2	1	–	–	–	S	–	–	
2.0 GLS 2WD AT	19.58	1 998/L4	M/A	120	194	182	—	6.8	55	国Ⅳ	215/70R16	S	4	1	S	S	–	S	S	S	
▲ 2.4 GLS 2WD AT	21.38	2 359/L4	M/A	128	226	182	—	7	55	国Ⅳ	225/60R17	S	4	6	S	S	–	S	S	S	
▲ 2.4 GLS 4WD AT	24.28	2 359/L4	M/A	128	226	180	—	7	55	国Ⅳ	225/60R17	S	6	S	S	S	–	S	S	S	
雅绅特　车身尺寸 (mm)：4 310 × 1 695 × 1 480　轴距 (mm)：2 500　整车保修期限（km/month）：6 万 /24																					
1.4 手动舒适型	7.18	1 399/L4	M5	70	125	170	1 130	5.9	45	国Ⅲ	175/70R14	S	1	1	–	–	–	–	–	–	
1.4 自动舒适型	8.38	1 399/L4	A4	70	125	156	1 160	5.8	45	国Ⅲ	185/65R14	S	1	1	–	–	–	–	S	–	
1.4 自动尊贵型	9.78	1 399/L4	A4	70	125	156	1 160	5.8	45	国Ⅲ	185/65R14	S	2	1	S	–	–	S	S	S	
1.6 自动豪华型	10.58	1 599/L4	A4	81	146	165	1 195	6.2	45	国Ⅲ	185/65R14	S	2	6	S	–	–	S	S	S	
伊兰特　车身尺寸 (mm)：4 525（两厢为 4 520）× 1 725 × 1 425　轴距 (mm)：2 610　整车保修期限（km/month）：6 万 /24																					
三厢 1.6 GL MT 舒适型	8.98	1 599/L4	M5	82	145	180	1 250	6.4	55	国Ⅲ	185/65R15	S	2	1	–	–	–	S	S	–	
三厢 1.8 GLS AT 豪华型	12.68	1 795/L4	A4	96	163	182	1 350	6.4	55	国Ⅲ	205/50R16	S	4	6	S	–	–	S	S	S	
两厢 1.6L GL MT 基本型	9.18	1 599/L4	M5	82	145	180	1 316	6	55	国Ⅲ	195/60R15	S	2	1	S	–	–	S	S	S	
两厢 1.6L GLS MT 豪华型	9.78	1 599/L4	M5	82	145	180	1 316	6	55	国Ⅲ	195/60R15	S	2	1	S	–	–	S	S	S	
悦动　车身尺寸 (mm)：4 542 × 1 775 × 1 490　轴距 (mm)：2 650　整车保修期限（km/month）：6 万 /24																					
1.6 MT GL 舒适型	9.98	1 599/L4	M5	82	145.1	185	1 236	6.7	52	国Ⅳ	185/65R15	S	2	1	–	–	–	S	S	–	
1.6 AT GL 舒适型	10.88	1 599/L4	A4	82	145.1	175	1 279	7.1	52	国Ⅳ	185/65R15	S	2	1	S	–	–	S	S	–	
1.6 MT GLS 豪华型	10.98	1 599/L4	M5	82	145.1	185	1 236	6.7	52	国Ⅳ	195/65R15	S	2	1	S	–	–	S	S	S	
1.8 AT GLS 豪华型	12.98	1 795/L4	A4	96	162	185	1 279	7.5	52	国Ⅳ	205/55R16	S	2	6	S	–	–	S	S	S	
比亚迪																					
S8　车身尺寸 (mm)：4 490 × 1 780 × 1 405　轴距 (mm)：2 520　整车保修期限（km/month）：6 万 /24																					
手动尊贵型	16.58	2 000/L4	M5	103	186	180	1 525	—	50	欧Ⅳ	205/55R16	S	2	S	S	–	–	S	S	–	
手动旗舰型	18.18	2 000/L4	M5	103	186	180	1 525	—	50	欧Ⅳ	205/55R16	S	4	S	S	–	–	S	S	–	
自动尊贵型	19.08	2 000/L4	CVT	103	186	180	1 550	—	50	欧Ⅳ	205/55R16	S	2	S	S	–	–	S	S	–	
自动旗舰型	20.68	2 000/L4	CVT	103	186	180	1 550	—	50	欧Ⅳ	205/55R16	S	4	S	S	–	–	S	S	–	
F0　车身尺寸 (mm)：3 460 × 1 618 × 1 465　轴距 (mm)：2 340　整车保修期限（km/month）：10 万 /36																					
1.0 实用型 GL-i	3.69	1 000/L4	M5	50	90	151	870	4.2	30	国Ⅳ	165/60R14	–	–	–	–	–	–	–	–	–	2008.11
1.0 舒适型 GL-i	3.99	1 000/L4	M5	50	90	151	870	4.2	30	国Ⅳ	165/60R14	–	–	S	–	–	–	–	S	–	2008.11
1.0 豪华型 GLX-i	4.39	1 000/L4	M5	50	90	151	870	4.2	30	国Ⅳ	165/60R14	S	–	S	–	–	–	–	S	–	2008.11
1.0 尊贵型	4.69	1 000/L4	M5	50	90	151	870	4.2	30	国Ⅳ	165/60R14	S	2	S	–	–	–	–	S	–	2008.11
F6　车身尺寸 (mm)：4 846 × 1 822 × 1 465　轴距 (mm)：2 740　整车保修期限（km/month）：10 万 /60																					
2.0L 标准型 G-i	7.98	2 000/L4	M5	103	186	185	1 435	—	65	国Ⅳ	205/65R15	–	–	1	–	–	–	–	–	–	
2.0L 舒适型 GL-i	8.98	2 000/L4	M5	103	186	185	1 435	—	65	国Ⅳ	205/65R15	S	2	1	–	–	–	–	–	–	
2.4L 尊贵型 GS-i	11.98	2 400/L4	A4	118	215	200	1 480	—	65	国Ⅳ	205/65R15	S	2	1	S	–	–	–	–	S	

续上表

款型	厂家指导价（万元）	发动机（mL/类型）	变速器形式	最大功率（kW）	最大转矩（N·m）	最高车速（km/h）	整备质量（kg）	90km/h百公里油耗（L）	油箱容积（L）	排放标准	轮胎规格	装备									备注
												A	B	C	D	E	G	H	K	T	
2.4L 旗舰型 GS–i	14.98	2 400/L4	A4	118	215	200	1 480	—	65	国Ⅳ	205/60R16	S	4	S	S	–	–	–	–	S	
	F3 智能白金版 车身尺寸 (mm)：4 533 × 1 705 × 1 490 轴距 (mm)：2 600 整车保修期限（km/month）：6 万 /24																				
实用型 G–i	5.98	1 500/L4	M5	78	134	180	1 200	—	50	国Ⅳ	195/60R15	–	–	–	–	–	–	–	–	–	
新标准型 GL–i	6.78	1 500/L4	M5	78	134	180	1 200	—	50	国Ⅳ	195/60R15	S	–	S	–	–	–	S	–	–	
豪华型 GLX–i	7.08	1 500/L4	M5	78	134	180	1 200	—	50	国Ⅳ	195/60R15	S	2	S	S	–	–	S	–	S	
智能型 GLX–i NAVI	8.68	1 500/L4	M5	78	134	180	1 200	—	50	国Ⅳ	195/60R15	S	2	S	S	–	–	S	–	S	
	09 款 F3R 车身尺寸 (mm)：4 325 × 1 705 × 1 490 轴距 (mm)：2 600 整车保修期限（km/month）：6 万 /24																				
自动挡	7.38	1 600/L4	A4	73.5	134	170	1 170	4.7	50	欧Ⅲ	195/60R15	S	2	1	–	–	1	S	S	–	
实用型	5.98	1 500/L4	M5	78	134	180	1 170	4.7	50	欧Ⅲ	195/60R15	–	–	–	–	–	–	–	–	–	
舒适型	6.08	1 500/L4	M5	78	134	180	1 170	4.7	50	欧Ⅲ	195/60R15	S	2	1	–	–	1	S	S	–	
	昌河铃木																				
	北斗星 车身尺寸 (mm)：3 400 × 1 575 × 1 670 轴距 (mm)：2 335																				
1.4 MT EC 经济型	4.39	1 372/L4	M5	67	112	156	900	4	42	国Ⅲ	165/65R13	–	–	–	–	–	–	–	–	–	
1.4 MT ES 实用型	4.59	1 372/L4	M5	67	112	156	900	4	42	国Ⅲ	165/65R13	–	–	1	–	–	–	–	–	–	
1.4 MT STD 标准型	4.79	1 372/L4	M5	67	112	156	900	4	42	国Ⅲ	165/65R13	–	–	1	–	–	–	S	–	–	
1.4 MT DLX 豪华型	5.89	1 372/L4	M5	67	112	156	900	4	42	国Ⅲ	165/65R13	S	2	1	–	–	–	S	–	–	
	利亚纳三厢 车身尺寸 (mm)：4 350 × 1 690 × 1 545 轴距 (mm)：2 480																				
EC 手动实用型	8.76	1 586/L4	M5	80	144	180	1 180	4.45	50	国Ⅳ	195/55R15	S	2	–	–	–	–	–	–	–	
STD 手动舒适型	9.16	1 586/L4	M5	80	144	180	1 180	4.45	50	国Ⅳ	195/55R15	S	2	1	–	–	–	S	–	–	
DLX 手动豪华型	9.66	1 586/L4	M5	80	144	180	1 180	4.45	50	国Ⅳ	195/55R15	S	2	1	–	–	–	S	S	–	
DLX 自动豪华型	10.66	1 586/L4	A4	80	144	175	1 180	5	50	国Ⅳ	195/55R15	S	2	1	–	–	–	S	S	–	
	长安福特																				
	福克斯三厢 2009 款 车身尺寸 (mm)：4 480 × 1 840 × 1 500 轴距 (mm)：2 640 整车保修期限（km/month）：10 万 /36																				
1.8AT 时尚型	13.49	1 798/L4	M/A	91	161	180	1 340	6	55	欧Ⅲ	195/65R15	S	4	1	S	–	–	S	S	S	2008.10
1.8MT 舒适型	11.89	1 798/L4	M5	91	161	195	1 325	5.8	55	欧Ⅲ	195/65R15	S	4	1	–	–	–	S	S	S	2008.10
2.0AT 豪华型	15.19	1 999/L4	M/A	104	180	185	1 370	6.1	55	欧Ⅲ	205/55R16	S	4	6	S	–	–	S	S	S	2008.10
	福克斯两厢 2009 款 车身尺寸 (mm)：4 342 × 1 840 × 1 500 轴距 (mm)：2 640 整车保修期限（km/month）：10 万 /36																				
1.8AT 时尚型	13.49	1 798/L4	M/A	91	161	180	1 330	6	55	欧Ⅲ	195/65R15	S	4	1	S	–	–	–	S	–	2008.10
1.8MT 舒适型	11.89	1 798/L4	M5	91	161	195	1 321	5.8	55	欧Ⅲ	195/65R15	S	4	1	S	–	–	–	S	–	2008.10
2.0MT 运动型	14.79	1 999/L4	M5	104	180	200	1 345	5.9	55	欧Ⅲ	205/55R16	S	4	1	S	S	–	–	S	S	2008.10
2.0AT 运动型	15.39	1 999/L4	M/A	104	180	185	1 360	6.1	55	欧Ⅲ	205/55R16	S	4	1	S	S	–	–	S	S	2008.10
	新嘉年华三厢 车身尺寸 (mm)：4 297 × 1 722 × 1 467 轴距 (mm)：2 495 整车保修期限（km/month）：10 万 /36																				
1.5MT 时尚型	9.09	1 498/L4	M5	76	138	183	1 090	6.8	42	欧Ⅳ	185/55R15	S	4	S	–	–	–	S	S	–	
1.5AT 时尚型	9.89	1 498/L4	M/A	76	138	169	1 123	6.9	42	欧Ⅳ	185/55R15	S	4	S	–	–	–	S	S	–	
1.5MT 运动型	10.19	1 498/L4	M5	76	138	183	1 115	6.8	42	欧Ⅳ	195/50R16	S	6	S	S	–	–	S	S	S	
1.5AT 豪华型	11.19	1 498/L4	M/A	76	138	169	1 130	6.9	42	欧Ⅳ	185/55R15	S	6	S	S	–	–	S	S	S	

续上表

款　型	厂家指导价（万元）	发动机（mL/类型）	变速器形式	最大功率（kW）	最大转矩（N·m）	最高车速（km/h）	整备质量（kg）	90km/h百公里油耗（L）	油箱容积（L）	排放标准	轮胎规格	装备									备注
												A	B	C	D	E	G	H	K	T	
	新嘉年华两厢　车身尺寸(mm)：3 950×1 722×1 467　轴距(mm)：2 490　整车保修期限（km/month）：10 万 /36																				
1.3MT 经典型	7.89	1 349/L4	M5	63	123	170	1 085	6.2	42	欧Ⅳ	185/55R15	S	2	S	–	–	–	S	S	–	
1.3AT 时尚型	9.29	1 349/L4	M/A	63	123	160	1 089	6.6	42	欧Ⅳ	185/55R15	S	4	S	–	–	–	S	S	–	
1.5MT 时尚型	8.79	1 498/L4	M5	76	138	181	1 080	6.5	42	欧Ⅳ	185/55R15	S	4	S	–	–	–	S	S	–	
1.5AT 时尚型	9.59	1 498/L4	M/A	76	138	167	1 089	6.9	42	欧Ⅳ	185/55R15	S	4	S	–	–	–	S	S	S	
1.5MT 运动型	10.09	1 498/L4	M5	76	138	181	1 088	6.5	42	欧Ⅳ	195/50R16	S	6	S	S	–	–	S	S	S	
1.5AT 运动型	10.89	1 498/L4	M/A	76	138	167	1 120	6.9	42	欧Ⅳ	195/50R16	S	6	S	S	–	–	S	S	S	
	蒙迪欧－致胜　车身尺寸(mm)：4 854×1 886×1 495　轴距(mm)：2 850　整车保修期限（km/month）：10 万 /36																				
2.0L 舒适型	16.98	1 998/L4	M5	107	184	205	1 495	6.1	70	欧Ⅳ	215/55R16	S	4	1	–	–	–	S	–	–	
2.3L 时尚型	17.98	2 260/L4	M/A	117	205	200	1 586	7.1	70	欧Ⅳ	235/45R17	S	4	1	S	–	–	S	–	–	
2.3L 豪华型	19.98	2 260/L4	M/A	117	205	200	1 586	7.1	70	欧Ⅳ	235/45R17	S	4	S	S	–	–	S	–	–	
2.3L 豪华运动型	22.38	2 260/L4	M/A	117	205	200	1 586	7.1	70	欧Ⅳ	235/45R17	S	4	S	S	S	–	S	–	–	
	长安铃木																				
	新天语 SX4 三厢　车身尺寸(mm)：4 490×1 730×1 555　轴距(mm)：2 500　整车保修期限（km/month）：8 万 /36																				
1.6MT 精英型	9.88	1 586/L4	M5	80	144	180	1 185	5.6	50	国Ⅳ	205/60R16	S	2	1	–	–	–	S	S	–	
1.6AT 精英型	10.88	1 586/L4	A4	80	144	175	1 210	5.9	50	国Ⅳ	205/60R16	S	2	1	S	–	–	S	S	S	
1.6AT 豪华型	11.88	1 586/L4	A4	80	144	175	1 210	5.9	50	国Ⅳ	205/60R16	S	2	1	S	–	–	S	S	S	
1.8MT 豪华型	12.38	1 796/L4	M5	96	170	190	1 190	5.8	50	国Ⅳ	205/60R16	S	4	1	S	–	S	S	S	S	
1.8AT 豪华型	13.38	1 796/L4	A4	96	170	188	1 215	6	50	国Ⅳ	205/60R16	S	4	1	S	–	S	S	S	S	
	新天语 SX4 两厢　车身尺寸(mm)：4 135（▲为 4 115）×1 755（▲为 1 730）×1 605（▲为 1 555）　轴距(mm)：2 500　整车保修期限（km/month）：8 万 /36																				
▲ 1.6MT 时尚型	9.88	1 586/L4	M5	80	144	180	1 181	5.6	50	国Ⅳ	205/60R16	S	2	1	–	–	–	S	S	–	
1.6MT 运动型	10.88	1 586/L4	M5	80	144	180	1 181	5.6	50	国Ⅳ	205/60R16	S	2	1	S	–	–	S	S	S	
1.6AT 运动型	11.88	1 586/L4	A4	80	144	175	1 206	5.9	50	国Ⅳ	205/60R16	S	2	1	S	–	–	S	S	S	
1.8MT 运动型	12.38	1 796/L4	M5	96	170	190	1 185	5.8	50	国Ⅳ	205/60R16	S	4	1	S	–	S	S	S	S	2009.04
1.8AT 运动型	13.38	1 796/L4	A4	96	170	188	1 210	6	50	国Ⅳ	205/60R16	S	4	1	S	–	S	S	S	S	2009.04
	雨燕　车身尺寸(mm)：3 695×1 690×1 510　轴距(mm)：2 390　整车保修期限（km/month）：8 万 /36																				
1.3L MT 炫彩版	6.98	1 301/L4	M5	63	110	165	1 040	5	45	国Ⅲ	185/60R15	S	2	1	–	–	–	–	–	–	2008.05
1.3L MT 炫乐版	7.48	1 301/L4	M5	63	110	165	1 040	5	45	国Ⅲ	185/60R15	S	2	1	S	–	–	S	S	–	2008.05
1.5L AT 炫锐版	9.18	1 490/L4	A4	76	138	173	1 075	5.3	45	国Ⅳ	185/60R15	S	2	1	–	–	–	S	S	–	2008.11
1.5L AT 炫酷版	9.88	1 490/L4	A4	76	138	173	1 075	5.6	45	国Ⅳ	185/60R15	S	6	6	S	–	–	S	S	S	2008.11
	新奥拓　车身尺寸(mm)：3 500×1 600×1 470　轴距(mm)：2 360　整车保修期限（km/month）：8 万 /36																				
手动舒适型	4.49	996/L3	M5	52	92	160	—	—	35	国Ⅳ	155/65R14	S	2	–	–	–	–	–	–	–	
手动豪华型	4.99	996/L3	M5	52	92	160	—	—	35	国Ⅳ	155/65R14	S	2	1	–	–	–	S	S	–	
自动豪华型	5.89	996/L3	A4	52	92	150	—	—	35	国Ⅳ	155/65R14	S	2	1	–	–	–	S	S	–	
	长安马自达																				
	马自达 2 劲翔　车身尺寸(mm)：4 270×1 695×1 480　轴距(mm)：2 490　整车保修期限（km/month）：6 万 /36																				

续上表

款　型	厂家指导价（万元）	发动机（mL/类型）	变速器形式	最大功率（kW）	最大转矩（N·m）	最高车速（km/h）	整备质量（kg）	90km/h百公里油耗（L）	油箱容积（L）	排放标准	轮胎规格	装备									备注
												A	B	C	D	E	G	H	K	T	
1.3 MT 标准型	8.68	1 348/L4	M5	63	123	172	1 035	4.9	43	欧 IV	175/65R14	S	2	1	–	–	–	S	S	–	2008.04
1.3 AT 标准型	9.48	1 348/L4	A4	63	123	160	1 054	5.1	43	欧 IV	175/65R14	S	2	1	–	–	–	S	S	–	2008.04
1.5 MT 时尚型	9.38	1 498/L4	M5	76	138	186	1 042	5.3	43	欧 IV	185/55R15	S	2	1	–	–	–	S	S	–	2008.04
1.5 AT 豪华型	10.88	1 498/L4	A4	76	138	170	1 078	5.6	43	欧 IV	185/55R15	S	2	1	–	–	–	S	S	S	2008.04
1.5 AT 尊贵型	11.58	1 498/L4	A4	76	138	170	1 078	5.6	43	欧 IV	185/55R15	S	2	1	–	–	–	S	S	S	2008.04
马自达 3t　车身尺寸 (mm)：4 532（▲为 4 539）× 1 755 × 1 465　轴距 (mm)：2 640　整车保修期限（km/month）：6 万 /36																					
1.6 MT 标准型	11.8	1 598/L4	M5	79	146	187	1 203	5.9	55	欧IV	195/65R15	S	2	1	–	–	–	S	S	–	
1.6 AT 标准型	12.8	1 598/L4	M/A	79	146	170	1 231	6	55	欧IV	195/65R15	S	2	1	–	–	–	S	S	–	
▲ 2.0 AT 标准型	14.48	1 999/L4	M/A	110	182	187	1 280	6.4	55	欧 Ⅲ	205/55R16	S	2	1	–	–	–	S	S	–	
▲ 2.0 AT 豪华型	16.48	1 999/L4	M/A	110	182	187	1 308	6.4	55	欧 Ⅲ	205/55R16	S	4	6	–	–	S	S	S	S	
长安汽车																					
悦翔两厢　车身尺寸 (mm)：4 080 × 1 710 × 1 475　轴距 (mm)：2 515　整车保修期限（km/month）：10 万 /48																					
1.5 MT 舒适型	5.59	1 497/L4	M5	72	137	170	1 120	—	45	国IV	185/65R14	S	1	–	S	–	–	–	–	–	2009.12
1.5 MT 豪华型	5.89	1 497/L4	M5	72	137	170	1 120	—	45	国IV	185/65R14	S	2	S	–	–	–	S	–	–	2009.12
1.5 MT 尊贵型	6.09	1 497/L4	M5	72	137	170	1 120	—	45	国IV	185/65R14	S	2	S	S	–	–	S	–	–	2009.12
1.5 AT 舒适型	6.49	1 497/L4	A4	72	137	165	1 150	—	45	国IV	185/65R14	S	1	–	–	–	–	–	–	–	2009.12
1.5 AT 豪华型	6.79	1 497/L4	A4	72	137	165	1 150	—	45	国IV	185/65R14	S	2	S	–	–	–	S	–	–	2009.12
1.5 AT 尊贵型	7.19	1 497/L4	A4	72	137	165	1 150	—	45	国IV	185/65R14	S	2	S	S	–	–	S	–	–	2009.12
悦翔三厢　车身尺寸 (mm)：4 360 × 1 710 × 1 475　轴距 (mm)：2 515　整车保修期限（km/month）：10 万 /48																					
1.5 MT 基本型	5.49	1 497/L4	M5	72	137	170	1 120	—	45	国IV	185/65R14	–	–	–	–	–	–	–	–	–	
1.5 MT 尊贵型	6.19	1 497/L4	M5	72	137	170	1 120	—	45	国IV	185/65R14	S	2	S	S	–	–	S	–	–	
1.5 AT 豪华型	6.89	1 497/L4	A4	72	137	165	1 150	—	45	国IV	185/65R14	S	2	S	–	–	–	S	–	–	
1.5 AT 尊贵型	7.29	1 497/L4	A4	72	137	165	1 150	—	45	国IV	185/65R14	S	2	S	S	–	–	S	–	–	
志翔　车身尺寸 (mm)：4 600 × 1 800 × 1 475　轴距 (mm)：2 650　整车保修期限（km/month）：10 万 /48																					
1.6 MT 标准型	7.98	1 590/L4	M5	71	140	175	1 260	7.7	58	国IV	195/65R15	S	–	1	–	–	–	S	S	–	
1.6 MT 舒适型	8.38	1 590/L4	M5	71	140	175	1 260	7.7	58	国IV	195/65R15	S	4	1	S	–	–	S	S	–	
2.0 AT 豪华型	11.58	1 998/L4	A4	112	192	185	1 360	8.8	58	国IV	195/65R15	S	4	1	S	–	–	S	S	S	
2.0 MT 舒适型	8.88	1 998/L4	M5	112	192	200	1 350	8.1	58	国IV	195/65R15	S	2	1	S	–	–	S	S	–	
奔奔 MINI　车身尺寸 (mm)：3 520 × 1 570 × 1 490　轴距 (mm)：2 345　整车保修期限（km/month）：10 万 /48																					
5MT 标准型	3.29	999/L4	M5	51.2	90	158	870	—	38	国IV	155/65R13	–	–	–	–	–	–	–	–	–	
5MT 舒适型	3.59	999/L4	M5	51.2	90	158	870	—	38	国IV	155/65R13	S	–	–	–	–	–	–	–	–	
5MT 尊贵型	4.19	999/L4	M5	51.2	90	158	870	—	38	国IV	155/65R13	S	4	S	S	–	–	–	–	–	
AMT 尊贵型	4.69	999/L4	A5	51.2	90	158	870	—	38	国IV	175/60R13	S	6	S	–	–	–	–	–	–	
长城汽车																					
精灵　车身尺寸 (mm)：3 548 × 1 580 × 1 544　轴距 (mm)：2 299																					
舒适型	4.39	1 342/L4	M5	65	115	160	1 015	4.3	35	欧IV	165/70R14	S	2	S	S	–	–	S	–	–	

续上表

款型	厂家指导价（万元）	发动机（mL/类型）	变速器形式	最大功率（kW）	最大转矩（N·m）	最高车速（km/h）	整备质量（kg）	90km/h百公里油耗（L）	油箱容积（L）	排放标准	轮胎规格	装备									备注
												A	B	C	D	E	G	H	K	T	
实用型	4.59	1 342/L4	M5	65	115	160	1 015	4.3	35	欧Ⅳ	165/70R14	S	–	S	–	–	–	S	–	–	
豪华型	4.89	1 342/L4	M5	65	115	160	1 015	4.3	35	欧Ⅳ	165/70R14	–	1	–	–	–	–	–	–	–	
精英型	5.39	1 342/L4	M5	65	115	160	1 015	4.3	35	欧Ⅳ	165/70R14	–	–	–	–	–	–	–	–	–	
酷熊　车身尺寸 (mm)：3 968 × 1 695 × 1 634　轴距 (mm)：2 499																					
1.5L 豪华型	6.39	1 497/L4	M5	77	138	160	1 185	6	45	国Ⅳ	185/65R15	S	2	1	–	–	–	S	S	–	
1.5L 精英型	6.79	1 497/L4	M5	77	138	160	1 185	6	45	国Ⅳ	185/65R15	S	2	1	–	–	–	S	S	–	
1.5L 天窗版	7.79	1 497/L4	M5	77	138	160	1 185	6	45	国Ⅳ	185/65R15	S	2	S	S	–	–	S	S	–	
炫丽　车身尺寸 (mm)：3 907 × 1 694 × 1 521　轴距 (mm)：2 368																					
1.3L 豪华型	5.39	1 342/L4	M5	65	115	162	1 135	5.79	45	欧Ⅳ	185/65R15	S	2	1	–	–	–	S	S	–	2009.02
1.5L 豪华型	5.99	1 497/L4	M5	77	138	165	1 120	—	45	欧Ⅳ	185/65R15	S	2	1	–	–	–	S	S	–	
1.5L 天窗版	6.89	1 497/L4	M5	77	138	165	1 120	—	45	欧Ⅳ	185/65R15	S	2	1	–	–	–	S	S	S	
东风本田																					
CIVIC 新思域　车身尺寸 (mm)：4 500 × 1 755 × 1 450　轴距 (mm)：2 700　整车保修期限（km/month）：6 万 /24																					
经典型 LXi MT	12.98	1 799/L4	M5	103	174	—	—	7.2	50	国Ⅳ	205/55R16	S	2	S	–	–	–	S	–	–	2009.02
经典型 LXi AT	13.78	1 799/L4	A5	103	174	—	—	7.2	50	国Ⅳ	205/55R16	S	2	S	–	–	–	S	–	–	2009.02
舒适型 EXi MT	14.18	1 799/L4	M5	103	174	—	—	7.2	50	国Ⅳ	205/55R16	S	2	S	S	–	–	S	–	–	2009.02
舒适型 EXi AT	14.98	1 799/L4	A5	103	174	—	—	7.2	50	国Ⅳ	205/55R16	S	2	S	S	–	–	S	–	–	2009.02
豪华型 VTi MT	15.98	1 799/L4	M5	103	174	—	—	7.2	50	国Ⅳ	205/55R16	S	4	S	S	–	–	S	–	S	2009.02
豪华型 VTi AT	16.78	1 799/L4	A5	103	174	—	—	7.2	50	国Ⅳ	205/55R16	S	4	S	S	–	–	S	–	S	2009.02
尊贵型 VTi AT	17.68	1 799/L4	A5	103	174	—	—	7.2	50	国Ⅳ	205/55R16	S	6	S	S	–	–	S	–	S	2009.02
新 CR–V　车身尺寸 (mm)：4 575 × 1 820 × 1 680　轴距 (mm)：2 620　整车保修期限（km/month）：6 万 /24																					
都市版自动挡	19.78	1 997/L4	A5	110	190	—	1 510	8.6	58	国Ⅳ	225/65R17	S	2	1	–	–	–	S	–	–	
都市版手动挡	18.98	1 997/L4	M6	110	190	—	1 475	8.4	58	国Ⅳ	225/65R17	S	2	1	–	–	–	S	–	–	
经典版自动挡	21.78	1 997/L4	A5	110	190	—	1 590	8.8	58	国Ⅳ	225/65R17	S	2	1	–	–	–	S	–	S	
豪华版手动挡	23.98	2 354/L4	M6	125	220	—	1 590	9.9	58	国Ⅳ	225/65R17	S	2	6	–	–	–	S	S	S	
尊贵版自动挡	25.28	2 354/L4	A5	125	220	—	1 635	9.8	58	国Ⅳ	225/65R17	S	6	6	S	–	–	S	S	S	
思铂睿　车身尺寸 (mm)：4 730 × 1 840（▲为 1 850）× 1 450　轴距 (mm)：2 705　整车保修期限（km/month）：6 万 /24																					
2.4 L 豪华版	23.78	2 354/L4	A5	133	225	—	1 575	—	70	国Ⅳ	225/50R17	S	6	6	S	–	–	S	–	S	
2.4 L 豪华版	24.98	2 354/L4	A5	133	225	—	1 585	—	70	国Ⅳ	225/50R17	S	6	6	S	–	–	S	–	S	
2.4 L 豪华导航版	26.58	2 354/L4	A5	133	225	—	1 590	—	70	国Ⅳ	225/50R17	S	6	S	S	–	–	S	–	S	
▲ TYPE–S	25.58	2 354/L4	A5	133	225	—	1 590	—	70	国Ⅳ	225/50R17	S	6	6	S	–	–	S	–	S	
▲ TYPE–S NAVI	27.18	2 354/L4	A5	133	225	—	1 595	—	70	国Ⅳ	225/50R17	S	6	S	S	–	–	S	–	S	
东风标致																					
307 三厢　车身尺寸 (mm)：4 481 × 1 746 × 1 526　轴距 (mm)：2 612　整车保修期限（km/month）：4 万 /24																					
1.6 手动舒适版	10.98	1 587/L4	M5	78	142	179	1 290	6.7	60	欧Ⅲ	195/65R15	S	2	1	–	–	–	S	S	–	

续上表

款型	厂家指导价（万元）	发动机（mL/类型）	变速器形式	最大功率（kW）	最大转矩（N·m）	最高车速（km/h）	整备质量（kg）	90km/h百公里油耗（L）	油箱容积（L）	排放标准	轮胎规格	装备									备注
												A	B	C	D	E	G	H	K	T	
2.0 手动舒适版	12.28	1 997/L4	M5	108	200	196	1 318	6.9	60	欧Ⅲ	195/65R15	S	2	1	–	–	–	S	S	–	
2.0 自动舒适版	13.78	1 997/L4	M/A	108	200	189	1 337	7	60	欧Ⅲ	195/65R15	S	2	1	–	–	–	S	S	–	
1.6 手动尊贵版	12.28	1 587/L4	M5	78	142	179	1 290	6.7	60	欧Ⅲ	195/65R15	S	2	1	–	–	–	S	S	S	
1.6 自动尊贵版	13.78	1 587/L4	M/A	78	142	173	1 320	7.1	60	欧Ⅲ	195/65R15	S	2	1	–	–	–	S	S	S	
2.0 自动尊贵版	15.08	1 997/L4	M/A	108	200	189	1 337	7	60	欧Ⅲ	195/65R15	S	2	6	–	–	–	S	S	S	
408 车身尺寸(mm)：4 680×1 815×1 525 轴距(mm)：2 710 整车保修期限（km/month）：4 万 /24																					
1.6L 手动舒适版	12.19	1 587/L4	M5	78	142	183	1 390	—	60	国Ⅳ	205/50R16	S	2	S	S	–	–	S	S	–	
2.0L 手动舒适版	12.99	1 997/L4	M5	108	200	201	1 402	—	60	国Ⅳ	215/50R17	S	2	S	S	–	–	S	S	–	
2.0L 自动舒适版	14.19	1 997/L4	M/A	108	200	195	1 425	—	60	国Ⅳ	215/50R17	S	2	S	S	–	–	S	S	–	
1.6L 手动豪华版	13.59	1 587/L4	M5	78	142	183	1 390	—	60	国Ⅳ	205/50R16	S	6	S	S	–	–	S	S	S	
2.0L 手动豪华版	14.39	1 997/L4	M5	108	200	201	1 402	—	60	国Ⅳ	215/50R17	S	6	S	S	–	–	S	S	S	
2.0L 自动豪华版	15.59	1 997/L4	M/A	108	200	195	1 425	—	60	国Ⅳ	215/50R17	S	6	S	S	–	–	S	S	S	
2.0L 自动尊贵版	16.99	1 997/L4	M/A	108	200	195	1 425	—	60	国Ⅳ	215/50R17	S	6	S	S	S	–	S	S	S	
NISSAN	**东风日产**																				
骏逸 车身尺寸(mm)：4 420×1 690×1 590 轴距(mm)：2 600 整车保修期限（km/month）：6 万 /24																					
1.8XE MT 标准型	13.88	1 798/L4	M6	93	174	190	1 260	6.2	52	欧Ⅲ	185/65R15	S	2	1	–	–	–	S	–	–	
1.8XE AT 标准型	14.88	1 798/L4	A4	93	174	180	1 260	6.5	52	欧Ⅲ	185/65R15	S	2	1	–	–	–	S	–	–	
1.8XL AT 舒适型	15.68	1 798/L4	A4	93	174	180	1 280	6.5	52	欧Ⅲ	185/65R15	S	2	1	–	–	–	S	–	–	
1.8XL AT 时尚版	16.23	1 798/L4	A4	93	174	180	1 280	6.5	52	欧Ⅲ	185/65R15	S	2	1	–	–	–	S	S	–	
1.8XV AT 尊贵型	16.18	1 798/L4	A4	93	174	180	1 280	6.5	52	欧Ⅲ	185/65R15	S	4	1	–	–	–	S	S	–	
骐达 2008 款 车身尺寸(mm)：4 250×1 695×1 535 轴距(mm)：2 600 整车保修期限（km/month）：6 万 /24																					
1.6G MT 时尚型	10.68	1 598/L4	M5	80	153	190	1 160	5.6	52	欧Ⅲ	185/65R15	S	2	1	S	–	–	–	S	–	
1.6G AT 时尚型	11.68	1 598/L4	A4	80	153	180	1 182	6	52	欧Ⅲ	185/65R15	S	2	1	S	–	–	–	S	–	
1.6GE MT 智能型	11.68	1 598/L4	M5	80	153	190	1 160	5.6	52	欧Ⅲ	185/65R15	S	2	1	S	–	–	–	S	–	
1.6GS AT NAVI 尊贵型	14.98	1 598/L4	A4	80	153	180	1 182	6	52	欧Ⅲ	185/65R15	S	2	1	S	–	–	–	S	–	
新天籁 车身尺寸(mm)：4 850×1 795×1 475 轴距(mm)：2 775 整车保修期限（km/month）：6 万 /24																					
2.0L XE 标准版	19.08	1 997/L4	CVT	100	190	—	1 484	8.9	70	欧Ⅳ	205/65R16	S	2	1	–	–	–	S	S	–	2008.07
2.0L XL 舒适版	19.98	1 997/L4	CVT	100	190	—	1 484	8.9	70	欧Ⅳ	205/65R16	S	2	1	–	–	–	S	S	–	2008.07
公爵 2.5L XV 尊雅版	25.98	2 496/V6	CVT	136	232	—	1 582	9.5	70	欧Ⅳ	215/55R17	S	6	6	S	–	S	S	S	–	2008.09
公爵 3.5L XV VIP 至尊版	33.28	3 498/V6	CVT	185	326	—	1 642	10.2	70	欧Ⅳ	215/55R17	S	6	6	S	–	S	S	S	–	2008.09
轩逸 2009 款 车身尺寸(mm)：4 610×1 700×1 510 轴距(mm)：2 700 整车保修期限（km/month）：6 万 /24																					
1.6XE 舒适版	14.18	1 598/L4	A4	80	153	175	1 210	6.1	52	欧Ⅲ	195/60R16	S	2	1	S	–	–	S	S	–	
1.6XL 豪华版	15.28	1 598/L4	A4	80	153	175	1 210	6.1	52	欧Ⅲ	195/60R16	S	2	1	S	–	–	S	S	–	
2.0XE 舒适版	15.98	1 997/L4	CVT	100	189	190	1 260	6.1	52	欧Ⅲ	195/60R16	S	2	1	S	–	–	S	S	–	
2.0XL 豪华版	16.28	1 997/L4	CVT	100	189	190	1 260	6.1	52	欧Ⅲ	195/60R16	S	2	6	S	–	–	S	S	–	
2.0XL 科技版	16.88	1 997/L4	CVT	100	189	190	1 260	6.1	52	欧Ⅲ	195/60R16	S	2	6	S	–	–	S	S	–	
2.0XV 尊贵版	19.98	1 997/L4	CVT	100	189	190	1 260	6.1	52	欧Ⅲ	195/60R16	S	2	6	S	–	–	S	S	S	

续上表

款 型	厂家指导价（万元）	发动机（mL/类型）	变速器形式	最大功率（kW）	最大转矩（N·m）	最高车速（km/h）	整备质量（kg）	90km/h百公里油耗（L）	油箱容积（L）	排放标准	轮胎规格	装备									备注
												A	B	C	D	E	G	H	K	T	
颐达 2008 款　车身尺寸 (mm)：4 480 × 1 695 × 1 535　轴距 (mm)：2 600　整车保修期限（km/month）：6 万 /24																					
1.6J MT 时尚型	10.68	1 598/L4	M5	80	153	190	1 150	5.6	52	欧Ⅲ	185/65R15	S	2	1	S	–	–	S	S	–	
1.6J AT 时尚型	11.68	1 598/L4	A4	80	153	180	1 175	6	52	欧Ⅲ	185/65R15	S	2	1	S	–	–	S	S	–	
1.6JE MT 智能型	11.68	1 598/L4	M5	80	153	190	1 150	5.6	52	欧Ⅲ	185/65R15	S	2	6	S	–	–	S	S	S	
1.6JE AT 智能型	12.68	1 598/L4	A4	80	153	180	1 175	6	52	欧Ⅲ	185/65R15	S	2	6	S	–	–	S	S	S	
1.6JS AT 豪华型	13.98	1 598/L4	A4	80	153	180	1 175	6	52	欧Ⅲ	185/65R15	S	2	6	S	–	–	S	S	S	
1.6JS AT NAVI 尊贵型	14.98	1 598/L4	A4	80	153	180	1 175	6	52	欧Ⅲ	185/65R15	S	4	S	S	–	–	S	S	S	
逍客　车身尺寸 (mm)：4 353（▲为 4 315）× 1 783 × 1 606　轴距 (mm)：2 630　整车保修期限（km/month）：6 万 /24																					
20XV CVT 4WD 龙	21.98	1 997/L4	M/A	102	198	171	1 486	7.1	65	欧Ⅳ	215/60R17	S	4	1	–	–	–	S	S	S	2008.04
▲ 20S MT 2WD 火	16.78	1 997/L4	M5	102	198	191	1 372	7.3	65	欧Ⅳ	215/65R16	S	4	1	–	–	–	S	S	–	2008.04
20X CVT 4WD 虎	20.48	1 997/L4	M/A	102	198	177	1 486	7.1	65	欧Ⅳ	215/65R16	S	4	1	–	–	–	S	S	S	2008.04
20X CVT 2WD 雷	18.88	1 997/L4	M/A	102	198	178	1 419	6.8	65	欧Ⅳ	215/65R16	S	4	1	–	–	–	S	S	S	2008.04
▲ 20S CVT 2WD 火	17.78	1 997/L4	M/A	102	198	178	1 400	6.8	65	欧Ⅳ	215/65R16	S	4	1	–	–	–	S	S	–	2008.04
▲ 20S CVT 2WD 炎	18.08	1 997/L4	M/A	102	198	178	1 400	6.8	65	欧Ⅳ	215/65R16	S	4	1	–	–	–	S	S	–	2008.04
奇骏　车身尺寸 (mm)：4 630 × 1 785 × 1 680　轴距 (mm)：2 630　整车保修期限（km/month）：6 万 /24																					
2.5L XV 旗舰版	25.88	2 488/L4	CVT	135	227	—	1 594	8.3	65	欧Ⅳ	215/60R17	S	4	6	–	–	–	–	S	S	2008.10
2.5L XL 豪华版 CVT	23.98	2 488/L4	CVT	135	227	—	1 594	8.3	65	欧Ⅳ	215/60R17	S	2	6	–	–	–	–	S	S	2008.10
2.5L XL 豪华版 MT	22.98	2 488/L4	M6	135	227	—	1 571	8.6	65	欧Ⅳ	215/60R17	S	2	6	–	–	–	–	S	S	2008.10
2.0L XE 舒适版 CVT	21.78	1 997/L4	CVT	106	198	—	1 549	8.2	65	欧Ⅳ	215/65R16	S	2	6	–	–	–	–	S	S	2008.10
2.0L XE 舒适版 MT	20.78	1 997/L4	M6	106	198	—	1 532	8.5	65	欧Ⅳ	215/65R16	S	2	6	–	–	–	–	S	S	2008.10
东风雪铁龙																					
C5　车身尺寸 (mm)：4 805 × 1 860 × 1 458　轴距 (mm)：2 815　整车保修期限（km/month）：6 万 /24																					
2.0 L 舒适型手动	17.69	1 997/L4	M5	108	200	205	1 510	5.9	70	国Ⅳ	225/60R16	S	2	S	S	S	–	–	S	–	
2.0 L 舒适型自动	18.69	1 997/L4	M/A	108	200	200	1 541	6	70	国Ⅳ	225/60R16	S	2	S	S	S	–	–	S	–	
2.3 L 尊雅型	19.99	2 300/L4	M/A	126	230	218	1 600	6	70	国Ⅳ	225/60R16	S	4	S	S	S	–	–	S	S	
2.3 L 尊雅型导航版	21.19	2 300/L4	M/A	126	230	218	1 600	6	70	国Ⅳ	225/60R16	S	4	S	S	S	S	–	S	S	
2.3 L 尊贵型	22.69	2 300/L4	M/A	126	230	218	1 600	6	70	国Ⅳ	225/55R17	S	6	S	S	S	S	S	S	S	
3.0 L 旗舰型自动	29.89	2 946/V6	M/A	162	300	230	1 710	6.9	70	国Ⅳ	225/55R17	S	8	S	S	S	S	S	S	S	
世嘉三厢　车身尺寸 (mm)：4 556 × 1 773 × 1 486　轴距 (mm)：2 443　整车保修期限（km/month）：6 万 /24																					
1.6 手动时尚型	10.88	1 600/L4	M5	78	142	186	1 300	6	60	欧Ⅳ	205/55R16	S	2	1	S	–	–	–	S	–	
2.0 自动时尚型	13.48	2 000/L4	M/A	108	200	200	1 360	6.8	60	欧Ⅳ	205/55R16	S	2	1	S	–	–	–	S	–	
1.6 手动舒适型	11.88	1 600/L4	M5	78	142	186	1 300	6	60	欧Ⅳ	205/55R16	S	2	1	S	–	–	–	S	–	
2.0 自动舒适型	14.48	2 000/L4	M/A	108	200	200	1 360	6.8	60	欧Ⅳ	205/55R16	S	2	1	S	–	–	–	S	–	
2.0 自动豪华型	15.38	2 000/L4	M/A	108	200	200	1 360	6.8	60	欧Ⅳ	205/55R16	S	6	S	S	–	–	S	S	S	
2.0 自动天窗版	15.78	2 000/L4	M/A	108	200	200	1 360	6.8	60	欧Ⅳ	205/55R16	S	6	S	S	–	–	S	S	S	
世嘉两厢　车身尺寸 (mm)：4 282 × 1 773 × 1 483　轴距 (mm)：2 610　整车保修期限（km/month）：6 万 /24																					
时尚型手动挡	10.88	1 600/L4	M5	78	142	185	1 270	6	60	欧Ⅳ	205/55R16	S	2	1	S	–	–	–	S	–	

续上表

款　型	厂家指导价（万元）	发动机（mL/类型）	变速器形式	最大功率（kW）	最大转矩（N·m）	最高车速（km/h）	整备质量（kg）	90km/h百公里油耗（L）	油箱容积（L）	排放标准	轮胎规格	装备									备注
												A	B	C	D	E	G	H	K	T	
舒适型手动挡	11.88	1 600/L4	M5	78	142	185	1 270	6	60	欧Ⅳ	205/55R16	S	2	1	S	–	–	–	S	–	
舒适型自动挡	13.18	2 000/L4	M/A	78	142	178	1 321	6.4	60	欧Ⅳ	205/55R16	S	2	1	S	–	–	–	S	–	
豪华型自动挡	15.18	2 000/L4	M/A	108	200	205	1 325	6.8	60	欧Ⅳ	205/55R16	S	4	S	S	–	–	S	S	–	
豪华型运动版	16.18	2 000/L4	M5	108	200	205	1 304	6	60	欧Ⅳ	205/55R16	S	4	S	S	–	–	S	S	–	
	2010 款凯旋　车身尺寸 (mm)：4 802 × 1 773 × 1 512　轴距 (mm)：2 710　整车保修期限（km/month）：6 万 /24																				
经典版手动挡	14.98	1 997/L4	M5	108	200	205	1 424	7.2	60	欧Ⅳ	215/55R16	S	2	1	S	–	–	S	S	S	
经典版自动挡	16.28	1 997/L4	M/A	108	200	205	1 397	6.6	60	欧Ⅳ	215/55R16	S	2	1	S	–	–	S	S	S	
科技版手动挡	15.98	1 997/L4	M5	108	200	205	1 424	7.2	60	欧Ⅳ	215/55R16	S	2	6	S	S	–	S	S	S	
科技版自动挡	17.28	1 997/L4	M/A	108	200	205	1 424	7.2	60	欧Ⅳ	215/55R16	S	6	6	S	S	–	S	S	S	
	新爱丽舍三厢　车身尺寸 (mm)：4 367 × 1 708 × 1 413　轴距 (mm)：2 540　整车保修期限（km/month）：6 万 /24																				
科技型手动挡	7.38	1 587/L4	M5	78	142	185	1 110	6.1	51	国Ⅳ	185/60R14	S	1	1	–	–	–	S	–	–	
科技型自动挡	8.48	1 587/L4	A4	78	142	185	1 110	6.1	51	国Ⅳ	185/60R14	S	2	1	S	–	–	S	S	–	
豪华型手动挡	8.28	1 587/L4	M5	78	142	185	1 110	6.1	51	国Ⅳ	185/60R14	S	2	6	S	–	–	S	S	–	
	新萨拉·毕加索　车身尺寸 (mm)：4 287 × 1 751 × 1 642　轴距 (mm)：2 760　整车保修期限（km/month）：6 万 /24																				
舒适型手动挡	12.58	1 587/L4	M5	78	142	175	1 345	6.8	55	欧Ⅲ	185/65R15	S	4	1	–	–	–	S	S	–	
豪华型自动挡	15.38	1 997/L4	M/A	99	190	187	1 345	6.8	55	欧Ⅲ	185/65R15	S	4	1	–	–	–	S	S	–	
豪华型自动挡天窗版	15.78	1 997/L4	M/A	99	190	187	1 345	6.8	55	欧Ⅲ	185/65R15	S	4	1	–	–	–	S	S	S	
KIA	**东风悦达·起亚**																				
	SOUL　车身尺寸 (mm)：4 096 × 1 785 × 1 663（▲为 1 676）　轴距 (mm)：2 550　整车保修期限（km/month）：5 万 /36																				
1.6L GL MT	10.38	1 600/L4	M5	90.4	155	170	1 198	—	48	欧Ⅳ	205/55R16	S	2	S	–	–	–	–	S	–	
1.6L GLS AT	12.58	1 600/L4	A4	90.4	155	158	1 225	—	48	欧Ⅳ	205/55R16	S	2	S	S	–	–	S	S	–	
2.0L GLS MT	12.88	2 000/L4	M5	104.4	142	180	1 280	—	48	欧Ⅳ	225/45R18	S	2	S	S	–	–	S	S	–	
2.0L Premium AT	14.18	2 000/L4	A4	104.4	142	176	1 300	—	48	欧Ⅳ	225/45R18	S	2	S	S	–	–	S	S	–	
	赛拉图欧风　车身尺寸 (mm)：4 350 × 1 735 × 1 470　轴距 (mm)：2 610　整车保修期限（km/month）：5 万 /36																				
1.6L GL MT	9.18	1 599/L4	M5	112	145	181	1 255	6.4	55	欧Ⅲ	195/60R15	S	2	1	–	–	–	S	–	–	
1.6L GLS MT	10.28	1 599/L4	A4	112	145	171	1 275	6.5	55	欧Ⅲ	195/60R15	S	2	1	–	–	–	S	–	–	
1.6L GLS MT	10.58	1 599/L4	M5	112	145	181	1 255	6.4	55	欧Ⅲ	205/50R16	S	2	1	–	–	–	S	S	S	
1.6L GLS AT	11.68	1 599/L4	A4	112	145	171	1 275	6.5	55	欧Ⅲ	205/50R16	S	2	1	–	–	–	S	S	S	
	福瑞迪　车身尺寸 (mm)：4 530 × 1 775 × 1 460　轴距 (mm)：2 650　整车保修期限（km/month）：5 万 /36																				
1.6L GL MT	9.88	1 599/L4	M5	123	155	189	1 190	6.95	52	国Ⅳ	195/65R15	S	2	S	–	–	–	S	S	–	2009.08
1.6L GL MT	10.98	1 599/L4	M5	123	155	189	1 190	6.95	52	国Ⅳ	205/55R16	S	2	S	S	–	–	S	S	S	2009.08
1.6L GLS AT	11.98	1 599/L4	A4	123	155	181	1 210	7.05	52	国Ⅳ	205/55R16	S	2	S	S	–	–	S	S	S	2009.08
1.6L Premium AT	12.28	1 599/L4	A4	123	155	181	1 210	7.05	52	国Ⅳ	205/55R16	S	2	S	S	–	–	S	S	S	2009.08
2.0L TOP AT	13.98	2 000/L4	A4	156	194	190	1 269	7.72	52	国Ⅳ	205/55R16	S	4	S	S	–	–	S	S	S	2009.08
	狮跑　车身尺寸 (mm)：4 350 × 1 840（含大包围）× 1 730（含顶置载物架）　轴距 (mm)：2 630　整车保修期限（km/month）：5 万 /36																				
2.0 GL MT	15.98	2 000/L4	M5	142	184	171	1 481	7.6	55	欧Ⅲ	215/65R16	S	2	1	–	–	–	S	–	–	

续上表

款型	厂家指导价（万元）	发动机（mL/类型）	变速器形式	最大功率（kW）	最大转矩（N·m）	最高车速（km/h）	整备质量（kg）	90km/h百公里油耗（L）	油箱容积（L）	排放标准	轮胎规格	装备									备注
												A	B	C	D	E	G	H	K	T	
2.0 GLS AT	18.38	2 000/L4	A4	142	184	156	1 495	7.8	55	欧 Ⅲ	215/65R16	S	2	1	–	–	–	S	–	S	
2.0 GLS 特别版 MT	18.88	2 000/L4	M5	142	184	171	1 545	7.6	55	欧 Ⅲ	215/65R16	S	2	1	–	–	–	S	–	S	
2.7 GLS AT	23.88	2 700/V6	A4	175	241	173	—	—	55	欧 Ⅲ	215/65R16	S	2	6	–	–	–	S	–	S	
东南三菱																					
蓝瑟·翼神 车身尺寸 (mm)：4 570 × 1 760 × 1 490 轴距 (mm)：2 635 整车保修期限（km/month）：6 万 /24																					
1.8L 舒适型 MT	11.68	1 798/L4	M5	100	175	200	1 335	6.05	59	欧 IV	205/60R16	S	3	1	S	–	–	–	S	–	2009.11
1.8L 豪华型 CVT	14.78	1 798/L4	CVT	100	175	190	1 365	5.96	59	欧 IV	205/60R16	S	7	6	S	–	–	–	S	S	2009.11
2.0L 豪华型 MT	14.88	1 998/L4	M5	112	197	200	1 360	6.38	59	欧 IV	205/60R16	S	7	6	S	–	–	–	S	S	2009.11
2.0L 旗舰型 CVT	16.98	1 998/L4	CVT	112	197	195	1 400	6	59	欧 IV	205/60R16	S	7	6	S	–	–	S	S	S	2009.11
V3 菱悦 车身尺寸 (mm)：4 405 × 1 700 × 1 415 轴距 (mm)：2 500 整车保修期限（km/month）：6 万 /24																					
启航版	5.98	1 500/L4	M5	81	134	—	1 150	—	50	欧 IV	185/65R14	S	–	1	–	–	–	–	–	–	2008.10
舒适版	6.38	1 500/L4	M5	81	134	—	1 150	—	50	欧 IV	185/65R14	S	1	1	–	–	–	–	–	–	2008.10
旗舰升级版	7.18	1 500/L4	M5	88	143	—	1 105	—	50	欧 IV	195/55R15	S	2	1	–	–	–	–	S	–	
风采版	7.58	1 500/L4	M5	88	143	—	1 105	—	50	欧 IV	195/55R15	S	2	1	S	–	–	–	S	S	
广汽本田																					
新奥德赛 车身尺寸 (mm)：4 810 × 1 802 × 1 570 轴距 (mm)：2 830 整车保修期限（km/month）：10 万 /36																					
舒适版	22.98	2 354/L4	A5	133	218	—	1 655	6.8	65	欧 IV	215/60R16	S	4	S	S	–	–	S	–	S	
豪华版	25.98	2 354/L4	A5	133	218	—	1 705	6.8	65	欧 IV	215/55R17	S	6	S	S	–	–	S	–	S	
领秀版	28.28	2 354/L4	A5	133	218	—	1 705	6.8	65	欧 IV	215/55R17	S	6	S	S	–	–	S	S	S	
锋范 车身尺寸 (mm)：4 400 × 1 695 × 1 470 轴距 (mm)：2 550 整车保修期限（km/month）：10 万 /36																					
1.5L 舒适版 MT	9.68	1 497/L4	M5	88	145	—	—	4.9	—	—	175/65R15	S	2	–	–	–	–	S	–	–	2008.12
1.5L 精英版 MT	10.68	1 497/L4	M5	88	145	—	—	4.9	—	—	175/65R15	S	4	S	–	–	–	S	–	S	2008.12
1.5L 精英版 AT	11.68	1 497/L4	A5	88	145	—	—	5	—	—	175/65R15	S	4	S	–	–	–	S	–	S	2008.12
1.8L 舒适版	12.98	1 799/V6	A5	103	174	—	—	4.9	—	—	185/55R16	S	4	S	S	–	–	S	–	S	2008.12
1.8L 豪华版	14.98	1 799/V6	A5	103	174	—	—	4.9	—	—	185/55R16	S	6	S	S	–	–	S	–	S	2008.12
新飞度 车身尺寸 (mm)：3 900（▲为 3 920）× 1 695 × 1 525 轴距 (mm)：2 500 整车保修期限（km/month）：10 万 /36																					
1.3 MT 舒适版	8.68	1 339/L4	M5	73	127	160	1 050	4.9	42	欧 IV	175/65R15	S	2	–	–	–	–	S	S	–	2008.07
1.3 AT 舒适版	9.68	1 339/L4	A5	73	127	160	1 050	5	42	欧 IV	175/65R15	S	2	–	–	–	–	S	S	–	2008.07
1.5 MT 豪华版	10.38	1 497/L4	M5	88	145	160	1 120	5.1	42	欧 IV	175/65R15	S	4	1	–	–	–	S	S	S	2008.07
1.5 AT 豪华版	11.38	1 497/L4	A5	88	145	160	1 120	5.1	42	欧 IV	175/65R15	S	4	1	–	–	–	S	S	S	2008.07
▲ 1.5 AT 炫酷运动版	12.98	1 497/L4	A5	88	145	160	1 120	5.1	42	欧 IV	185/55R16	S	6	1	–	–	–	S	S	S	2008.11
第八代雅阁 车身尺寸 (mm)：4 945 × 1 845 × 1 480 轴距 (mm)：2 800 整车保修期限（km/month）：10 万 /36																					
2.0 MT	18.18	1 997/L4	M5	115	189	—	1 430	6.2	70	欧 IV	215/60R16	S	4	1	S	–	–	S	–	–	2008.01
2.0 EX	19.98	1 997/L4	A5	115	189	—	1 505	6.2	70	欧 IV	215/60R16	S	4	6	S	–	–	S	–	S	2008.01
2.0 EX NAVI	21.98	1 997/L4	A5	115	189	—	1 505	6.2	70	欧 IV	215/60R16	S	4	S	–	–	–	S	–	S	2008.01
2.4 LX	21.98	2 354/L4	A5	132	225	—	1 515	6.5	70	欧 IV	215/60R16	S	4	6	S	–	–	S	–	S	2008.01

续上表

款　型	厂家指导价（万元）	发动机（mL/类型）	变速器形式	最大功率（kW）	最大转矩（N·m）	最高车速（km/h）	整备质量（kg）	90km/h百公里油耗（L）	油箱容积（L）	排放标准	轮胎规格	装备									备注
												A	B	C	D	E	G	H	K	T	
2.4 EX	22.98	2 354/L4	A5	132	225	—	1 515	6.5	70	欧 IV	215/60R16	S	4	6	S	–	–	S	–	S	2008.01
2.4 EX NAVI	24.98	2 354/L4	A5	132	225	—	1 535	6.5	70	欧 IV	215/60R16	S	6	S	–	–	–	S	–	S	2008.01
2.4 EXL NAVI	26.48	2 354/L4	A5	132	225	—	1 535	6.5	70	欧 IV	215/60R16	S	6	S	–	–	–	S	–	S	2008.01
3.5 AT	33.98	3 471/V6	A5	206	339	—	1 620	6.8	70	欧 IV	215/60R16	S	6	S	–	–	–	S	–	S	2008.01
	广汽丰田																				
	新凯美瑞　车身尺寸 (mm)：4 825 × 1 820 × 1 485　轴距 (mm)：2 775　整车保修期限（km/month）：5 万 /24																				
200E 精英版	18.98	1 998/L4	A4	108	190	196	1 490	6.8	70	欧 Ⅲ	215/60R16	S	2	1	–	–	–	S	–	–	2009.03
200E 精英真皮版	19.48	1 998/L4	A4	108	190	196	1 490	6.8	70	欧 Ⅲ	215/60R16	S	2	6	–	–	–	S	–	–	2009.03
240G 豪华版	22.68	2 362/L4	M/A	123	224	202	1 520	6.9	70	欧 Ⅲ	215/60R16	S	6	6	S	–	–	S	–	S	2009.03
240V NAVI 至尊导航版	27.38	2 362/L4	M/A	123	224	202	1 550	6.9	70	欧 Ⅲ	215/55R17	S	6	S	S	–	–	S	S	S	2009.03
	雅力士　车身尺寸 (mm)：3 750 × 1 695 × 1 545　轴距 (mm)：2 460　整车保修期限（km/month）：5 万 /24																				
1.3E 手动舒适版	9.19	1 299/L4	M5	63	121	168	1 050	5.3	42	欧IV	185/60R15	S	2	1	–	–	–	S	S	–	2008.06
1.3E 自动舒适版	9.98	1 299/L4	A4	63	121	165	1 055	5.3	42	欧IV	185/60R15	S	2	1	–	–	–	S	S	–	2008.06
1.6G 手动精致版	10.7	1 598/L4	M5	87	150	195	1 085	5.5	42	欧IV	185/60R15	S	6	1	–	–	–	S	S	–	2008.06
1.6RS 自动至尊版	13.36	1 598/L4	A4	87	150	180	1 125	5.8	42	欧IV	185/60R15	S	6	1	–	–	–	S	S	–	2008.06
1.6RS 自动至尊锐动版	13.63	1 598/L4	A4	87	150	180	1 125	5.8	42	欧IV	185/60R15	S	6	1	–	–	–	S	S	–	2008.06
	汉兰达　车身尺寸 (mm)：4 785 × 1 910 × 1 760　轴距 (mm)：2 790　整车保修期限（km/month）：5 万 /24																				
2.7L 两驱运动版	27.88	2 672/L4	A6	140	252	—	1 805	—	72	—	245/55R19	S	7	6	S	–	–	–	–	–	
2.7L 两驱豪华版	29.88	2 672/L4	A6	140	252	—	1 855	—	72	—	245/55R19	S	7	6	S	–	–	–	–	S	
3.5L 四驱至尊版	42.98	3 456/V6	A5	201	337	—	2 030	—	72	—	245/55R19	S	7	S	S	–	–	–	–	S	
	海马汽车																				
	新普力马　车身尺寸 (mm)：4 384 × 1 718 × 1 579（▲为 1 609）　轴距 (mm)：2 670　整车保修期限（km/month）：6 万 /24																				
5 座手动基本	8.68	1 598/L4	M5	88.2	158	—	—	—	—	—	185/60R15	S	2	1	–	–	–	–	–	–	
5 座自动舒适	9.98	1 839/L4	CVT	90	160	—	—	—	—	—	195/55R15	S	2	1	–	–	–	–	S	–	
▲ 7 座自动豪华	10.88	1 839/L4	CVT	90	160	—	—	—	—	—	195/55R15	S	2	6	S	–	–	S	S	–	
	欢动　车身尺寸 (mm)：4 342 × 1 730 × 1 474　轴距 (mm)：2 607　整车保修期限（km/month）：6 万 /24																				
手动舒适型	8.76	1 839/L4	M5	90	160	—	1 325	—	—	国 Ⅲ	195/55R15	S	2	S	–	–	–	S	–	–	2009.02
手动豪华型	9.66	1 839/L4	M5	90	160	—	1 325	—	—	国 Ⅲ	205/50R16	S	2	S	S	–	–	S	–	S	2009.02
自动舒适型	9.86	1 839/L4	CVT	90	160	—	1 340	—	—	国 Ⅲ	195/55R15	S	2	S	–	–	–	S	–	–	2009.02
自动豪华型	10.66	1 839/L4	CVT	90	160	—	1 340	—	—	国 Ⅲ	205/50R16	S	2	6	S	–	–	S	–	S	2009.02
	丘比特　车身尺寸 (mm)：3 890 × 1 695 × 1 480　轴距 (mm)：2 500　整车保修期限（km/month）：6 万 /24																				
1.3L 手动实用	5.29	1 332/L4	M5	92	126	—	—	—	—	欧IV	175/65R14	S	1	–	–	–	–	–	–	–	2010.02
1.3L 手动舒适	5.89	1 332/L4	M5	92	126	—	—	—	—	欧IV	175/65R14	S	2	S	–	–	–	S	–	–	2010.02
1.3L 手动豪华	6.29	1 332/L4	M5	92	126	—	—	—	—	欧IV	185/55R15	S	2	S	–	–	–	S	–	–	2010.02
1.5L 手动豪华	6.59	1 499/L4	M5	105	141	—	—	—	—	欧IV	185/55R15	S	2	S	–	–	–	S	–	–	2010.02

续上表

款型	厂家指导价（万元）	发动机（mL/类型）	变速器形式	最大功率（kW）	最大转矩（N·m）	最高车速（km/h）	整备质量（kg）	90km/h百公里油耗（L）	油箱容积（L）	排放标准	轮胎规格	装备									备注
												A	B	C	D	E	G	H	K	T	
华晨宝马																					
3系第五代　车身尺寸(mm)：4 520×1 817×1 421　轴距(mm)：2 760　整车保修期限（km/month）：不限公里数/24																					
320i 2.0AT/MT 领先型	36.95	1 995/L4	M/A	115	200	215	1 395	8	60	欧Ⅳ	205/55R16	S	6	6	–	–	–	S	–	S	
320i 2.0AT/MT 时尚型	33.98	1 995/L4	M/A	115	200	215	1 395	8	60	欧Ⅳ	205/55R16	S	6	6	–	–	–	S	–	S	
325i 2.5AT/MT 豪华运动型	48.1	2 497/L6	M/A	160	250	242	1 490	9	60	欧Ⅳ	225/45R17	S	6	6	–	–	–	S	–	S	
325i 2.5AT/MT 领先型	44.2	2 497/L6	M/A	160	250	242	1 490	9	60	欧Ⅳ	225/45R17	S	6	6	–	–	–	S	–	S	
325i 2.5AT/MT 时尚型	40.8	2 497/L6	M/A	160	250	242	1 490	9	60	欧Ⅳ	225/45R17	S	6	6	–	–	–	S	–	S	
5系加长版2008款　车身尺寸(mm)：4 981×1 846×1 477　轴距(mm)：3 028　整车保修期限（km/month）：不限公里数/24																					
新523Li 2.5AT/MT 豪华型	52.16	2 497/L6	M/A	130	230	227	1 595	9.4	70	欧Ⅳ	225/50R17	S	6	6	–	–	–	S	–	S	
新525Li 2.5AT/MT 豪华型	62.56	2 497/L6	M/A	160	250	242	1 600	9.5	70	欧Ⅳ	225/50R17	S	6	6	–	–	–	S	–	S	
新530Li 3.0AT/MT 豪华型	71.26	2 996/L6	M/A	190	300	250	1 605	9.4	70	欧Ⅳ	225/50R17	S	6	6	–	–	–	S	–	S	
华晨中华																					
骏捷2008款　车身尺寸(mm)：4 648×1 800×1 450　轴距(mm)：2 790																					
1.6 MT 舒适型	9.28	1 584/L4	M5	74	134	183	1 390	6.2	74	欧Ⅲ	195/65R15	S	2	1	–	–	–	S	S	S	2008.08
1.6 MT 豪华型	10.28	1 584/L4	M5	74	134	183	1 390	6.2	74	欧Ⅲ	195/65R15	S	2	1	S	–	–	S	S	S	2008.08
1.8T MT 舒适型	12.88	1 793/L4	M6	125	235	207	1 430	6.5	74	欧Ⅳ	205/55R16	S	2	1	–	–	–	S	S	S	2008.08
1.8T AT 尊贵型	15.88	1 793/L4	M/A	125	235	213	1 465	6.8	74	欧Ⅳ	205/55R16	S	4	1	S	–	–	S	S	S	2008.08
骏捷FRV　车身尺寸(mm)：4 210×1 755×1 46　轴距(mm)：2 580																					
1.3 MT 舒适型	6.38	1 300/L4	M5	62.5	108	167	1 230	6.2	55	欧Ⅲ	195/65R15	S	2	1	S	–	–	S	S	S	
1.6 MT 舒适型	6.58	1 600/L4	M5	74.2	134	177	1 230	6.4	55	欧Ⅲ	195/65R15	S	2	1	–	–	–	–	–	–	
1.6 MT 豪华型	7.38	1 600/L4	M5	74.2	134	177	1 230	6.4	55	欧Ⅲ	195/65R15	S	2	1	S	–	–	S	S	S	
1.6 AT 豪华型	8.38	1 600/L4	A4	74	136	170	1 270	7.1	55	欧Ⅳ	195/65R15	S	2	1	S	–	–	S	S	S	
新尊驰　车身尺寸(mm)：4 880×1 800×1 450　轴距(mm)：2 790																					
1.8T MT 舒适型	12.78	1 793/L4	M6	125	235	205	—	7	74	欧Ⅳ	205/55R16	S	2	1	S	–	–	S	–	–	
1.8T AT 豪华型	14.78	1 793/L4	M/A	125	235	210	—	7.1	74	欧Ⅳ	205/55R16	S	2	1	S	–	–	S	–	–	
1.8T AT 旗舰版	24.98	1 793/L4	M/A	125	235	210	—	7.1	74	欧Ⅳ	205/50R17	S	4	S	S	–	S	S	–	–	
2.0 AT 舒适型	12.98	1 997/L4	M/A	108	180	185	—	7	74	欧Ⅳ	205/55R16	S	2	1	S	–	–	S	–	–	
2.0 AT 豪华型	13.98	1 997/L4	M/A	108	180	185	—	7	74	欧Ⅳ	205/55R16	S	2	1	S	–	–	S	–	–	
华泰汽车																					
圣达菲　车身尺寸(mm)：4 500×1 845（▲为1 820）×1 730　轴距(mm)：2 620　整车保修期限（km/month）：10万/24																					
▲1.8T 汽油两驱手动挡标准	12.68	1 796/L4	M5	118	215	170	1 690	—	65	国Ⅲ	225/70R16	S	2	1	–	–	–	S	S	–	
1.8T 汽油两驱手动挡豪华	13.48	1 796/L4	M5	118	215	170	1 690	—	65	国Ⅲ	225/70R16	S	2	S	S	–	–	S	S	S	
1.8T 汽油两驱手动挡豪华国Ⅳ	13.48	1 796/L4	M5	118	215	170	1 690	—	65	国Ⅳ	225/70R16	S	2	S	S	–	–	S	S	S	
2.7L 四驱 自动挡标准	17.08	2 665/V6	A4	131.6	225	175	1 680	—	65	国Ⅲ	225/70R16	S	2	1	–	–	–	S	S	–	

续上表

款型	厂家指导价（万元）	发动机（mL/类型）	变速器形式	最大功率（kW）	最大转矩（N·m）	最高车速（km/h）	整备质量（kg）	90km/h百公里油耗（L）	油箱容积（L）	排放标准	轮胎规格	装备									备注
												A	B	C	D	E	G	H	K	T	
2.7L 四驱自动挡标准天窗版	17.68	2 665/V6	A4	131.6	225	175	1 680	—	65	国Ⅲ	225/70R16	S	2	1	–	–	–	S	S	S	
2.7L 四驱 自动挡豪华 国IV	19.4	2 665/V6	A4	131.6	245.3	175	1 774	—	65	国IV	225/70R16	S	2	S	S	–	–	S	S	S	
特拉卡　车身尺寸(mm)：4 710×1 860×1 790　轴距(mm)：2 750　整车保修期限（km/month）：10万/24																					
2.4 两驱手动挡豪华型	11.98	2 351/L4	M5	92	200	150	1 980	—	75	国Ⅲ	255/65R16	S	2	1	–	–	–	S	S	S	
2.4 四驱手动挡豪华型	13.08	2 351/L4	M5	92	200	150	1 980	—	75	国Ⅲ	255/65R16	S	2	1	–	–	–	S	S	S	
吉利汽车																					
金刚　车身尺寸(mm)：4 342×1 692×1 435　轴距(mm)：2 502　整车保修期限（km/month）：10万/36																					
1.5L MT 基本型	5.18	1 498/L4	M5	69	128	163	—	4.6	—	—	185/60R15	–	–	–	–	–	–	S	–	–	
1.5L MT 标准型	5.58	1 498/L4	M5	69	128	163	—	4.6	—	—	185/60R15	S	–	–	–	–	–	S	–	–	
熊猫　车身尺寸(mm)：3 598×1 630×1 465　轴距(mm)：2 340　整车保修期限（km/month）：10万/36																					
功夫版	4.18	1 342/L4	—	63	110	165	985	4.9	—	—	165/60R14	–	–	–	–	–	–	S	–	–	2009.02
灵动版	4.58	1 342/L4	—	63	110	165	985	4.9	—	—	165/60R14	S	–	–	–	–	–	S	–	–	2009.02
乐动版	4.88	1 342/L4	—	63	110	165	985	4.9	—	—	165/60R14	S	2	S	–	–	–	S	–	–	2009.02
无敌版	5.18	1 342/L4	—	63	110	165	985	4.9	—	—	165/60R14	S	6	S	S	–	–	S	–	–	2009.02
江淮汽车																					
宾悦　车身尺寸(mm)：4 865×1 805×1 450　轴距(mm)：2 790　整车保修期限（km/month）：10万/36																					
2.4 MT 顶级型	14.67	2 350/L4	M5	100	193	185	1 510	8	65	欧Ⅲ	205/55R16	S	2	S	S	–	S	S	S	–	
2.4 MT 豪华型	12.28	2 350/L4	M5	100	193	185	1 510	8	65	欧Ⅲ	205/55R16	S	2	S	S	–	–	S	S	–	
2.0 MT 豪华型	11.28	1 997/L4	M5	95	172	175	1 510	7.5	65	欧Ⅲ	205/55R16	S	2	S	S	–	–	S	S	–	
2.0 MT 舒适型	9.88	1 997/L4	M5	95	172	175	1 510	7.5	65	欧Ⅲ	195/65R15	S	2	1	–	–	–	S	S	–	
同悦/同悦RS　车身尺寸(mm)：4 155（同悦RS为3 965）×1 650×1 465　轴距(mm)：2 410　整车保修期限（km/month）：6万/36																					
1.3L MT 标准型	4.98	1 299/L4	M5	69	114	170	1 100	4.9	45	国IV	175/65R14	S	–	–	–	–	–	S	–	–	
1.3L MT 舒适型	5.28	1 299/L4	M5	69	114	170	1 100	4.9	45	国IV	175/65R14	S	1	1	S	–	–	S	S	–	
1.3L MT 豪华型	5.58	1 299/L4	M5	69	114	170	1 100	4.9	45	国IV	175/65R14	S	2	1	S	–	–	S	S	–	
1.5L MT 舒适型	5.98	1 488/L4	M5	76	130	185	1 100	5.2	45	国IV	175/65R14	S	1	1	S	–	–	S	S	–	
1.5L MT 豪华型	6.28	1 488/L4	M5	76	130	185	1 100	5.2	45	国IV	175/65R14	S	2	1	S	–	–	S	S	–	
南京名爵																					
MG7　车身尺寸(mm)：4 749（▲为4 949）×1 761×1 421　轴距(mm)：2 749（▲为2 949）　整车保修期限（km/month）：6万/36																					
1.8MT 舒适版	17.16	1 796/L4	M5	118	215	215	1 454	6.5	62	国IV	215/55R16	S	4	6	S	–	–	–	–	S	2008.09
1.8MT 豪华版	18.66	1 796/L4	M5	118	215	215	1 454	6.5	62	国IV	215/55R16	S	4	6	S	–	–	S	–	S	2008.09
▲ 2.5 旗舰版	30.28	2 497/V6	M/A	135	240	215	1 645	8.5	—	国Ⅲ	215/55R16	S	4	6	S	–	S	S	–	S	2008.09
MG 3SW　车身尺寸(mm)：3 890×1 735×1 495　轴距(mm)：2 500　整车保修期限（km/month）：6万/36																					
1.4L MT 舒适版	7.98	1 396/L4	M5	76	123	180	1 090	5.3	45	国Ⅲ	205/50R16	S	2	1	–	–	–	–	–	–	2008.09
1.4L MT 豪华版	8.98	1 396/L4	M5	76	123	180	1 090	5.3	45	国Ⅲ	205/50R16	S	2	1	S	–	–	S	–	S	2008.09
1.8L CVT 舒适版	9.58	1 796/L4	CVT	88	160	185	1 120	6.1	45	国Ⅲ	205/50R16	S	2	1	–	–	–	–	–	–	2008.04
1.8L CVT 豪华版	10.98	1 796/L4	CVT	88	160	185	1 120	6.1	45	国Ⅲ	205/50R16	S	2	1	S	–	–	S	–	S	2008.04

续上表

款型	厂家指导价（万元）	发动机（mL/类型）	变速器形式	最大功率（kW）	最大转矩（N·m）	最高车速（km/h）	整备质量（kg）	90km/h百公里油耗（L）	油箱容积（L）	排放标准	轮胎规格	装备									备注
												A	B	C	D	E	G	H	K	T	
奇瑞汽车																					
A3 两厢　车身尺寸(mm)：4 282×1 792×1 467　轴距(mm)：2 550　整车保修期限(km/month)：12 万/48																					
1.6 MT 标准型	7.48	1 597/L4	M5	87.5	147	174	1 350	—	57	国Ⅳ	205/55R16	S	2	S	–	–	–	S	–	–	2009.04
1.6 MT 精英型	8.48	1 597/L4	M5	87.5	147	174	1 350	—	57	国Ⅳ	205/55R16	S	2	S	S	S	–	S	–	–	2009.04
1.8 MT 驾驭型	8.28	1 845/L4	M5	97	170	175	1 350	—	57	国Ⅳ	205/55R16	S	2	S	–	S	–	S	–	–	
1.8 MT 华贵型	9.08	1 845/L4	M5	97	170	175	1 350	—	57	国Ⅳ	205/55R16	S	6	S	S	S	–	S	–	–	
A5　车身尺寸(mm)：4 552×1 750×1 483　轴距(mm)：2 600　整车保修期限(km/month)：6 万/36																					
1.6 MT 实力型	6.98	1 597/L4	M5	80	147	180	1 290	5.2	52	国Ⅲ	195/55R15	S	–	1	–	–	–	S	–	S	
1.6 MT 舒适型	7.48	1 597/L4	M5	80	147	180	1 290	5.2	53	国Ⅲ	195/55R15	S	2	1	S	–	–	S	S	S	
1.8 MT 豪华型	8.38	1 845/L4	M5	97	170	185	1 290	5.3	56	国Ⅲ	195/55R15	S	2	6	S	–	–	S	S	S	
2.0 AT 豪华型	9.38	1 971/L4	M/A	102	182	185	1 326	5.8	57	国Ⅲ	195/55R15	S	2	6	S	–	–	S	S	S	
QQ3　车身尺寸(mm)：3 550×1 495×1 530　轴距(mm)：2 340　整车保修期限(km/month)：5 万/24																					
0.8 MT 基本型	3.08	812/L4	M5	38	70	130	880	3.7	35	国Ⅲ	155/65R13	–	–	–	–	–	–	–	–	–	
0.8 MT 舒适型	3.68	812/L4	M5	38	70	130	880	3.7	35	国Ⅲ	155/65R13	S	–	–	–	–	–	S	–	–	
1.1 MT 标准型	3.68	1 083/L4	M5	50	90	130	890	3.9	35	国Ⅲ	155/65R13	–	–	–	–	–	–	–	–	–	
1.1 AMT 豪华型	5.08	1 083/L4	M/A	50	90	130	900	3.8	35	国Ⅲ	155/65R13	S	2	1	S	–	–	S	–	–	
QQ6　车身尺寸(mm)：3 998×1 640×1 535　轴距(mm)：2 340　整车保修期限(km/month)：5 万/24																					
1.1 MT 舒适型	4.28	1 083/L4	M5	50	90	130	990	4.3	45	国Ⅳ	175/60R14	S	–	1	–	–	–	–	–	–	
1.1 MT 豪华型	4.48	1 083/L4	M5	50	90	130	990	4.3	45	国Ⅳ	175/60R14	S	2	1	–	–	–	S	–	–	
1.3 MT 舒适型	4.78	1 297/L4	M5	90	114	130	1 050	4.6	45	国Ⅳ	175/60R14	S	–	1	–	–	–	S	–	–	
1.3 MT 豪华型	4.98	1 297/L4	M5	90	114	130	1 050	4.6	45	国Ⅳ	175/60R14	S	2	1	–	–	–	S	–	–	
QQme　车身尺寸(mm)：3 747×1 597×1 514　轴距(mm)：2 315　整车保修期限(km/month)：5 万/24																					
欢心版	5.5	1 297/L4	M5	61	114	167	1 050	—	43	国Ⅳ	175/60R14	S	1	–	–	–	–	S	–	–	
欢动版	5.8	1 297/L4	M5	61	114	167	1 050	—	43	国Ⅳ	175/60R14	S	2	1	S	–	–	S	–	–	
欢乐版	6.2	1 297/L4	M5	61	114	167	1 050	—	43	国Ⅳ	175/60R14	S	4	6	S	–	–	S	–	–	
瑞虎 09 款　车身尺寸(mm)：4 285×1 765×1 705　轴距(mm)：2 510　整车保修期限(km/month)：6 万/24																					
1.6 MT 舒适型	8.48	1 597/L4	M5	80	147	160	1 375	—	57	国Ⅲ	215/65R16	S	2	1	–	–	–	S	–	–	
1.6 MT 豪华型	9.48	1 597/L4	M5	80	147	160	1 375	—	57	国Ⅲ	215/65R16	S	2	S	–	–	–	S	–	S	
1.8 MT 舒适型	9.18	1 845/L4	M5	97	170	175	1 390	—	57	国Ⅲ	215/65R16	S	2	1	–	–	–	S	–	–	
1.8 MT 豪华型	10.18	1 845/L4	M5	97	170	175	1 390	—	57	国Ⅲ	215/65R16	S	2	S	–	–	–	S	–	S	
2.0 AT 舒适型	10.58	1 971/L4	M/A	102	182	170	1 400	—	57	国Ⅳ	235/60R16	S	2	1	–	–	–	S	–	–	
2.0 AT 豪华型	11.58	1 971/L4	M/A	102	182	170	1 400	—	57	国Ⅳ	235/60R16	S	2	S	–	–	–	S	–	S	
荣威																					
2010 款 550　车身尺寸(mm)：4 624×1 827×1 480　轴距(mm)：2 705　整车保修期限(km/month)：8 万/36																					
品逸版	15.48	1 796/L4	M5	118	215	205	—	5.6	62	国Ⅳ	215/50R17	S	2	S	–	S	–	S	S	S	
品仕版	18.98	1 796/L4	M/A	118	215	205	—	6.8	62	国Ⅳ	215/50R17	S	6	S	S	S	–	S	S	S	
启悦版	12.68	1 796/L4	M5	98	170	188	—	5.6	62	国Ⅳ	215/50R17	S	2	S	–	S	–	S	S	–	

续上表

款型	厂家指导价（万元）	发动机（mL/类型）	变速器形式	最大功率（kW）	最大转矩（N·m）	最高车速（km/h）	整备质量（kg）	90km/h百公里油耗（L）	油箱容积（L）	排放标准	轮胎规格	装备									备注
												A	B	C	D	E	G	H	K	T	
启智版	13.88	1 796/L4	M/A	98	170	188	—	6	62	国IV	215/50R17	S	2	S	–	S	–	S	S	–	
启臻版	14.98	1 796/L4	M/A	98	170	188	—	6	62	国IV	215/50R17	S	2	S	–	S	–	S	S	S	
750 车身尺寸(mm)：4 865×1 765×1 422 轴距(mm)：2 849 整车保修期限（km/month）：8 万 /36																					
典雅版	21.78	2 497/V6	A5	135	230	220	1 600	6.4	65	欧IV	215/55R16	S	4	6	–	–	–	S	–	S	
贵雅版	23.18	2 497/V6	A5	135	230	220	1 600	6.4	65	欧IV	215/50R17	S	4	S	S	–	–	S	–	S	
睿雅版	25.88	2 497/V6	A5	135	230	220	1 600	6.4	65	欧IV	215/50R17	S	4	S	S	–	–	S	–	S	
上海大众																					
POLO 劲情 车身尺寸(mm)：3 916×1 650×1 465 轴距(mm)：2 460 整车保修期限（km/month）：6 万 /24																					
1.4 手动时尚版	9.08	1 399/L4	M5	63	130	178	1 127	5	45	国Ⅲ	195/60R14	S	2	1	–	–	–	S	S	–	
1.4 自动时尚版	10.56	1 399/L4	M/A	63	130	172	1 168	5.5	45	国Ⅲ	195/60R14	S	2	1	S	–	–	S	S	–	
1.4 手动风尚版	10.06	1 399/L4	M5	63	130	178	1 127	5	45	国Ⅲ	195/60R14	S	2	1	S	–	–	S	S	S	
1.4 自动风尚版	11.36	1 399/L4	M/A	63	130	172	1 168	5.5	45	国Ⅲ	195/60R14	S	2	1	S	–	–	S	S	S	
1.6 自动风尚版	11.98	1 598/L4	M/A	77	155	182	1 186	5.7	45	国Ⅲ	195/60R14	S	4	1	S	–	–	S	S	S	
POLO 劲取 车身尺寸(mm)：4 200×1 650×1 465 轴距(mm)：2 460 整车保修期限（km/month）：6 万 /24																					
1.4 手动雅适版	9.28	1 399/L4	M5	63	130	178	1 139	5	45	国Ⅲ	195/60R14	S	2	1	–	–	–	–	S	–	
1.4 自动雅致版	11.58	1 399/L4	M/A	63	130	172	1 180	5.5	45	国Ⅲ	195/60R14	S	2	1	S	–	–	S	S	–	
1.6 手动雅致版	10.9	1 598/L4	M5	77	155	188	1 155	5.5	45	国Ⅲ	195/60R14	S	2	1	S	–	–	S	S	–	
1.6 自动雅尊版	13.3	1 598/L4	M/A	77	155	182	1 198	5.7	45	国Ⅲ	195/60R14	S	4	1	S	–	–	S	S	S	
途安 车身尺寸(mm)：4 411×1 794×1 650（▲为 1 670） 轴距(mm)：2 678 整车保修期限（km/month）：6 万 /24																					
2.0L 智享版手动挡 5 座	16.98	1 984/L4	M5	85	170	180	1 505	7.4	60	国Ⅲ	205/55R16	S	2	1	S	–	–	S	–	S	2008.08
2.0L 智享版自动挡 5 座	17.98	1 984/L4	M/A	85	170	175	1 550	7.6	60	国Ⅲ	205/55R16	S	2	1	S	–	–	S	–	S	2008.08
▲ 1.8L 智尊版手动挡 5 座	19.98	1 781/L4	M5	110	220	198	1 570	7.4	60	国Ⅲ	205/55R16	S	2	1	S	–	–	S	–	S	2008.08
▲ 1.8L 智尊版自动挡 5 座	20.98	1 781/L4	M/A	110	220	193	1 615	7.7	60	国Ⅲ	205/55R16	S	2	1	S	–	–	S	–	S	2008.08
▲ 1.8L 智尊版自动挡 7 座	22.18	1 781/L4	M/A	110	220	193	1 635	7.7	60	国Ⅲ	205/55R16	S	2	1	S	–	–	S	–	S	2008.08
朗逸 车身尺寸(mm)：4 608×1 743×1 465 轴距(mm)：2 610 整车保修期限（km/month）：6 万 /24																					
1.6L 手动品悠版	11.28	1 598/L4	M5	77	155	180	1 245	5.8	55	国IV	205/55R16	S	2	6	–	–	–	S	S	–	
1.6L 自动品悠版	12.48	1 598/L4	M/A	77	155	174	1 285	6	55	国IV	195/65R16	S	2	1	–	–	–	S	S	–	
1.6L 手动品轩版	13.38	1 598/L4	M5	77	155	180	1 245	5.8	55	国IV	205/55R16	S	2	6	–	–	–	S	S	–	
2.0L 手动品轩版	13.78	1 984/L4	M5	88	180	191	1 283	6	55	国IV	205/55R16	S	4	6	S	–	–	S	S	S	
2.0L 自动品轩版	14.98	1 984/L4	M/A	88	180	185	1 323	6.3	55	国IV	205/55R16	S	4	6	S	–	–	S	S	S	
PASSAT 新领驭 车身尺寸(mm)：4 789×1 765×1 470 轴距(mm)：2 803 整车保修期限（km/month）：6 万 /24																					
2.0MFI 手动尊享型	16.98	1 984/L4	M5	85	172	198	1 392	6	62	国IV	215/55R16	S	2	S	–	–	–	S	–	S	2009.05
2.0MFI 自动尊享型	17.98	1 984/L4	A4	85	172	190	1 432	7	62	国IV	215/55R16	S	2	S	–	–	–	S	–	S	2009.05
1.8T 手动尊享型	18.18	1 781/L4	M5	120	220	210	1 472	6.3	62	国IV	215/55R16	S	4	S	–	–	–	S	–	S	2009.05
1.8T 自动尊杰型	24.08	1 781/L4	M/A	120	220	210	1 522	6.2	62	国IV	215/55R16	S	4	S	–	–	–	S	–	S	2009.05
途观 车身尺寸(mm)：4 525×1 809×1 685（▲为 1 665） 轴距(mm)：2 684 整车保修期限（km/month）：6 万 /24																					
▲ 1.8TSI 手动前驱动都会版	19.98	1 798/L4	M6	118	250	190	1 530	6	63	国IV	215/55R16	S	4	1	–	S	–	S	S	–	

续上表

款 型	厂家指导价（万元）	发动机（mL/类型）	变速器形式	最大功率（kW）	最大转矩（N·m）	最高车速（km/h）	整备质量（kg）	90km/h百公里油耗（L）	油箱容积（L）	排放标准	轮胎规格	装备									备注
												A	B	C	D	E	G	H	K	T	
▲ 1.8TSI 手自一体前驱都会版	21.18	1 798/L4	M/A	118	250	190	1 580	6.5	63	国Ⅳ	215/55R16	S	4	1	–	S	–	S	S	–	
1.8TSI 手自一体前驱风尚版	23.38	1 798/L4	M/A	118	250	190	1 580	6.5	63	国Ⅳ	215/55R16	S	4	1	S	S	–	S	S	–	
1.8TSI 手自一体4MOTTON 风尚版	24.88	1 798/L4	M/A	118	250	190	1 680	6.6	63	国Ⅳ	215/55R16	S	4	1	S	S	–	S	S	–	
1.8TSI 手自一体4MOTTON 菁英版	26.68	1 798/L4	M/A	118	250	190	1 680	6.6	63	国Ⅳ	235/55R17	S	6	S	S	S	–	S	S	S	
2.0TSI 手自一体4MOTTON 菁英版	28.18	1 798/L4	M/A	147	280	200	1 705	6.7	63	国Ⅳ	235/55R17	S	6	S	S	S	–	S	S	S	
2.0TSI 手自一体4MOTTON 旗舰版	29.48	1 798/L4	M/A	147	280	200	1 705	6.7	63	国Ⅳ	235/55R17	S	6	S	S	S	–	S	S	S	
	上海通用别克																				
	英朗 XT　车身尺寸 (mm)：4 419 × 1 814 × 1 487（1508 带鲨鱼鳍）　轴距 (mm)：2 685																				
1.6L 手动进取版	13.49	1 600/L4	M5	89	150	185	1375	5.7	60	国Ⅳ	205/60R16	S	4	1	S	–	–	S	S	S	
1.8L 自动时尚版	15.79	1 800/L4	M/A	108	177	190	1430	6.1	60	国Ⅳ	205/60R16	S	4	1	S	–	–	S	S	S	
1.8L 自动豪华版	18.59	1 800/L4	M/A	108	177	190	1430	6.1	60	国Ⅳ	215/50R17	S	6	1	S	–	–	S	S	S	
1.6T 时尚运动版	16.99	1 600/L4	M/A	135	235	220	1475	6.2	60	国Ⅳ	225/50R17	S	4	1	S	–	–	S	S	S	
1.6T 新锐运动版	17.99	1 600/L4	M/A	135	235	220	1475	6.2	60	国Ⅳ	225/50R17	S	4	6	S	–	–	S	S	S	
	凯越 HRV　车身尺寸 (mm)：4 308 × 1 725 × 1 453　轴距 (mm)：2 600　整车保修期限（km/month）：6 万 /24																				
1.6 MT–LE	10.58	1 598/L4	M5	78	146	180	1 255	8	60	欧Ⅲ	195/55R15	S	2	1	S	–	–	S	S	S	
1.6 AT–LE	11.58	1 598/L4	A4	78	146	172	1 255	8.3	60	欧Ⅲ	195/55R15	S	2	6	S	–	–	S	S	S	
1.6 MT–LE 导航版	11.28	1 598/L4	M5	78	146	180	1 255	8	60	欧Ⅲ	195/55R15	S	2	1	S	–	S	S	S	S	
1.6 AT–LE 导航版	12.28	1 598/L4	A4	78	146	172	1 255	8.3	60	欧Ⅲ	195/55R15	S	2	1	S	–	S	S	S	S	
	09 款林荫大道　车身尺寸 (mm)：5 175 × 1 899 × 1 480　轴距 (mm)：3 009　整车保修期限（km/month）：6 万 /24																				
2.8L 舒适版	30.89	2 792/V6	M/A	150	265	205	1 875	11.4	75	欧Ⅳ	225/60R16	S	4	6	S	S	–	S	S	S	
2.8L 精英版	34.89	2 792/V6	M/A	150	265	205	1 875	11.4	75	欧Ⅳ	225/55R17	S	6	S	S	S	S	S	S	S	
2.8L 豪华版	39.89	2 792/V6	M/A	150	265	215	1 875	11.4	75	欧Ⅳ	225/60R16	S	6	S	S	S	S	S	S	S	
3.6L 旗舰版	46.89	3 565/V6	M/A	187	340	225	1 875	11.6	75	欧Ⅳ	225/55R17	S	6	S	S	S	S	S	S	S	
	君威　车身尺寸 (mm)：4 830 × 1 856 × 1 484　轴距 (mm)：2 737　整车保修期限（km/month）：6 万 /24																				
2.0 G–AT 舒适版	17.99	1 998/L4	M/A	108	190	197	1 555	5.6	70	国Ⅳ	225/55R17	S	4	1	S	S	–	S	S	–	
2.4 G–AT 舒适版	19.99	2 384/L4	M/A	125	225	205	1 570	5.7	70	国Ⅳ	225/55R17	S	4	6	S	S	–	S	S	–	
2.0 GL–AT 精英版	19.99	1 998/L4	M/A	108	190	197	1 555	5.6	70	国Ⅳ	225/55R17	S	6	6	S	S	–	S	S	–	
2.4 GS–AT 精英版	22.59	2 384/L4	M/A	125	225	205	1 570	5.7	70	国Ⅳ	245/45R18	S	6	S	S	S	–	S	S	–	
	新君越　车身尺寸 (mm)：5 000 × 1 858 × 1 497　轴距 (mm)：2 837　整车保修期限（km/month）：6 万 /24																				
2.4 舒适版	21.99	2 384/L4	M/A	125	225	200	1 750	6.3	70	国Ⅳ	225/55R17	S	6	6	S	S	–	S	S	S	2009.08
2.4 雅致版	22.99	2 384/L4	M/A	125	225	200	1 750	6.3	70	国Ⅳ	225/55R17	S	6	6	S	S	–	S	S	S	2009.08
2.4 豪雅版	24.99	2 384/L4	M/A	125	225	200	1 750	6.3	70	国Ⅳ	225/55R17	S	6	S	S	S	S	S	S	S	2009.08

续上表

款型	厂家指导价（万元）	发动机（mL/类型）	变速器形式	最大功率（kW）	最大转矩（N·m）	最高车速（km/h）	整备质量（kg）	90km/h百公里油耗（L）	油箱容积（L）	排放标准	轮胎规格	装备									备注
												A	B	C	D	E	G	H	K	T	
2.4 豪华版	26.99	2 384/L4	M/A	125	225	200	1 750	6.3	70	国IV	225/55R17	S	6	S	S	S	S	S	S	S	2009.08
3.0 旗舰版	31.99	2 994/V6	M/A	190	296	205	1 850	6.5	70	国IV	245/45R18	S	8	S	S	S	S	S	S	S	2009.08
	新凯越　车身尺寸(mm)：4 515×1 725×1 445　轴距(mm)：2 600　整车保修期限（km/month）：6 万 /24																				
1.6 LE-MT 手动舒适版	10.79	1 598/L4	M5	78	146	180	1 250	8	60	欧IV	195/55R15	S	2	1	S	–	–	S	S	S	2008.06
1.6 LE-AT 自动舒适版	11.79	1 598/L4	A4	78	146	172	1 260	8.3	60	欧IV	195/55R15	S	2	1	S	–	–	S	S	S	2008.06
	上海通用雪佛兰																				
	科帕奇　车身尺寸(mm)：4 635×1 850/1 870（含制动踏板）×1 720/1 755（含行李架）　轴距(mm)：2 705　整车保修期限（km/month）：6 万 /24																				
2.4 MT 5 座舒适型	22.48	2 405/L4	M5	100	220	183	1 730	9.3	65	欧IV	235/55R18	S	4	1	S	–	–	–	S	S	2008.01
2.4 AT 7 座豪华型	25.58	2 405/L4	M/A	100	220	178	1 770	10.4	65	欧IV	235/55R18	S	4	6	S	S	–	–	S	S	2008.01
	新乐风　车身尺寸(mm)：4 310×1 690×1 507　轴距(mm)：2 480　整车保修期限（km/month）：6 万 /24																				
1.2 SL MT	7.39	1 206/L4	M5	64	112	160	1 105	—	45	欧IV	185/60R14	S	2	–	–	–	–	–	–	–	
1.4 SL MT	7.49	1 399/L4	M5	69	128	160	1 105	—	45	欧IV	185/60R14	S	2	–	–	–	–	–	–	–	
1.6 SX MT	9.39	1 598/L4	M5	78	142	170	1 135	—	45	欧IV	185/60R14	S	2	1	–	–	–	S	S	S	
1.6 SX AT	10.19	1 598/L4	A4	78	142	165	1 140	—	45	欧IV	185/60R14	S	2	1	–	–	–	S	S	S	
	新景程　车身尺寸(mm)：4 820×1 807×1 450　轴距(mm)：2 700　整车保修期限（km/month）：6 万 /24																				
SE 舒适版 MT	13.78	1 998/L4	M5	95	185	195	1 495	6.6	65	欧IV	205/65R15	S	2	1	S	–	–	S	S	–	
SE 舒适版 AT	14.68	1 998/L4	A4	95	185	185	1 509	6.7	65	欧IV	205/65R15	S	2	1	S	–	–	S	S	–	
SX 豪华版 MT	15.38	1 998/L4	M5	95	185	195	1 495	6.6	65	欧IV	205/55R16	S	2	6	S	–	–	S	S	S	
SX 豪华版 AT	16.28	1 998/L4	A4	95	185	185	1 509	6.7	65	欧IV	205/55R16	S	2	6	S	–	–	S	S	S	
	新乐骋　车身尺寸(mm)：3 920×1 680×1 499　轴距(mm)：2 8480　整车保修期限（km/month）：6 万 /24																				
1.2 SL MT	7.19	1 206/L4	M5	64	112	160	1 095	4.7	45	欧IV	185/60R14	S	2	–	–	–	–	–	–	–	2008.11
1.4 SE AT	8.79	1 399/L4	A4	69	128	155	1 140	5.1	45	欧IV	185/60R14	S	2	1	–	–	–	S	S	–	2008.11
1.6 SX MT	8.99	1 598/L4	M5	78	146	170	1 148	5	45	欧IV	185/60R14	S	2	1	–	–	–	S	S	S	2008.11
1.6 SX AT	9.79	1 598/L4	A4	78	146	165	1 155	5.1	45	欧IV	185/60R14	S	2	1	–	–	–	S	S	S	2008.11
	科鲁兹　车身尺寸(mm)：4 598×1 797×1 477　轴距(mm)：2 685　整车保修期限（km/month）：6 万 /24																				
1.6 SL MT	10.89	1 598/L4	M5	86	150	180	1 360	5.95	60	欧IV	205/65R15	S	2	1	–	–	–	S	S	–	
1.6 SE AT	13.29	1 598/L4	M/A	86	150	180	1 400	6.35	60	欧IV	205/65R15	S	4	1	S	–	–	S	S	–	
1.8 SX AT	14.89	1 796/L4	M/A	105	177	188	1 425	6.55	60	欧IV	205/60R16	S	6	1	S	–	–	S	S	S	
	新赛欧　车身尺寸(mm)：4 249×1 690×1 505　轴距(mm)：2 465　整车保修期限（km/month）：6 万 /24																				
1.2 SL MT	5.68	1 206/L4	M5	64	115	165	1 020	4.5	42	欧IV	175/70R13	–	2	–	–	–	–	S	–	–	2010.02
1.2 SE MT	6.18	1 206/L4	M5	64	115	165	1 020	4.5	42	欧IV	175/65R14	S	2	–	–	–	–	S	–	–	2010.02
1.4 SE MT	6.48	1 399/L4	M5	76	131	170	1 060	4.6	42	欧IV	175/65R14	S	2	–	–	–	–	S	–	–	2010.02
1.4 SX MT	6.88	1 399/L4	M5	76	131	170	1 060	4.6	42	欧IV	175/65R14	S	2	S	–	–	–	S	–	–	2010.02
	上海通用凯迪拉克																				
	SLS　车身尺寸(mm)：5 110×1 845×1 465　轴距(mm)：3 057　整车保修期限（km/month）：10 万 /36																				
3.6L 精英型	56.8	3 564/V6	M/A	190	342	201	1 890	12.2	—	欧IV	235/55R17	S	6	6	–	–	S	–	–	S	2008.11

续上表

款　　型	厂家指导价（万元）	发动机（mL/类型）	变速器形式	最大功率（kW）	最大转矩（N·m）	最高车速（km/h）	整备质量（kg）	90km/h百公里油耗（L）	油箱容积（L）	排放标准	轮胎规格	装备									备注
												A	B	C	D	E	G	H	K	T	
4.6L 旗舰型	82.8	4 565/V6	M/A	239	427	250	1 960	13.1	—	欧Ⅳ	235/55R17	S	6	6	–	–	S	–	–	S	2008.11
3.6L 豪华型	63.8	3 564/V6	M/A	190	342	245	1 920	12.2	—	欧Ⅳ	235/55R17	S	6	6	–	–	S	–	–	S	2008.11
2.8L 豪华型	49.8	2 797/V6	M/A	156	263	201	1 880	11.6	—	欧Ⅳ	235/55R17	S	6	6	–	–	S	–	–	S	2008.11
2.8L 精英型	44.8	2 797/V6	M/A	156	263	201	1 860	11.6	—	欧Ⅳ	235/55R17	S	6	6	–	–	S	S	–	S	2008.11
斯柯达																					
新明锐　车身尺寸 (mm)：4 569 × 1 769 × 1 462　轴距 (mm)：2 578　整车保修期限（km/month）：6 万 /24																					
1.6L 16V 手动逸致版	12.34	1 598/L4	M5	77	155	185	1 285	5.9	55	国Ⅳ	195/65R15	S	2	1	–	–	–	S	S	S	
1.6L 16V 手动逸仕版	13.7	1 598/L4	M5	77	155	185	1 285	5.9	55	国Ⅳ	195/65R15	S	2	1	–	–	–	S	S	S	
1.6L 16V 手自一体逸尊版	16.55	1 598/L4	M/A	77	155	180	1 318	6.1	55	国Ⅳ	205/55R16	S	4	6	S	S	–	S	S	S	
2.0MPI 手自一体逸俊版	15.2	1 984/L4	M/A	80	180	186	1 346	6.3	55	国Ⅳ	205/55R16	S	2	1	S	–	–	S	S	S	
1.4TSI 手动逸俊版	14.7	1 390/L4	M/A5	96	220	200	1 360	6.5	55	国Ⅳ	205/55R16	S	2	1	S	–	–	S	S	S	
1.8TSI 双离合器手自动一体逸俊版	16.9	1 798/L4	MA	118	250	213	1 410	7.1	55	国Ⅳ	205/55R16	S	2	1	S	–	–	S	S	S	
1.8TSI 双离合器手自动一体逸尊版	18.55	1 798/L4	M/A	118	250	213	1 410	7.1	55	国Ⅳ	205/55R16	S	4	6	S	S	–	S	S	S	
晶锐　车身尺寸 (mm)：3 992 × 1 642 × 1 500　轴距 (mm)：2 465　整车保修期限（km/month）：6 万 /24																					
1.4L 手动晶致版	8.19	1 390/L4	M5	63	130	173	1 100	5.1	45	国Ⅳ	185/60R14	S	2	1	–	–	–	S	–	–	2009.01
1.4L 手动晶灵版	9.29	1 390/L4	M5	63	130	173	1 100	5.1	45	国Ⅳ	195/65R15	S	2	6	–	–	–	S	S	–	2009.01
1.6L 手动晶灵版	9.79	1 598/L4	M5	77	155	185	1 115	5.6	45	国Ⅳ	195/65R15	S	2	6	–	–	–	S	S	–	2009.01
1.4L 手自一体晶享版	11.29	1 390/L4	M/A	63	130	167	1 160	5.6	45	国Ⅳ	185/60R14	S	4	6	S	–	–	S	S	S	2009.01
1.6L 手自一体晶享版	11.79	1 598/L4	M/A	77	155	180	1 175	5.8	45	国Ⅳ	195/65R15	S	4	6	S	–	–	S	S	S	2009.01
昊锐　车身尺寸 (mm)：4 838 × 1 817 × 1 462　轴距 (mm)：2 761　整车保修期限（km/month）：6 万 /24																					
1.8TSI 手动智雅版	17.99	1 798/L4	M5	118	250	215	1 465	6.1	60	国Ⅳ	205/55R16	S	2	1	–	–	–	S	S	–	2009.08
1.8TSI 手自一体智雅版	19.19	1 798/L4	M/A	118	250	210	1 530	6.1	60	国Ⅳ	205/55R16	S	2	1	–	–	–	S	S	–	2009.08
1.8TSI 手自一体优雅版	20.59	1 798/L4	M/A	118	250	210	1 530	6.1	60	国Ⅳ	205/55R16	S	4	6	S	–	–	S	S	S	2009.08
1.8TSI 手自一体贵雅版	21.59	1 798/L4	M/A	118	250	210	1 530	6.1	60	国Ⅳ	205/55R16	S	6	6	S	S	–	S	S	S	2009.08
1.8TSI 手自一体尊雅版	23.59	1 798/L4	M/A	118	250	210	1 530	6.1	60	国Ⅳ	205/55R16	S	6	S	S	S	–	S	S	S	2009.08
2.0TSI 手自一体优雅版	22.09	1 984/L4	M/A	147	280	220	1 555	6.1	60	国Ⅳ	205/55R16	S	4	6	S	–	–	S	S	S	2009.08
2.0TSI 手自一体贵雅版	23.09	1 984/L4	M/A	147	280	220	1 555	6.1	60	国Ⅳ	205/55R16	S	6	6	S	S	–	S	S	S	2009.08
2.0TSI 手自一体尊雅版	25.09	1 984/L4	M/A	147	280	220	1 555	6.1	60	国Ⅳ	205/55R16	S	6	S	S	S	–	S	S	S	2009.08
一汽奥迪																					
新 A4L　车身尺寸 (mm)：4 763 × 1 826 × 1 426　轴距 (mm)：2 869　整车保修期限（km/month）：不限公里数 /24																					
2.0 TFSI 标准型	29.88	1 984/L4	CVT	132	320	225	1 615	5.7	65	国Ⅳ	225/55R16	S	S	1	S	S	–	S	S	S	2009.01
2.0 TFSI 豪华型	38.86	1 984/L4	CVT	132	320	225	1 615	5.7	65	国Ⅳ	225/55R16	S	S	1	S	S	S	S	S	S	2009.01
3.2 TFSI quattro 旗舰型	53.88	3 197/V6	M/A	195	330	250	1 750	6.9	64	国Ⅳ	245/40R18	S	S	1	S	S	S	S	S	S	2009.01
09 款 A6L　车身尺寸 (mm)：5 035 × 1 855 × 1 485　轴距 (mm)：2 945　整车保修期限（km/month）：不限公里数 /24																					
2.0 TFSI 基本型	34.82	1 984/L4	M6	125	280	224	1 715	6.4	80	欧Ⅳ	225/55R16	S	6	6	–	S	–	–	–	–	

续上表

款型	厂家指导价（万元）	发动机（mL/类型）	变速器形式	最大功率（kW）	最大转矩（N·m）	最高车速（km/h）	整备质量（kg）	90km/h百公里油耗（L）	油箱容积（L）	排放标准	轮胎规格	装备									备注
												A	B	C	D	E	G	H	K	T	
2.0 TFSI 手动标准型	37.25	1 984/L4	M6	125	280	224	1 750	6.4	80	欧Ⅳ	225/55R16	S	6	6	–	S	–	–	–	–	
2.4 舒适型	46.88	2 393/V6	CVT	130	230	222	1 755	7	80	欧Ⅳ	225/50R17	S	6	6	–	S	–	–	–	–	
2.4 豪华型	52.98	2 393/V6	CVT	130	230	222	1 755	7	80	欧Ⅳ	225/50R17	S	6	6	–	S	–	–	S	–	
2.8FSI 豪华型	61.82	2 773/V6	CVT	154	280	236	1 765	6.7	80	欧Ⅳ	225/50R17	S	6	6	–	S	–	S	S	–	
3.0 TFSI Quattro 豪华型	69.6	2 995/V6	CVT	213	420	251	1 900	7.9	80	欧Ⅳ	245/45R17	S	6	6	–	S	–	S	S	–	2008.11
一汽-大众																					
新宝来 车身尺寸(mm)：4 540×1 775×1 467 轴距(mm)：2 610 整车保修期限（km/month）：6 万 /24																					
1.6L 手动时尚	10.78	1 595/L4	M5	74	145	180	1 265	5.8	55	国Ⅳ	195/65R15	S	2	S	–	–	–	S	S	–	2008.10
1.6L 自动舒适	13.08	1 595/L4	M/A	74	145	174	1 305	6	55	国Ⅳ	195/65R15	S	2	S	S	–	–	S	S	–	2008.10
1.6L 自动豪华	13.78	1 595/L4	M/A	74	145	174	1 305	6	55	国Ⅳ	195/65R15	S	4	S	S	–	–	S	S	–	2008.10
2.0L 手动舒适	12.48	1 984/L4	M5	88	180	191	1 275	6	55	国Ⅳ	205/55R16	S	2	S	S	–	–	S	S	–	2008.10
2.0L 自动舒适	13.68	1 984/L4	M/A	88	180	185	1 315	6.3	55	国Ⅳ	205/55R16	S	2	S	S	–	–	S	S	–	2008.10
2.0L 自动豪华	14.38	1 984/L4	M/A	88	180	185	1 315	6.3	55	国Ⅳ	205/55R16	S	4	S	S	–	–	S	S	–	2008.10
速腾 车身尺寸(mm)：4 544×1 760×1 461 轴距(mm)：2 578 整车保修期限（km/month）：6 万 /24																					
1.6L 手动时尚型	13.88	1 595/L4	M5	74	145	185	1 353	6	55	欧Ⅳ	195/65R15	S	4	1	S	S	–	S	S	–	
1.6L 手自一体时尚型	14.98	1 595/L4	M/A	74	145	182	1 379	6.8	55	欧Ⅳ	195/65R15	S	4	1	S	S	–	S	S	–	
1.8TSI 手动冠军版	17.88	1 798/L4	M5	118	250	—	—	—	55	欧Ⅳ	225/45R17	S	4	6	S	–	–	S	–	S	
1.8TSI 手自一体冠军版	19.08	1 798/L4	M/A	118	250	—	—	—	55	欧Ⅳ	225/45R17	S	4	6	S	–	–	S	–	S	
2.0L 手动舒适型	15.78	1 984/L4	M5	85	170	191	1 374	7	55	欧Ⅳ	205/55R16	S	4	1	S	S	–	S	S	S	
2.0L 手自一体舒适型	16.98	1 984/L4	M/A	85	170	185	1 406	7.5	55	欧Ⅳ	205/55R16	S	4	6	S	S	–	S	S	S	
2011 款迈腾 车身尺寸(mm)：4 765×1 820×1 472 轴距(mm)：2 709 整车保修期限（km/month）：6 万 /24																					
1.4TSI 标准型	19.38	1 400/L4	M/A	96	220	200	1 460	5.8	70	国Ⅳ	215/55R16	S	4	S	S	–	–	–	S	–	
1.4TSI 精英型	20.38	1 400/L4	M/A	96	220	200	1 460	5.8	70	国Ⅳ	215/55R16	S	4	S	S	–	–	–	S	S	
1.8TSI 舒适型	21.28	1 798/L4	M5	118	250	211	1 480	6.2	70	国Ⅳ	215/55R16	S	4	S	S	–	–	S	S	S	
1.8TSI 豪华型	23.68	1 798/L4	M/A	118	250	210	1 525	6.1	70	国Ⅳ	215/55R16	S	4	S	S	–	–	S	S	S	
2.0TSI 舒适型	25.18	1 984/L4	M/A	147	280	230	1 530	6.2	70	国Ⅳ	215/55R17	S	4	S	S	–	–	S	S	S	
2.0TSI 豪华型	26.38	1 984/L4	M/A	147	280	230	1 530	6.2	70	国Ⅳ	215/55R17	S	6	S	S	–	S	S	S	S	
高尔夫 6 车身尺寸(mm)：4 199×1 786×1 479 轴距(mm)：2 578 整车保修期限（km/month）：6 万 /24																					
1.6L 手动时尚型	11.88	1 600/L4	M5	77	155	185	1 275	5.6	55	国Ⅳ	195/65R15	S	4	1	–	S	–	–	S	–	
1.6L 手动舒适型	12.58	1 600/L4	M5	77	155	185	1 275	5.6	55	国Ⅳ	205/55R16	S	4	1	S	S	–	–	S	S	
1.6L 自动舒适型	13.98	1 600/L4	M/A	77	155	180	1 295	5.9	55	国Ⅳ	205/55R16	S	4	1	S	S	–	–	S	S	
1.4TSI 手动舒适型	13.58	1 400/L4	M5	96	220	200	1 330	5.5	55	国Ⅳ	205/55R16	S	4	1	S	S	–	–	S	S	
1.4TSI 自动舒适型	14.98	1 400/L4	M/A	96	220	200	1 370	5.8	55	国Ⅳ	205/55R16	S	4	1	S	S	–	–	S	S	
1.4TSI 自动豪华型	16.68	1 400/L4	M/A	96	220	200	1 370	5.8	55	国Ⅳ	205/55R16	S	4	6	S	S	–	–	S	S	
一汽丰田																					
卡罗拉 车身尺寸(mm)：4 540（▲为 4 555）×1 760×1 490 轴距(mm)：2 600 整车保修期限（km/month）：5 万 /24																					
GL MT	13.28	1 598/L4	M5	90	154	195	1 265	7	55	欧Ⅳ	195/65R15	S	2	1	S	S	–	S	–	–	

续上表

款型	厂家指导价（万元）	发动机（mL/类型）	变速器形式	最大功率（kW）	最大转矩（N·m）	最高车速（km/h）	整备质量（kg）	90km/h百公里油耗（L）	油箱容积（L）	排放标准	轮胎规格	装备									备注
												A	B	C	D	E	G	H	K	T	
GL AT	14.48	1 598/L4	A4	90	154	180	1 280	7.2	55	欧Ⅳ	195/65R15	S	2	1	S	S	–	S	–	–	
GL-I MT 天窗特别版	14.48	1 798/L4	M6	100	175	195	1 285	7.3	55	欧Ⅳ	205/55R16	S	2	1	S	S	–	S	–	S	
GL-I AT 天窗特别版	15.48	1 798/L4	A4	100	175	185	1 310	7.4	55	欧Ⅳ	205/55R16	S	2	1	S	S	–	S	–	S	
GLX-I MT	16.58	1 798/L4	M6	100	175	195	1 310	7.3	55	欧Ⅳ	205/55R16	S	6	6	S	S	–	S	–	S	
GLX-I AT	16.68	1 798/L4	A4	100	175	185	1 325	7.5	55	欧Ⅳ	205/55R16	S	6	6	S	S	–	S	–	S	
▲ GL-S MT 运动版	14.78	1 798/L4	M6	100	175	185	1 295	7.3	55	欧Ⅳ	205/55R16	S	6	6	S	S	–	S	–	S	
锐志　车身尺寸 (mm)：4 735 × 1 775 × 1 450　轴距 (mm)：2 850　整车保修期限（km/month）：5 万 /24																					
2.5S	21.68	2 497/V6	M/A	145	242	225	1 535	0.1	70	欧Ⅳ	215/60R16	S	3	1				S			
2.5S 特别纪念版	23.8	2 497/V6	M/A	145	242	225	1 560	6.1	70	欧Ⅳ	215/55R17	S	3	1	–	–	–	S	–	–	
2.5V	25.58	2 497/V6	M/A	145	242	225	1 565	6.1	70	欧Ⅳ	215/55R17	S	7	6	–	–	–	S	–	–	
3.0V 超级运动版	35.68	2 995/V6	M/A	170	300	235	1 615	6.1	70	欧Ⅳ	215/55R17	S	7	6	–	–	–	S	–	–	
新皇冠　车身尺寸 (mm)：5 005 × 1 810 × 1 500（▲为 1 475）　轴距 (mm)：2 925　整车保修期限（km/month）：5 万 /24																					
▲ 4.3 L Royal Saloon	79.95	4 293/V8	M/A	208	420	250	1 805	—	70	欧Ⅳ	235/50R17	S	6	S	S	–	–	S	S	S	
3.0 L Royal Saloon	42.53	2 995/V6	M/A	167	293	230	1 705	—	70	欧Ⅳ	235/50R17	S	6	6	–	–	–	S	S	S	
3.0 L Royal 真皮版	39.08	2 995/V6	M/A	167	293	230	1 705	—	70	欧Ⅳ	235/50R17	S	6	6	–	–	–	S	S	S	
2.5L Royal	32.68	2 497/V6	M/A	142	236	219	1 675	—	70	欧Ⅳ	235/50R17	S	6	6	–	–	–	S	S	–	
威驰　车身尺寸 (mm)：4 300 × 1 690 × 1 490　轴距 (mm)：2 550　整车保修期限（km/month）：5 万 /24																					
1.3L GL-I MT	8.95	1 299/L4	M5	63	121	170	1 070	6.4	42	欧Ⅳ	185/60R15	S	2	1	–	–	–	S	–	–	2008.03
1.6L MT 特别纪念版	9.99	1 598/L4	A4	63	121	170	1 070	6.9	42	欧Ⅳ	185/60R15	S	4	1	S	–	–	S	–	–	2008.03
1.6L GLX-I 炫酷天窗版	12.7	1 299/L4	A4	63	121	170	1 070	6.9	42	欧Ⅳ	185/60R15	S	2	1	S	–	–	S	–	–	2008.03
RAV4　车身尺寸 (mm)：4 630 × 1 815（▲为 1855）× 1 685（▲为 1 720）　轴距 (mm)：2 660　整车保修期限（km/month）：5 万 /24																					
2.0 手动经典版	18.98	1 998/L4	M5	110	192	180	1 495	—	60	欧Ⅳ	225/65R17	S	2	1	–	–	–	–	–	–	
2.0 自动豪华版	21.78	1 998/L4	A4	110	192	175	1 540	—	60	欧Ⅳ	225/65R17	S	6	6	–	–	–	–	–	–	
▲ 2.4 手动豪华版	23.68	2 362/L4	M5	125	224	195	1 585	—	60	欧Ⅳ	225/65R17	S	6	6	–	–	–	–	S	–	
一汽马自达																					
马自达 6 轿车　车身尺寸 (mm)：4 670 × 1 780 × 1 435　轴距 (mm)：2 675　整车保修期限（km/month）：6 万 /36																					
2.3L 旗舰型	21.98	2 261/L4	M/A	120	204	201	1 437	6.2	64	欧Ⅲ	205/55R16	S	6	6	–	–	–	S	–	–	
2.0L 超豪华型	19.98	1 999/L4	M/A	108	183	201	1 427	6	64	欧Ⅲ	205/55R16	S	2	6	–	–	–	S	–	–	
2.0L 豪华型	18.98	1 999/L4	M/A	108	183	201	1 427	6	64	欧Ⅲ	205/55R16	S	2	6	–	–	–	S	–	–	
2.0L 时尚型	17.98	1 999/L4	M/A	108	183	201	1 427	6	64	欧Ⅲ	205/55R16	S	2	6	–	–	–	S	–	–	
2.0L 6 速手动	17.08	1 999/L4	M6	108	183	211	1 427	5.9	64	欧Ⅲ	205/55R16	S	6	6	S	S	–	S	–	–	
马自达 6 睿翼　车身尺寸 (mm)：4 755 × 1 795 × 1 440　轴距 (mm)：2 725　整车保修期限（km/month）：6 万 /36																					
2.5L 尊贵版	21.68	2 488/L4	M/A	124	226	203	1 458	—	64	欧Ⅳ	205/60R16	S	8	6	S	–	–	S	S	S	
2.5L 至尊版	22.98	2 488/L4	M/A	124	226	203	1 458	—	64	欧Ⅳ	205/60R16	S	8	6	S	–	–	S	S	S	
2.5L 导航版	24.98	2 488/L4	M/A	124	226	203	1 458	—	64	欧Ⅳ	205/60R16	S	8	S	S	–	–	S	S	S	
郑州日产																					
帕拉丁　车身尺寸 (mm)：4 550 × 1 840 × 1 880　轴距 (mm)：2 650　整车保修期限（km/month）：6 万 /24																					

续上表

款型	厂家指导价（万元）	发动机（mL/类型）	变速器形式	最大功率（kW）	最大转矩（N·m）	最高车速（km/h）	整备质量（kg）	90km/h百公里油耗（L）	油箱容积（L）	排放标准	轮胎规格	装备									备注
												A	B	C	D	E	G	H	K	T	
四缸两驱标准型	16.48	2 388	M5	110	208	160	1 675	7.8	73	国Ⅲ	245/70R16	S	2	S	–	–	–	S	S	–	
四缸两驱豪华型	20.28	2 388	M5	110	208	160	1 675	7.8	73	国Ⅲ	245/70R16	S	2	S	S	–	–	S	S	–	
四缸四驱标准型	20.48	2 388	M5	110	208	155	1 815	8	73	国Ⅳ	245/70R16	S	2	S	–	–	–	S	S	–	
四缸四驱豪华型	24.48	2 388	M5	110	208	155	1 815	8	73	国Ⅳ	245/70R16	S	2	S	S	–	–	S	S	–	
奥丁 车身尺寸(mm)：4 580×1 840×1 820 轴距(mm)：2 650 整车保修期限（km/month）：6万/24																					
2.4 手动两驱	11.98	2 351/L4	M5	95.5	196	160	1 695	7.8	68	国Ⅲ	245/70R16	S	S	1	–	–	–	S	–	–	
2.4 自动两驱	13.98	2 351/L4	A4	95.5	196	160	1 695	8	68	国Ⅲ	245/70R16	S	S	1	S	–	–	S	–	–	

款型	厂家指导价（万元）	发动机（mL/类型）	变速器形式	最大功率（kW）	最大转矩（N·m）	最高车速（km/h）	整备质量（kg）	百公里油耗（L）	排放标准
ACURA	**Acura讴歌**								
	MDX 车身尺寸(mm)：4 850×1 990×1 748 轴距(mm)：2 750								
09款 3.7 AWD	80	3 664/V6	M/A	226	379	—	2 071	12.5	欧Ⅳ
	RL 车身尺寸(mm)：4 985×1 847×1 450 轴距(mm)：2 800								
09款 3.7 AWD	82	3 664/V6	M/A	226	370	—	1 865	—	欧Ⅳ
	TL 车身尺寸(mm)：5 015×1 880×1 455 轴距(mm)：2 775								
09款 3.5	58	3 471/V6	A5	209	344	—	1 707	10.4	欧Ⅳ
Audi	**Audi奥迪**								
	TT 车身尺寸(mm)：4 178（▲为4 198）×1 842×1 352（▲为1 350） 轴距(mm)：2 468								
TT Coupe 2.0 TFSI	50.9	1 984/L4	A6	147	280	240	1 280	7.7	欧Ⅳ
▲ TTS Roadster 2.0 TFSI	70.5	1 984/L4	A6	200	350	250	1 415	8	欧Ⅳ
	Q7 车身尺寸(mm)：5 086×1 983×1 737 轴距(mm)：3 002								
4.2 FSI quattro 豪华型	165	4 163/V8	M/A	257	440	248	2 240	13.6	欧Ⅳ
4.2 FSI quattro 舒适型	158	4 163/V8	M/A	257	440	248	2 240	13.6	欧Ⅳ
3.6 FSI quattro 豪华型	102	3 597/V6	M/A	206	360	230	2 205	12.7	欧Ⅳ
3.6 FSI quattro 基本型	81.5	3 597/V6	M/A	206	360	225	2 205	12.7	欧Ⅳ
	Q5 车身尺寸(mm)：4 629×1 880×1 653 轴距(mm)：2 807								
2.0T 运动款	57.7	1 984/L4	M/A	155	350	220	1 900	9.9	欧Ⅳ
3.2 越野款	67.8	3 197/V6	M/A	199	300	234	2 075	10.6	欧Ⅳ
	新A8L 车身尺寸(mm)：5 192×1 894×1 455 轴距(mm)：3 074								
2.8 FSI 标准型	85.8	2 773/V6	CVT	154	280	240	1 740	9.1	欧Ⅳ
2.8 FSI 豪华型	89.8	2 773/V6	CVT	154	280	240	1 740	9.1	欧Ⅳ
3.2 FSI 标准型	99.5	3 123/V6	CVT	191	330	250	1 740	9.9	欧Ⅳ
3.2 FSI 豪华型	106.5	3 123/V6	CVT	191	330	250	1 740	9.9	欧Ⅳ
4.2 FSI quattro 尊贵型	168	4 163/V8	M/A	257	440	250	1 850	10.9	欧Ⅳ
6.0 W12 quattro 专享尊崇型	291.9	5 998/W12	M/A	331	580	250	1 995	13.9	欧Ⅳ

续上表

款　型	厂家指导价（万元）	发动机（mL/类型）	变速器形式	最大功率（kW）	最大转矩（N·m）	最高车速（km/h）	整备质量（kg）	百公里油耗（L）	排放标准
	BMW宝马								
	1系　车身尺寸(mm)：4 239×1 748×1 421　轴距(mm)：2 660								
120i MT	27.3	1 995/L4	M6	115	200	215	1 375	7.9	欧Ⅳ
120i AT	28.8	1 995/L4	M6	115	200	213	1 375	7.6	欧Ⅳ
130i AT	44.5	2 998/L4	M6	190	300	250	1 375	9.2	欧Ⅳ
	3系　车身尺寸(mm)：4 580（●为4 520）×1 782（●为1 817）×1 395（▲为1 384, ●为1 421）　轴距(mm)：2 760								
325i 双门轿跑	56.6	2 497/L6	M/A	160	270	245	1 450	8.8	欧Ⅳ
▲ 325i 敞篷轿车	64.5	2 497/L6	M/A	160	270	240	1 730	9.2	欧Ⅳ
330i 双门轿跑	64.4	2 996/L6	M/A	190	300	250	1 545	9	欧Ⅳ
▲ 330i 敞篷轿车	74.3	2 996/L6	M/A	190	300	250	1 780	9.4	欧Ⅳ
● 318i	28.3	2 996/L6	M/A	100	180	208	1 465	8	欧Ⅳ
● 335i	49.5	2 996/L6	M/A	225	400	250	1 625	9.4	欧Ⅳ
	6系　车身尺寸(mm)：4 820×1 855×1 374　轴距(mm)：2 780								
630i 双门轿跑	107.4	2 996/L6	M/A	190	300	250	1 605	9.5	欧Ⅳ
630i 敞篷轿跑	112.7	2 996/L6	M/A	190	300	250	1 815	9.9	欧Ⅳ
650i 双门轿跑	184.8	4 799/L8	M/A	270	490	250	1 725	11.1	欧Ⅳ
650i 敞篷轿跑	193.8	4 799/L8	M/A	270	490	250	1 925	11.7	欧Ⅳ
	新7系　车身尺寸(mm)：5 212×1 902×1 478　轴距(mm)：3 210								
740Li 豪华型	135.5	2 979/L6	M/A	240	450	250	—	7.7	欧Ⅳ
750Li 领先型	196.2	4 395/V8	M/A	300	600	250	—	8.5	欧Ⅳ
750Li 尊贵型	220	4 395/V8	M/A	300	600	250	—	8.5	欧Ⅳ
	X5　车身尺寸(mm)：4 859（▲为4 854）×1 933×1 767（▲为1 766）　轴距(mm)：2 933								
4.8i 豪华型	173.6	4 799/V8	A6	261	475	240	2 245	12.5	欧Ⅳ
▲ 3.0si 豪华型	89.5	2 996/L6	A6	190	315	210	2 125	11.7	欧Ⅳ
	Z4　车身尺寸(mm)：4 091×1 781×1 268（▲为1 299）　轴距(mm)：2 495								
Coupe 3.0Si	70	2 996/L6	A6	190	315	250	—	9	欧Ⅳ
▲ 2.5si	53.8	2 497/L6	A6	160	250	238	1 395	9	欧Ⅳ
▲ 3.0si	65	2 996/L6	A6	190	315	250	1 415	9	欧Ⅳ
	Citroen雪铁龙								
	C5　车身尺寸(mm)：4 745×1 780×1 476　轴距(mm)：2 750								
2.0 豪华型	32.18	1 997/L4	A4	103	200	207	1 448	8.6	欧Ⅳ
3.0 豪华型	40.38	2 946/V6	A6	152	285	230	1 589	10	欧Ⅳ
	C6　车身尺寸(mm)：4 908×1 860×1 464　轴距(mm)：2 900								
豪华型	58.88	2 946/V6	A6	155	290	230	1 816	11.2	欧Ⅳ
旗舰型	64.88	2 946/V6	A6	155	290	230	1 816	11.2	欧Ⅳ
CHRYSLER	**Chrysler克莱斯勒**								
	PT漫步者　车身尺寸(mm)：4 288×1 748×1 601　轴距(mm)：2 616								

续上表

款　型	厂家指导价（万元）	发动机（mL/类型）	变速器形式	最大功率（kW）	最大转矩（N·m）	最高车速（km/h）	整备质量（kg）	百公里油耗（L）	排放标准
2.4L	23.58	2 429/L4	A4	105	224	171	1 510	10.1	欧Ⅳ
	Dodge道奇								
	酷博　车身尺寸(mm)：4 415×1 800×1 535　轴距(mm)：2 635								
2.0	23	2 000/L4	CVT	115	190	186	1 360	8	欧Ⅳ
	锋哲　车身尺寸(mm)：4 850×1 843×1 497　轴距(mm)：2 765								
2.4 SE	27.8	2 400/L4	M/A	125	220	200	1 510	8.9	欧Ⅳ
2.4 SXT	30.8	2 400/L4	M/A	125	220	200	1 560	8.9	欧Ⅳ
	Fiat菲亚特								
	博悦　车身尺寸(mm)：4 336×1 792×1 498　轴距(mm)：2 600								
活力型	20.38	1 368/L4	M6	110	206	212	1 275	7.1	欧Ⅳ
运动型	21.9	1 368/L4	M6	110	230	212	1 275	7.1	欧Ⅳ
	朋多　车身尺寸(mm)：4 030×1 687×1 490　轴距(mm)：2 510								
舒适型	14.88	1 368/L4	M6	70	125	178	1 075	6.1	欧Ⅳ
豪华型	16.66	1 368/L4	M6	70	125	178	1 075	6.1	欧Ⅳ
	领雅　车身尺寸(mm)：4 560×1 730×1 494　轴距(mm)：2 603								
舒适型	17.1	1 368/L4	M5	88	206	200	1 180	6.7	欧Ⅳ
豪华型	18.6	1 368/L4	M5	88	206	200	1 180	6.7	欧Ⅳ
	Infiniti英菲尼迪								
	EX　车身尺寸(mm)：4 638×1 803×1 577（▲为1 598）　轴距(mm)：2 800								
EX35 风尚版	62.7	3 498/V6	M/A	222	341	—	1 868	—	欧Ⅳ
▲ EX35 风华版	64.7	3 498/V6	M/A	222	341	—	1 868	—	欧Ⅳ
	2010款FX　车身尺寸(mm)：4 862×1 928×1 679　轴距(mm)：2 885								
FX35 标准版	78.3	3 498/V6	M/A	244	350	—	2 002	—	欧Ⅳ
FX35 超越版	81.6	3 498/V6	M/A	244	350	—	2 002	—	欧Ⅳ
FX50 巅峰版	120.2	5 026/V8	M/A	317	500	—	2 119	—	欧Ⅳ
	G　车身尺寸(mm)：4 755（▲为4 653）×1 773（▲为1 823）×1 455（▲为1 394）　轴距(mm)：2 850								
▲ G37 Coupe	66	3 696/V6	M/A	241	363	—	—	—	欧Ⅳ
G35 至尊版	47.8	3 498/V6	M/A	232	358	—	1 661	13	欧Ⅳ
G35 标准版	44.8	3 498/V6	M/A	232	358	—	1 661	12	欧Ⅳ
	Jaguar捷豹								
	S-TYPE　车身尺寸(mm)：4 905（▲为4 877）×2 060（▲为1 818）×1 477　轴距(mm)：2 909								
3.0	67.8	2 967/V6	M/A	179	300	233	1 710	10.7	欧Ⅳ
动感典藏版	69.8	2 967/V6	M/A	179	300	233	1 710	10.7	欧Ⅳ
▲ R 4.2	103	4 196/V8	M/A	298	553	250	1 800	13.8	欧Ⅳ
	XJ　车身尺寸(mm)：5 216×2 104×1 463　轴距(mm)：3 159								
XJ6L 皇家加长版	86.8	2 967/V6	M/A	179	300	233	1 545	10.5	欧Ⅳ
XJ8L 皇家加长版	128	4 196/V8	M/A	224	420	250	1 615	11.4	欧Ⅳ

续上表

款　型	厂家指导价（万元）	发动机（mL/类型）	变速器形式	最大功率（kW）	最大转矩（N·m）	最高车速（km/h）	整备质量（kg）	百公里油耗（L）	排放标准
	XK　车身尺寸(mm)：4 791×1 892×1 322（▲为1 329）　轴距(mm)：2 752								
4.2	178	4 196/V8	M/A	224	420	250	1 595	11.3	欧Ⅳ
▲ 4.2 Convertible	188	4 196/V8	M/A	224	420	250	1 635	11.3	欧Ⅳ
Jeep	**Jeep吉普**								
	大切诺基　车身尺寸(mm)：4 750×2 149×1 785　轴距(mm)：2 780								
3.7L	40.99	3 700/V6	A5	148	315	200	2 060	13.1	欧Ⅳ
5.7L	53.59	5 654/V8	A5	240	500	208	2 175	15.6	欧Ⅳ
4.7L	49.9	4 701/V8	A5	170	410	201	2 167	14.8	欧Ⅳ
	牧马人　车身尺寸(mm)：4 223（▲为4 751）×1 873（▲为1 877）×1 825　轴距(mm)：2 424（▲为2 947）								
3.8L 两门款	39.99	3 778/V6	A4	146	315	180	1 745	12.5	欧Ⅳ
▲ 3.8L 四门款	43.99	3 778/V6	A4	146	315	180	1 875	12.8	欧Ⅳ
	指南者　车身尺寸(mm)：4 405×1 810×1 740　轴距(mm)：2 635								
2.4L 运动版	24.99	2 359/L4	CVT	125	220	185	1 460	8.7	欧Ⅳ
2.4L 限量版	28.99	2 359/L4	CVT	125	220	185	1 460	8.7	欧Ⅳ
	指挥官　车身尺寸(mm)：4 787×2 261×1 919　轴距(mm)：2 780								
4.7L	56.59	4 701/V6	A5	223	445	202	2 230	14.8	欧Ⅳ
5.7L	58.99	5 654/V8	A5	240	500	208	2 350	15.3	欧Ⅳ
LAND ROVER	**Land Rover路虎**								
	揽胜　车身尺寸(mm)：4 972（▲为4 788）×2 216（▲为2 170）×1 903（▲为1 812）　轴距(mm)：2 880（▲为2 745）								
V8 自然进气	166.5	4 394/V8	M/A	225	440	200	2 599	14.9	欧Ⅳ
V8 机械增压	128	4 197/V8	M/A	291	560	210	2 687	16	欧Ⅳ
▲运动版 V8 自然进气	133	4 394/V8	M/A	220	425	209	2 480	14.9	欧Ⅳ
▲运动版 V8 机械增压	156.8	4 197/V8	M/A	287	550	225	2 572	15.9	欧Ⅳ
	发现3　车身尺寸(mm)：4 835×2 190×1 940　轴距(mm)：2 885								
V6 4.0	77.8	4 009/V6	M/A	160	360	180	2 486	15.2	欧Ⅳ
V8 4.4	89.8	4 394/V8	M/A	220	425	193	2 536	15	欧Ⅳ
	神行者2　车身尺寸(mm)：4 500×2 180×1 765　轴距(mm)：2 660								
3.2	57	3 192/L6	M/A	171	317	200	1 770	11.2	欧Ⅳ
LEXUS	**Lexus雷克萨斯**								
	ES　车身尺寸(mm)：4 860×1 820×1 450　轴距(mm)：2 775								
ES350 标准型	48.9	3 456/V6	M/A	204	346	230	1 645	—	欧Ⅳ
ES350 豪华型	57.2	3 456/V6	M/A	204	346	230	1 645	—	欧Ⅳ
	LX　车身尺寸(mm)：5 140×1 970×1 920　轴距(mm)：2 850								
LX570	159.3	5 663/V8	A6	270	530	220	2 690	7.8	欧Ⅳ
350	86.1	3 498/V6	A7	200	350	250	1 485	10.1	欧Ⅳ
	LS　车身尺寸(mm)：5 150×1875×1 465（▲为1 480）　轴距(mm)：2 970（▲为3 090）								
LS460	123.1	4 608/V8	M/A	279	502	250	—	—	欧Ⅳ

续上表

款　型	厂家指导价（万元）	发动机（mL/类型）	变速器形式	最大功率（kW）	最大转矩（N·m）	最高车速（km/h）	整备质量（kg）	百公里油耗（L）	排放标准
▲ LS600hL 尊贵加长版	151	4 969/V8	CVT	290	520	250	2 410	9.3	欧Ⅳ
	IS　车身尺寸 (mm)：4 575 × 1 800 × 1 425　轴距 (mm)：2 730								
IS300 豪华版	52	2 955/V6	M/A	170	300	235	1 565	—	欧Ⅳ
	GS　车身尺寸 (mm)：4 850 × 1 820 × 1 430　轴距 (mm)：2 850								
GS460	98.9	4 608/V8	M/A	240	440	250	1 735	—	欧Ⅳ
GS300 豪华	69.6	2 995/V6	M/A	170	300	235	1 620	—	欧Ⅳ
	RX　车身尺寸 (mm)：4 760 × 1 845 × 1 740　轴距 (mm)：2 715								
RX400h	81.6	3 311/V6	CVT	200	288	180	—	8.3	欧Ⅳ
LINCOLN	**Lincoln林肯**								
	领航员　车身尺寸 (mm)：5 270 × 2 037 × 1 976　轴距 (mm)：3 018								
6AT	83.8	5 400/V8	A6	224	490	—	3 294	—	欧Ⅲ
	Mazda马自达								
	RX8　车身尺寸 (mm)：4 460 × 1 770 × 1 340　轴距 (mm)：2 700								
手动型	38	1 308/ 双转子	M6	170	211	236	1 406	8.9	欧Ⅳ
自动型	39	1 308/ 双转子	M6	151	211	200	1 415	7.8	欧Ⅳ
	Mercedes-Benz奔驰								
	CLK　车身尺寸 (mm)：4 652 × 1 740 × 1 413　轴距 (mm)：2 715								
200K 敞篷版	73.1	1 796/L4	M6	120	240	225	1 665	8.7	欧Ⅳ
280 敞篷版	82	2 996/V6	M7	170	300	250	1 705	7	欧Ⅳ
350 敞篷版	91.8	3 498/V6	M7	200	350	250	1 735	7.6	欧Ⅳ
	S　车身尺寸 (mm)：5 209 × 1 871 × 1 473　轴距 (mm)：3 165								
S350L 豪华型	139.8	3 498/V6	M7	200	350	250	1 925	10.1~10.3	欧Ⅳ
S500L	209.8	5 461/V8	M7	285	530	250	1 985	12.2~12.4	欧Ⅳ
S600L	259.8	5 513/V12	A5	380	830	250	2 210	14	欧Ⅳ
	SLK　车身尺寸 (mm)：4 082 × 1 777 × 1 297　轴距 (mm)：2 430								
200K	59.8	1 796/L4	A7	120	240	226	1 415	8.8~9.2	欧Ⅳ
	GLK　车身尺寸 (mm)：4 528 × 1 840 × 1 689　轴距 (mm)：2 755								
300 4MATIC	59.8	2 996/V6	A7	170	300	210	1 830	10.2	欧Ⅳ
350 4MATIC	69.8	3 498/V6	A7	200	350	230	1 830	10.4	欧Ⅳ
	B 级　车身尺寸 (mm)：4 273 × 1 777 × 1 603　轴距 (mm)：2 778								
B200 动感型	28.8	2 034/L4	CVT	100	185	196	1 345	7.2~7.5	欧Ⅳ
B200 时尚型	31.8	2 034/L4	CVT	100	185	196	1 345	7.2~7.5	欧Ⅳ
MINI	**Mini迷你**								
	新 Mini Cooper　车身尺寸 (mm)：3 699 × 1 683 × 1 407　轴距 (mm)：2 430								
Mini Cooper S	38.5	1 598/L4	A6	128	240	220	1 155	7.6	欧Ⅳ
	Mini Cooper　车身尺寸 (mm)：3 635 × 1 688 × 1 415　轴距 (mm)：2 430								
Mini Cooper Cabrio	32.8	1 598/L4	CVT	85	150	182	1 265	7.9	欧Ⅳ

续上表

款　　型	厂家指导价（万元）	发动机（mL/类型）	变速器形式	最大功率（kW）	最大转矩（N·m）	最高车速（km/h）	整备质量（kg）	百公里油耗（L）	排放标准
	Mitsubishi三菱								
	帕杰罗　车身尺寸 (mm)：4 900 × 1 875 × 1 900　轴距 (mm)：2 780								
3.8 GLX 尊贵	50.8	3 828/V6	A5	184	329	200	2 230	—	欧Ⅳ
	欧蓝德　车身尺寸 (mm)：4 640 × 1 800 × 1 680（▲为 1 720）轴距 (mm)：2 670								
EX 2.4 舒适版	25.9	2 360/L4	CVT	125	226	190	1 500	—	欧Ⅳ
▲ EX 3.0 豪华型	33	2 998/V6	A6	162	276	200	1 642	—	欧Ⅳ
	格蓝迪　车身尺寸 (mm)：4 780 × 1 835（▲为 1 795）× 1 680（▲为 1 700）轴距 (mm)：2 830								
2.4 六座真皮座椅精英版	29.8	2 378/L4	A4	120	216	190	1 665	—	欧Ⅳ
▲ 2.4 七座真皮座椅舒适版	28.2	2 378/L4	A4	120	216	190	1 655	—	欧Ⅳ
	Nissan日产								
	贵士　车身尺寸 (mm)：5 184 × 1 971 × 1 874　轴距 (mm)：3 150								
3.5L	45.8	3 498/V6	A5	175	325	—	2 066	—	欧Ⅲ
	350Z　车身尺寸 (mm)：4 317 × 1 815 × 1 324　轴距 (mm)：2 700								
350Z	58.2	3 498/V6	A6	206	363	250	1 541	—	欧Ⅲ
	Opel欧宝								
	威达　车身尺寸 (mm)：4 611 × 1 798 × 1 460　轴距 (mm)：2 700								
导航版 2.2 舒适型	32.2	2 198/L4	M/A	108	203	210	1 375	6.5	欧Ⅳ
导航版 2.2 豪华型	37.2	2 198/L4	M/A	108	203	210	1 375	6.5	欧Ⅳ
	雅特　车身尺寸 (mm)：4 476 × 1 759 × 1 411　轴距 (mm)：2 614								
Twintop 敞篷跑车	36	1 796/L4	A4	103	175	189	1 515	8.1	欧Ⅳ
	赛飞利　车身尺寸 (mm)：4 467 × 1 801 × 1 635　轴距 (mm)：2 703								
1.8L MT	25.8	1 796/L4	M5	103	175	197	1 503	7.6	欧Ⅳ
	Peugeot标致								
	407　车身尺寸 (mm)：4 676（▲为 4 763）× 1 811 × 1 455（▲为 1 486）轴距 (mm)：2 725								
3.0 自动豪华版	39.5	2 946/V6	M/A	155	290	—	1 729	—	欧Ⅳ
2.2 自动豪华版	36.5	2 230/L4	M/A	120	220	—	1 660	—	欧Ⅳ
▲ SW 2.2 自动豪华版	36.6	2 230/L4	M/A	120	220	—	1 723	—	欧Ⅳ
	207CC　车身尺寸 (mm)：4 037 × 1 750 × 1 387　轴距 (mm)：2 540								
1.6T 时尚版	25.5	1 598/L4	M5	110	240	207	—	7.1	欧Ⅳ
1.6T 精英版	29.5	1 598/L4	M5	110	240	207	—	7.1	欧Ⅳ
	308 SW　车身尺寸 (mm)：4 500 × 1 815 × 1 555　轴距 (mm)：2 708								
时尚型	23.38	1 598/L4	A4	103	240	199	1 502	6.2	欧Ⅳ
	307CC　车身尺寸 (mm)：4 360 × 10 759 × 1 424　轴距 (mm)：2 600								
307CC	38.5	1 997/L4	M/A	100	190	204	1 498	8.9	欧Ⅳ
	Porsche保时捷								
	Boxster　车身尺寸 (mm)：4 329 × 1 801 × 1 295　轴距 (mm)：2 415								
普通版 MT	68.8	2 687/H6	M5	176	270	256	1 295	9.6	欧Ⅳ

续上表

款　型	厂家指导价（万元）	发动机（mL/类型）	变速器形式	最大功率（kW）	最大转矩（N·m）	最高车速（km/h）	整备质量（kg）	百公里油耗（L）	排放标准
S MT	83	3 179/H6	M6	206	320	268	1 345	7.7	欧Ⅳ
	911　车身尺寸(mm)：4 435(●为 4 427)×1 808(▲●为 1 852)×1 300　轴距(mm)：2 350								
Carrera S	145.9	3 824/H6	M6	283	420	302	1 420	8.4	欧Ⅳ
▲ Targa 4S MT	165.7	3 824/H6	M6	283	420	302	1 535	8.5	欧Ⅳ
● Turbo MT	215.5	3 600/H6	M6	353	620	310	1 585	9.5	欧Ⅳ
	卡宴　车身尺寸(mm)：4 795(▲为 4 798)×1 957（▲为 1 928）×1 675（▲为 1 699）　轴距(mm)：2 415								
GTS	176	4 806/V8	M/A	298	500	251	2 245	—	欧Ⅳ
▲ Turbo S	235	4 806/V8	M/A	404	750	280	2 355	14.9	欧Ⅳ
	Cayman　车身尺寸(mm)：4 341×1 801×1 305　轴距(mm)：2 415								
2.7 MT	72.8	2 687/H6	M5	180	273	258	1 300	6.8	欧Ⅳ
S Sport	108.2	3 387/H6	M6	223	340	276	1 340	10.6	欧Ⅳ
S MT	92	3 387/H6	M6	217	340	275	1 340	7.8	欧Ⅳ
	Renault雷诺								
	拉古娜　车身尺寸(mm)：4 598×2 060×1 433　轴距(mm)：2 748								
2.0AT	29.8	1 998/L4	A4	102	191	202	1 315	8.6	欧Ⅲ
	梅甘娜　车身尺寸(mm)：4 498×2 060×1 460　轴距(mm)：2 686								
2.0	21.6	1 998/L4	M/A	100	191	195	1 290	8.4	欧Ⅳ
	风景　车身尺寸(mm)：4 259×2 087×1 620　轴距(mm)：2 685								
2.0 AT 五座	26.5	1 998/L4	M/A	135	191	190	1 410	8.6	欧Ⅲ
	Saab萨博								
	9-5　车身尺寸(mm)：4 836×1 792×1 448　轴距(mm)：2 703								
Arc 2.3T	47.9	2 290/L4	M/A	162	310	230	1 500	10.3	欧Ⅳ
Aero 2.3TS	54.9	2 290/L4	M/A	191	350	250	1 640	9.9	欧Ⅳ
	9-3　车身尺寸(mm)：4 670×1 762×1 492　轴距(mm)：2 675								
Vector 2.0TS 多功能运动轿车	45.9	1 998/L4	M/A	155	300	225	1 475	9.5	欧Ⅳ
	Ssangyong双龙								
	享御 08　车身尺寸(mm)：4 660×1 880×1 755　轴距(mm)：2 740								
M200 XDi MS 豪华型	26.8	1 998/L4	M/A	104	310	166	1 893	6.3	欧Ⅳ
M200 XDi 智能 DVD 导航版	29.3	1 998/L4	M/A	104	310	166	1 956	7.1	欧Ⅳ
	爱腾　车身尺寸(mm)：4 455×1 880×1 735　轴距(mm)：2 740								
冠军升级版 A200XDi MS 标准型	19.98	1 998/L4	A5	104	310	165	1 773	6.5	欧Ⅲ
冠军升级版 A200XDi AD 豪华型	23.98	1 998/L4	M/A	104	310	165	1 773	6.8	欧Ⅲ
冠军升级版 A230C AD 豪华型	23.98	2 295/L4	M/A	110	214	164	1 974	10.4	国Ⅳ
冠军升级版 A230C AH 超豪华型	26.98	2 295/L4	M/A	110	214	164	1 974	10.4	国Ⅳ
	路帝　车身尺寸(mm)：5 125×1 915×1 820　轴距(mm)：3 000								
SV270 RH 超豪华型	29.98	2 696/L6	M/A	121	340	—	2 750	9.4	欧Ⅳ
SV320 RH 超豪华型	42.6	3 199/L6	M/A	162	310	—	2 850	13.59	欧Ⅳ
	雷斯特Ⅱ　车身尺寸(mm)：4 720×1 870×1 830　轴距(mm)：2 820								

续上表

款　型	厂家指导价（万元）	发动机（mL/类型）	变速器形式	最大功率（kW）	最大转矩（N·m）	最高车速（km/h）	整备质量（kg）	百公里油耗（L）	排放标准
RX320G XH 超豪华型	43.58	3 199/L6	M/A	162	312	184	2 013	11.2	欧Ⅳ
RX320G XD 豪华型	38.38	3 199/L6	M/A	162	312	184	2 013	11.2	欧Ⅳ
RX270Di XH 超豪华型	36.38	2 696/L4	M/A	121	340	170	2 000	7.5	欧Ⅳ
RX270XDi XD 豪华型	31.8	2 696/L4	M/A	121	340	170	2 000	7.5	欧Ⅳ
SUBARU	**Subaru斯巴鲁**								
	新翼豹　车身尺寸(mm)：4 415×1 795×1 475　轴距(mm)：2 625								
WRX STI 标准版	44.8	2 457/H4	M6	221	407	250	1 505	5.2	欧Ⅳ
WRX STI 加强版	48.8	2 457/H4	M6	221	407	250	1 505	5.2	欧Ⅳ
2.0R 手动挡	19.98	1 994/H4	M5	110	196	—	1 370	—	欧Ⅳ
2.0R 自动挡	20.98	1 994/H4	M5	110	196	—	1 385	—	欧Ⅳ
2.0R Sport	22.98	1 994/H4	M5	110	196	—	1 405	—	欧Ⅳ
	森林人　车身尺寸(mm)：4 560×1 780×1 700　轴距(mm)：2 615								
2.0XS 手动豪华版	24.98	1 994/H4	M5	110	196	184	1 485	—	欧Ⅳ
2.0XS 豪华导航版	26.98	1 994/H4	M/A	110	196	184	1 495	—	欧Ⅳ
2.5XT 豪华版	33.98	2 457/H4	M/A	169	320	207	1 535	—	欧Ⅳ
2.5XT 豪华导航版	35.98	2 457/H4	M/A	169	320	207	1 535	—	欧Ⅳ
	力狮　车身尺寸(mm)：4 665×1 730×1 425　轴距(mm)：2 670								
3.0R	38.98	3 000/H6	M/A	180	297	—	1 525	—	欧Ⅳ
	驰鹏　车身尺寸(mm)：4 855×1 880×1 685　轴距(mm)：2 750								
3.0 豪华型	54.98	3 000/H6	M/A	180	297	—	1 940	—	欧Ⅳ
	Suzuki铃木								
	超级维特拉　车身尺寸(mm)：4 500×1 810×1 695　轴距(mm)：2 640（▲为 2 440）								
2.4 5MT JLX-EL5 门	25.9	2 393/L4	M5	122	225	—	1 643	—	欧Ⅳ
▲ 2.4 4AT JX-EH3 门	23.9	2 393/L4	A4	122	225	—	1 525	—	欧Ⅳ
3.2 5AT JLX-EL5 门	33.9	3 195/V6	A5	165	284	—	1 750	—	欧Ⅳ
	吉姆尼　车身尺寸(mm)：3 665×1 600×1 705　轴距(mm)：2 250								
1.3 MT 三门版	13.88	1 328/L4	M5	62.5	110	—	1 060	7.3	国Ⅲ
1.3 AT 三门版	14.88	1 328/L4	A4	62.5	110	—	1 075	7.8	国Ⅲ
TOYOTA	**Toyota丰田**								
	普拉多　车身尺寸(mm)：4 850×1 875×1 865　轴距(mm)：2 790								
GX 2.7	40	2 694/L4	A4	120	246	170	1 910	18.11	欧Ⅲ
	RAV4　车身尺寸(mm)：4 600×1 855×1 720　轴距(mm)：2 660								
2.4L 豪华版 AT	35.08	2 362/L4	A4	125	224	180	1 590	—	欧Ⅳ
2.4L 标准版 AT	31.88	2 362/L4	A4	125	224	180	1 590	—	欧Ⅳ
	普瑞维亚　车身尺寸(mm)：4 795×1 800×1 750　轴距(mm)：2 950								
3.5 AT 七座豪华版	53.2	3 456/V6	M/A	202	340	200	1 845	—	欧Ⅳ
2.4 AT 七座标准版	45.98	2 362/L4	M/A	125	224	190	1 775	—	欧Ⅳ
2.4 AT 七座豪华版	48.18	2 362/L4	M/A	125	224	190	1 775	—	欧Ⅳ

续上表

款　型	厂家指导价（万元）	发动机（mL/类型）	变速器形式	最大功率（kW）	最大转矩（N·m）	最高车速（km/h）	整备质量（kg）	百公里油耗（L）	排放标准
	Volkswagen大众								
	新甲壳虫　车身尺寸(mm)：4 129×1 721×1 498　轴距(mm)：2 515（▲为2 516）								
2.0 标配版	22.5	1 984/L4	M/A	85	172	182	1 222	9.2	欧IV
1.8T 豪华型	26.5	1 781/L4	M/A	110	220	199	—	9.2	欧IV
2.0 顶配版	24.5	1 984/L4	M/A	85	172	182	1 222	9.2	欧IV
	途锐　车身尺寸(mm)：4 754×1 928×1 744（▲为1 726）　轴距(mm)：2 855								
6.0 W12 顶级	134	5 998/W12	M/A	331	600	250	2 480	15.7	欧IV
▲ 3.6 FSI 标配	75	3 597/V6	M/A	206	360	218	2 238	13.6	欧IV
▲ 4.2 FSI 顶级	112	4 163/V8	M/A	257	440	234	2 332	13.8	欧IV
	辉腾　车身尺寸(mm)：5 175×1 903×1 450　轴距(mm)：3 001								
V6 5 座顶配	76	3 189/V6	M/A	177	315	239	2 212	12.2	欧IV
V8 4 座豪华版	109	4 172/V8	M/A	246	430	250	2 305	13.1	欧IV
W12 4 座豪华版	156	5 998/W12	M/A	331	560	250	2 445	14.5	欧IV
V8 5 座豪华版	93	4 172/V8	M/A	246	430	250	2 279	13.1	欧IV
W12 5 座豪华版	168	5 998/W12	M/A	331	560	250	2 421	14.5	欧IV
	Golf GTI　车身尺寸(mm)：4 216×1 759×1 469　轴距(mm)：2 578								
三门标准版	39.9	1 984/L4	A6	147	360	235	1 391	7.9	欧IV
	EOS　车身尺寸(mm)：4 407×1 791×1 443　轴距(mm)：2 578								
TFSI 手动版	44.1	1 984/L4	M6	147	280	232	1 557	8.2	欧IV
TFSI DSG 自动版	44.8	1 984/L4	M/A	147	280	229	1 557	8.2	欧IV
	Volvo沃尔沃								
	新C30　车身尺寸(mm)：4 266×1 797×1 447　轴距(mm)：2 640								
2.4i	36.8	2 435/L5	M/A	185	230	215	1 464	9	欧IV
	S80L　车身尺寸(mm)：4 991×1 861×1 490　轴距(mm)：2 976								
2.5T 智尚版	39.8	2 521/L5	M/A	147	300	210	1 745	11	欧IV
2.5T 智尊版	46.85	2 521/L5	M/A	147	300	210	1 745	11	欧IV
T6 智雅版	61.38	2 953/L6	M/A	210	400	210	1 882	11.8	欧IV
	C70　车身尺寸(mm)：4 582×1 836×1 400　轴距(mm)：2 835								
2.4i	64.2	2 435/L5	M/A	125	230	215	1 646	9.6	欧IV
	XC90　车身尺寸(mm)：4 807×1 898×1 784　轴距(mm)：2 857								
2.5T	69.3	2 521/L5	M/A	154	320	210	2 016	11.8	欧IV
3.2	77.8	3 192/L6	M/A	175	320	210	2 857	11.8	欧IV
V8 行政版 7 座	113.8	4 414/V8	M/A	232	440	210	2 241	13.5	欧IV